Alfred Joachim Fischer
In der Nähe der Ereignisse

Für Eva, meine liebe Frau und
unentbehrliche Mitarbeiterin

Alfred Joachim Fischer

In der Nähe der Ereignisse

Als jüdischer Journalist in diesem Jahrhundert

: TRANSIT

IMPRESSUM

Gneisenaustraße 2, Berlin 61
Umschlaggestaltung: Nicolaus Ott + Bernard Stein, Berlin
Layout und Herstellung: Gudrun Fröba, Berlin
Reprographie: Peter Rink, Berlin
Druck und Bindung: Kösel, Kempten
ISBN 3-88747-064-8

Inhalt

7 Zwischen Deutschen und Polen
Kindheit in der Provinz Posen/Poznan

25 Journalistische Anfänge in Berlin
Das Ende der Republik

68 Emigration 1933
Überleben in der Tschechoslowakei
89 In Skandinavien
98 Auf dem Balkan
103 In Palästina
118 In der Türkei

144 Unter wachsender Bedrohung
Flucht aus Prag 1939

167 Im Britischen Exil
Deportation auf der Dunera
nach Australien

194 Wieder in London 1941
Der Neubeginn

215 Unterwegs als reisender Korrespondent
Wiedersehen mit Skandinavien
und Deutschland

239 Immer wieder Israel
Grosse Fische

257 Nachwort

Zwischen Deutschen und Polen
Kindheit in der Provinz Posen/Poznan

Denke ich an meine mehr als achtzig Lebensjahre zurück, bleibt ausgerechnet der Geburtsort ein weißer Fleck. Ich weiß nur, daß er Altkloster hieß, nach dem Ersten Weltkrieg zu Polen kam und in Kaszcow umbenannt wurde. Meine Eltern zogen fort, als ich keine zehn Monate alt war. Seither habe ich Alaska, Grönland, Australien und Japan gesehen, nur Altkloster nicht. Aber es steht auf meinem Reiseprogramm. Dann werde ich feststellen, ob die beiden Seen noch so klar und sauber sind, wie sie meine Mutter schilderte ....

Für mich hat der Name Altkloster keine symbolische Bedeutung. Selbst wenn ich nicht als Jude, sondern als Katholik zur Welt gekommen wäre, hätte ich bestimmt nicht zur Mönchskutte gegriffen und das Keuschheitsgelübde abgelegt. Symbolisch ist schon etwas anderes: Nachdem das Haus, wo sie zuerst wohnten, abgerissen worden war, mieteten meine Eltern eine ganze Etage im einzigen Hotel des Dorfes. Die Zahl der Hotels, in denen ich in der Emigrationszeit und danach wohnte, nachzurechnen, wäre eine Sisyphusarbeit.

Mein Vater verlegte seine Praxis nach Jaratschewo, genau wie Altkloster in der Provinz Posen gelegen, ein Marktflecken mit achthundert Einwohnern. Neben der großen katholischen Kirche existierte eine kleinere evangelische, aber keine Synagoge, denn die paar jüdischen Kaufleute hätten nicht einmal zum Minjen, dem vorgeschriebenen Zehn-Männer-Gebet, ausgereicht. Privat hielt man die hohen Feiertage, so gut es eben ging. Durch irgendwelche Intrigen hatte Jaratschewo keine Eisenbahnstation. Man mußte, meiner Erinnerung nach, zwölf Kilometer mit dem Pferdeomnibus bis nach Lowenitz fahren, um einen Zug zu erreichen. Wenn dieser gelbe Wagen zurückkam, wurde er von der Bevölkerung belagert, die sehnsüchtig auf ihre Post wartete.

Was hatte nun den Doktor Fischer, der in Jaratschewo das damals sehr wichtige und nach der Kaiserzeit abgeschaffte Sanitätsratsdiplom erhielt - die Patienten nannten ihn daraufhin "Herr Rat" -, dorthin verschlagen? Da gab es vor allem einen wichtigen materiellen Grund: Herr Fischer von Mollard, ein Großgrundbesitzer, bot ihm ein ansehnliches Fixum für die Behandlung der zahlreichen Arbeiter und Angestellten auf seinen vielen Rittergütern. Aber es lockte noch ein weiterer Anreiz, der mir ein Kinderparadies bescherte. Fischer von Mollard stellte uns ein mietfreies Haus zur Verfügung, mit Garten, Wiese und dem Obrafluß als Begrenzung. Im Hof tummelten sich Hühner und Enten. Mein Lieblingsaufenthalt war jedoch der Stall der - nach einer ähnlich aussehenden Tante Lisa benannten - Ziege. Ihr vertraute ich alle meine Geheimnisse an,

Stattlich war die katholische Schule, weniger repräsentativ die evangelische. Sie bestand aus der Wohnung des Lehrers und einem einzigen Raum für alle Klassen. Wie damals üblich, wurde der Rohrstock des nicht gerade humanen "Pädagogen" eifrig benutzt, übrigens meist unter Verschonung der Töchter und Söhne aus sogenannten besseren Familien! Die paar jüdischen Schüler besuchten ausnahmslos die evangelische Schule. Auch in der katholischen waren die Lehrer deutsch, die Schüler bestanden aber, wie die Mehrheit der Einwohner Jaratschewos, aus Polen. Sie mußten jedoch, weil es die kaiserliche Regierung so wollte, in der Sprache der deutschen Minderheit unterrichtet werden.

Erfreulicherweise war die väterliche Praxis nicht auf die Leute beschränkt, die für Fischer von Mollard arbeiteten. Während des Wochenmarkts konnte er eines überfüllten Wartezimmers sicher sein. Daß der Vater als gebürtiger Oberschlesier wasserpolnisch sprach, half ihm sehr. Pkw's gab es zu dieser Zeit in Jaratschewo überhaupt noch nicht. Als der erste motorisierte Lastkraftwagen durchfuhr, lief die gesamte Jugend zusammen, denn niemand wollte diesen sensationellen Anblick versäumen. Wir besaßen eine, jedenfalls meinem Gedächtnis nach, sehr noble Kutsche, aber keine

Als Dreijähriger mit Eltern und Kousine Hilde in Jaratschewo, 1912

Pferde. Da mußten die Bauern, wenn ihre Wagen allzu klapprig waren, umspannen. Vom Vater wurde ich oft auf die Dörfer und Güter mitgenommen. Daher betete ich - was ich damals noch tat - vor dem Schlafengehen, daß die Leute erst nach Schulschluß krank werden sollten. Man hatte mir nicht verraten, wie oft der "Herr Doktor" auch schon am frühen Morgen zu auswärtigen Patienten fahren mußte. Jedenfalls lernte ich sehr früh die Probleme der Landbevölkerung kennen und erfaßte, wohl noch mehr instinktiv, den gewaltigen Unterschied im Lebensstandard etwa eines Gutinspektors und der primitiv untergebrachten Kleinhäusler. Als späterer langjähriger Mitarbeiter des Landfunks sollte mir das sehr zugutekommen. Besonders in asiatischen Ländern wurde ein Städter, der die Getreidesorten und die Vieharten voneinander unterscheiden konnte und sogar etwas über Natur-, Kunstdünger und Pflanzenschutzmittel wußte, bewundert und respektiert und erhielt nach anfänglicher Scheu jede gewünschte Auskunft. Für die Jaratschewoer Verhältnisse war es charakteristisch, daß mein Vater auch eine kleine Apotheke führte und wohl oder übel Zähne ziehen mußte.

Mein Onkel Reinhold war für mich eine beinahe legendäre Persönlichkeit. Da ihn die Offizierslaufbahn lockte, mußte er sich taufen lassen. Im alten deutschen Reich (mit Ausnahme Bayerns) gab es für Juden keine Offizierskarriere. Immer der modernen Entwicklung zugewandt, machte er das Pilotenexamen und schloß sich der "Fliegerabteilung I" an. Dem folgte ein großes Abenteuer. Reinhold Jahnow wurde im Balkankrieg in die Türkei delegiert, um das türkische Fliegerkorps zu begründen. Bei seinem Flug über das Marmarameer schlug er den damals wohl noch bescheidenen Weltrekord. Preußischer Oberleutnant und türkischer Hauptmann zugleich, schrieb der Onkel in großen Zeitungen viel über diese Episode. Auch war er ein hinreißender Schlittschuhläufer, der 1911 sogar einen Paarlaufwettbewerb mit seiner Braut, einem Fräulein Torwald, gewann. "Sport im Bild" brachte eine ganze Seite darüber. Ich war fest überzeugt, daß der berühmte Onkel eines Tages mit seinem

"Harlan Eindecker" auf einem der Kartoffeläcker in Jaratschewo landen würde und renommierte weidlich damit. Als er dann überraschend im Pferdebus eintraf, fühlte ich mich tief blamiert. Ein schwacher Trost waren die von ihm mitgebrachten, in Goldpapier eingewickelten Schokoladetaler.

Am 23. August 1914 veröffentlichte das "Berliner Tageblatt" einen patriotischen Nachruf über das erste Kriegsopfer unter den Kampffliegern - Reinhold Jahnow. Das bitterliche Weinen meiner Mutter ist bis heute unvergessen.

Was spürte ein Kind sonst vom Ersten Weltkrieg? Es bemerkte, daß viele Männer aus unserem Freundes- und Bekanntenkreis eingezogen wurden und nicht wenige in Gefangenschaft gerieten oder fielen. Mit siebzehn hatte sich mein Halbbruder Wolfgang als Kriegsfreiwilliger gemeldet. Er verlor den rechten Arm. Überhaupt erwiesen sich die Juden als Superpatrioten, mit einem statistisch festgestellten proportional weit höheren Anteil an Gefallenen und Verletzten als die übrige Bevölkerung. Desto niederträchtiger war die nach dem Kriege verbreitete Lüge von den jüdischen Drückebergern. Auch unsere Familie - zahlenmäßig schon mehr ein Klan - mußte schmerzliche Opfer bringen.

Jaratschewo, und ich nehme an, daß das für alle gemischt-nationalen Orte dieser Region galt, war in zwei Lager gespalten. Auch die Polen wurden vom Militär- und Frontdienst nicht verschont. Aber die Frauen entließen ihre Männer und Söhne nie ohne die Warnung: "Komm nicht mit einem eisernen, sondern einem gesunden Kreuz zurück." Auch schon wegen traditioneller kultureller Beziehungen zu Frankreich wünschte die Bevölkerung der Entente den Sieg. In diesem Falle hoffte sie auf die Wiedergeburt des polnischen Staates nach so vielen Teilungen.

Ganz anders die Deutschen! Die vornehme Frau Fischer von Mollard sagte sich eines Tages zum Tee an. Resultat: Meine Mutter übernahm auf Bitte der Kreisvorsitzenden die Leitung des örtlichen "Vaterländischen Frauenvereines", der für die Frontsoldaten und Verwundeten strickte, Liebesgabenpäckchen versandte und Durchhalte-Briefe schrieb.

Wir deutschen Kinder machten mit Spieltrompeten und Spieltrommeln einen ohrenbetäubenden Lärm. Bei Schlachten zwischen den Zinnsoldatenarmeen mußten selbstverständlich immer unsere Heere gewinnen. Gespannt warteten wir auf das Glockenläuten des Gemeindedieners, der eigentlich nur Siege verkündete, als hätte es überhaupt keine Niederlagen gegeben.

Abgesehen von Kakao, Schokolade und sicherlich auch Kaffee, gab es in unserer Verpflegung keine Engpässe, schon deswegen nicht, weil beinahe alle Bauern die Arztrechnungen in Naturalien beglichen. Wir konnten sogar Lebensmittel an die Berliner und Breslauer Verwandten schicken.Als Sohn des einzigen Arztes wurde ich weidlich verwöhnt. Zum Geburtstag bog sich der Gabentisch. Selbst die sich bei den Bauern im Einsatz befindlichen Kriegsgefangenen brachten kleine Geschenke. Am Dreikönigstag kamen ohne Bewachung bunt kostümierte Russen, von denen sich einige dicke Tierfelle übergezogen hatten. Sie wurden bewirtet und erhielten ein recht nobles Trinkgeld. Über die schlechte Behandlung eines französischen Kriegsgefangenen beschwerte sich mein Vater. Er wurde sofort einem anderen Bauern zugeteilt.

Im Herbst 1918 übernahm der Vater eine Praxis in der Posenschen Kreisstadt Wreschen, weil es Zeit war, daß ich ein Gymnasium besuchte. Deutsche und polnische Nachbarn luden uns die letzten Tage zum Essen ein. Tränenreich war mein Abschied von der Ziege Lisa, auch weil ich dem Ehrenwort mißtraute, daß sie zwar verkauft - aber nicht geschlachtet werden würde. Wreschen war im Vergleich zu Jaratschewo eine Großstadt. Immerhin hatte es 8000 Einwohner, und die ehrgeizigen Wreschener rechneten noch die 2000 Mann Garnison hinzu.

Zu den Errungenschaften gehörte eine Eisenbahnstation, Elektrizität, Gas und das WC statt des Plumpsklos im Hof. Selbst ein Bad war vorhanden, der Ofen mußte aber mit Holz mühselig geheizt werden. In Jaratschewo hatte während der Jahrmarktstage ein Wanderzirkus gastiert, und ich umwarb die mitwirkenden Kinder, als seien sie Weltstars. Wreschen hatte zwei Kinos, die auch überfüllte Jugendvorstellungen veranstalteten. Auf ihren Tourneen besuchten deutsche und polnische Theater und Kabaretts, meist leichteren Genres, auch unser Städtchen, und mein Vater summte den Schlager "Kleine Mädchen müssen artig sein" noch Wochen später. Eine Liliputaner-Revue kam mindestens zweimal jährlich. Wie inhuman solche Schaustellung körperlicher Abnormalität war, konnte ich damals noch nicht begreifen. Ich amüsierte mich köstlich.

Sehr glücklich war der Wreschener Start nicht. In beinahe ganz Europa herrschte 1918 eine Grippeepidemie, und mein herzkranker und nicht mehr jugendlicher Vater mußte oft vom Trittbrett eines Wagens sogleich auf das eines anderen steigen. Zu meinem Leidwesen durfte ich wegen der Ansteckungsgefahr nicht mit. Auch politisch waren die Zeiten schwierig. Die Abdankung Kaiser Wilhelm II. nahm ich schluchzend zur Kenntnis, ohne zu ahnen, wieviel attraktiver ich nach einer Weile die republikanische Staatsform finden würde.

Mit der deutschen Revolution war ein kleiner Straßenumzug verbunden. "Bessere Leute" blieben zuhaus und erst recht alle Polen. Die veranstalteten dann eine große Jubeldemonstration, als Ende 1918 ihr Staat proklamiert und international anerkannt wurde. Für etliche Tage schloß man das schöne, große Gebäude des Gymnasiums. Nach der Wiedereröffnung war der Unterricht rein polnisch. Von den Wreschener Polen wurde das mit besonderer Genugtuung aufgenommen. Der nach ihrer Stadt benannte Schulstreik, als die zuständige Behörde einst verlangte, daß auch der Religionsunterricht auf deutsch erfolgen mußte, war noch nicht vergessen, und die lange eingesperrten Rädelsführer galten als Märtyrer. So mußten die deutschen Beamten bis zum Richter, Landrat, Kreissekretär und Bürgermeister hinauf "Heim ins Reich". Viele andere folgten freiwillig. Zunächst wurden amtliche Verlautbarungen noch zweisprachig angeschlagen. Auf der deutschen Seite zeichnete der Landrat als "von

Czapski", auf der polnischen nur als "Czapski", denn der Adel war offiziell abgeschafft worden. Genau wie in Österreich redete man aber die Fürsten, Grafen etc. privat respektvoll noch weiter so an. Nunmehr erschien das "Wreschener Kreisblatt" als "Oredownik Wrzesinski", mit einer deutschen Seite, die aber auch bald wegfiel. Man las das "Posener Tageblatt" und die anspruchsvolleren "Danziger Neueste Nachrichten". Beide verschlang ich.

Freilich hatten wir auch polnische Freunde, und die Partnerinnen erster harmloser Liebeleien waren meist Polinnen. Andererseits spürte man eine nicht geringe Deutschen- und Judenfeindschaft. So hörten wir oft die Aufforderung "ras dwa trzy (eins zwei drei) - raus mit Sie". Grammatikalisch nicht ganz korrekt, aber durchaus ernst gemeint. Ein noch öfter verwendeter Spruch lautete "Zydzie idz do Palestyny" (Juden geht nach Palästina). Gelegentlich setzte es den Fußtritt eines jugendlichen Rowdys. Mal galt er dem Deutschsprechenden, mal dem Juden, tat jedoch gleich weh. Wenn mein Vater davon erfuhr, meinte er: "Bestimmt haben wieder die polnischen Pfaffen gehetzt."

Engster Kontakt, auch gesellschaftlich, bestand zwischen den polnischen und deutschen Großgrundbesitzern, die ja auch dieselben Interessen hatten. Anders lag es auf bäuerlicher Ebene. Die Polen waren auf das Land der deutschen Ansiedler, die sich, oft unberechtigt, Armsiedler nannten, eifersüchtig und über jeden froh, der es verkaufte und wegzog.

In Wreschen existierte eine eher bescheidene Industrie: Zuckerfabrik und Molkerei, deren deutscher Direktor Karl Stier später die erste Radiofabrik Polens begründete. Seine Zwillingssöhne Hans und Joachim waren meine besten Freunde. Gleich Angehörigen der meisten Minderheiten in der Welt waren wir nationalistisch bis in die Knochen. Vor einer schwarz-weiß-roten Fahne - "schwarz-rot-Mostrich" wurde verachtet - schmetterte man die natürlich noch ungekürzte Deutschlandhymne und andere patriotische Lieder. Auch die Spiele und die Lieblingsliteratur lagen auf dieser Linie. Den Versailler Vertrag betrachteten wir als Schmach.

Sämtliche in Oberschlesien geborenen Deutschen, darunter mein Vater, fuhren am 20. März 1920 dorthin, um abzustimmen - genau wie die Polen mit Gratis-Eisenbahnbilletts. Voller Spannung verfolgten wir Daheimgebliebenen die Resultate und ereiferten uns später über die Teilungsbeschlüsse, soweit sie für Deutschland ungünstig ausfielen, als ungerecht und schändlich.

In der bereits kurz nach Kriegsende eröffneten deutschen höheren Privatschule, die auch die jüdischen Kinder - selbstredend noch gleichberechtigt - besuchten, fand der Polnischunterricht dreimal wöchentlich je eine Stunde statt. Unser Ziel war eine "Drei". Dadurch wurde die Versetzung nicht gefährdet. Eine Zwei, ja nur die Zwei bis Drei, hätten wir als Zeichen unpatriotischer Gesinnung angesehen. Rektor Pade behandelte die Polnischlehrerin, ein Fräulein Jernaiczek, ausgesucht zuvorkommend, denn sie war die ihm das Haus führende Schwester des katholischen Pfarrers. Als eine Klasse seiner Meinung nach die Polnischstunde geschwänzt hatte - tatsächlich war es nur ein Mißverständnis -, veranstaltete er eine Prügelorgie. Nur die Mädchen blieben verschont.

Es setzte noch einmal Hiebe. Da hatte der Schüler Alfred Laube, als ihn Fräulein Jernaiczek fragte, was aus der Kaiserin Auguste Viktoria geworden sei, die als despektierlich betrachtete Antwort gegeben: "Ona zdechla" (Sie ist krepiert). Die bäuerlichen Eltern des doch schon geschundenen Jungen erhielten auch einen Beschwerdebrief Pades. Ihr Sohn hätte das ehemalige Kaiserhaus beleidigt. Im allgemeinen aber war der Rohrstock, im Gegensatz zu Jaratschewo, kein oft angewendetes "Erziehungsmittel". Relegiert wurde niemand. Trotz Zuschüssen aus Deutschland brauchte man das Schulgeld dringend.

Zunächst hatte die evangelische Kirche noch ihren eigenen deutschen Pastor, dann kam einer sporadisch aus Jarotschin oder Gnesen, ich erinnere mich nicht mehr genau. Bei dieser Gelegenheit erteilte er auch den verhältnismäßig seltenen Konfirmandenunterricht. Aber trotz der Auswanderer war die deutsche Kolonie alleine schon durch die verbliebenen Ansiedler der Umgebung noch ganz respektabel. Neben dem polnischen Genossenschaftsladen hielt sich ein deutsches Konsumgeschäft. Die Synagoge blieb geöffnet, auch nachdem Dr. Lewin, der sehr gelehrte Rabbiner, nach Deutschland übergesiedelt war. Ein Minjen (Zehn-Männer-Gebet) war immer möglich. Zugezogene polnische Juden ersetzten die ausgewanderten deutschen, und die Gemeinde blieb einigermaßen intakt.

Ferien verbrachten meine Mutter und ich mal bei ihren Eltern in Berlin, mal beim älterem Bruder des Vaters in Breslau. Tante Bianca, dessen Frau, war trotz bescheidenen Wirtschaftsgeldes eine Meisterköchin. Ihr Essen am Sederabend, der das jüdische Osterfest einleitet, hielt ich für unübertrefflich, wenn mich die langen hebräischen Gebete und Gesänge auch ein wenig langweilten. Während mein Vater den Standpunkt vertrat: "Koscher ist, was mir schmeckt", rührte Onkel Siegel kein Gericht an, das nicht rituellen Vorschriften entsprach. Aber wer ist schon ganz ohne Sünde? Wenngleich orthodox, besuchte er die (später am 9. November 1938 zerstörte) Liberale Synagoge wegen des Orgelspiels, das eigentlich für Strenggläubige tabu sein sollte. 1937 erhielt ich von ihm einen Brief mit dem mich erschütternden Satz "Man beginnt an der Vorsehung Gottes zu zweifeln."

In Wreschen selbst hatte sich nicht viel verändert. Das polnische Garnisonsorchester erhielt einen Violinisten, dem es erlaubt wurde, am Wochenende im Hotel Hönisch aufzuspielen. Sein "Kanarek" glich tatsächlich dem Zwitschern eines Kanarienvogels. Meine Mutter, von der Spötter behaupteten, sie würde zwölf Kilometer zu Fuß laufen, um einem Leierkasten zuzuhören, war hingerissen.

Etwas erfaßte ich erst später. Offiziere und manchmal auch ihre Frauen ließen sich bei "galanten Krankheiten" lieber von meinem Vater behandeln als von einem polnischen Arzt, schon um dem Klatsch zu entgehen.

1922 fand das Wreschener Idyll ein jähes und unerwartetes Ende. Wer nach 1908 in das spätere Polen zugezogen war, blieb Reichsdeutscher, es sei denn, er hätte für Polen optiert, was mein Vater unterließ. Dennoch konnte er sich nicht erklären, warum eines Tages ein Patient mit dem Rezept zurückkam, weil es der Apotheker nicht annahm. Erst auf telefonischen Anruf verriet der Kreisarzt Dr. Uliszewski die Hiobsbotschaft, daß ihm als "reichsdeutschem" Mediziner die weitere Führung der Praxis verboten sei. Etwa dreißig seiner Kollegen soll allein in der Provinz Posen das gleiche Schicksal getroffen haben. Die nun unzureichende ärztliche Versorgung hat manchem Patienten das Leben gekostet. Darunter befand sich ein guter Schulfreund. Vor der Beerdigung lag er mit wächsernem Gesicht aufgebahrt, ein Kruzifix zwischen den gefalteten Händen.

Sehr eng war der väterliche Kontakt mit dem deutschen Konsulat in Posen. Man bat ihn, um die polnische Staatsbürgerschaft einzureichen. Es läge im Interesse des Reiches, daß die deutsche Minderheit nicht noch die wenigen verbliebenen Akademiker einbüße.

Zwei Lehrerinnen und der Rektor, der mir zum Abschied den Wälzer "Die Hohenzollern und ihr Werk" schenkte, wurden als Reichsdeutsche ausgewiesen. Niemand meldete sich als Ersatz, und die Schule mußte geschlossen werden. Gleichzeitig fraß die galoppierende polnische Inflation fast unsere gesamten Ersparnisse auf. Es fehlte also das Geld, um mich auf das Posener deutsche Gymnasium zu schicken. Da kam ich auf eine Idee, die weniger genial war, als ich zuerst annahm. Ich schrieb an den preussischen Kultusminister und legte beglaubigte Abschriften meiner Zeugnisse bei. Resultat: eine Freistelle in der Staatlichen Bildungsanstalt Wahlstatt.

Um etwas vorzugreifen: Anfang 1933 war ich auf ein paar Tage das letzte Mal in Wreschen. Meine Freunde, auch die Zwillinge Stier, hörten sich begeistert jede durch den Rundfunk verbreitete Hitler- und Goebbels-Rede an. Allerdings traf ich auch einige, die vom Dritten Reich und dem Köder des Antisemitismus nichts wissen wollten. Auf der anderen Seite meinte der mit uns befreundete polnische Kreistierarzt Dr. Zyto ernsthaft: "Auch Polen könnte einen solch starken Hitler gebrauchen." Wenn er gewußt hätte, was dieser "starke" Hitler seinem schon allzuoft schwergeprüften Volk antun würde!

Mein Vater brachte mich also nach Wahlstatt. Unser Konversationslexikon hatte über dieses niederschlesische Dorf nur verraten, daß dort 1241 eine Schlacht zwischen Mongolen und Deutschen stattfand. Vor Ort erfuhr ich mehr. Ursprünglich soll das etwas schloßähnliche Gebäude ein Kloster beherbergt haben. Die Kirche teilte es in zwei Flügel, und sie diente der katholischen Gemeinde immer noch zu sonn- und feiertäglichen Andachten. Das eigentliche Haus wurde eine Kadettenanstalt und blieb das Generationen hindurch. Hier hatte der gebürtige Posener Paul von Hindenburg und Benneckendorf seinen ersten militärischen Schliff erhalten. Überall hing das Bild des nachmaligen Generalfeldmarschalls. Er galt als Sieger von Tannenberg. Nach dem Ersten Weltkrieg verwandelte sich die Kadetten- in eine Staatliche Bildungsanstalt ("Stabila"). Aber mehrheitlich spukte der alte nationalistische Geist weiter.

Als ich eintraf, waren gerade Ferien, und nur wenige Jungen verbrachten sie in Wahlstatt. Man warf mich die ersten Nächte aus dem Bett - keine Böswilligkeit, sondern eine bei Neuen übliche Tradition. Nachdem der Unterricht wieder begonnen hatte, spürte ich keine offene Feindseligkeit seitens der Lehrer und Erzieher. Vom Direktor wurde ich, vielleicht wegen der ministeriell angeordneten Freistelle, sogar einmal zum Mittagessen in sein Haus eingeladen. Ganz anders war die Haltung der meisten Mitschüler, in der Hauptsache Söhne von Offizieren, Ex-Offizieren, Beamten und Gutsbesitzern. Manche sprachen viel über Politik und suchten die vor allem am Fußball oder Stabila-Chor und Stabila-Amateurbühne Interessierten mitzureißen. Sie bedauerten, daß der Kapp-Putsch nicht erfolgreich verlaufen war, schmähten die zerschlagene bayerische Räterepublik und nannten den 1921 von zwei Offizieren ermordeten Matthias Erzberger einen Verräter und Erfüllungspolitiker. Ihm sei schon recht geschehen. Das gerade tödlich verlaufene Attentat auf Außenminister Walther Rathenau hatte auch kein Mitleid erregt. Vielmehr verwandte man, wenngleich nicht einheitlich, das in bestimmten Kreisen populäre Schlagwort: "Die gottverdammte Judensau". Selbst Jahre hinterher wurde auf nazistischen Wahlplakaten perfiderweise das Opfer des Mordanschlages weiter verunglimpft. Derartige Bemerkungen fielen nie vor oder von Lehrern oder Erziehern, mögen wohl auch die meisten rechtsgerichtet gewesen sein und keine Anhänger der Weimarer Republik. Für mich, den einzigen Juden in dieser Schule, war die Atmosphäre unerträglich.

Die Schüler der höheren Klassen durften später schlafen gehen. Wenn sie in dem Riesensaal an meinem Bett vorbeikamen, wurden Sprüche geklopft wie "Jude bumm bumm - die Nase ist krumm". Auch die "jüdischen Plattfüsse" durften natürlich nicht fehlen, genau wie andere Schimpfworte und Verleumdungen über das - zynisch betonte - "auserwählte Volk". Man kann annehmen, daß irgendjemand bereits das gerade erschienene rassenkundliche Buch des Pseudowissenschaftlers Hans F.K Günther gelesen haben mußte und dessen Theorien weiterverbreitete. Es stempelte die Juden zu Untermenschen. Sein Einfluß auf Hitlers nationalsozialistische Ideologie soll sehr stark gewesen sein.

Jüdische Witze können gut sein, sofern sie richtig erzählt werden. Aber die von meinen Quälgeistern ausgetauschten waren unecht, gehässig und beleidigend. Das alles tat einem lange so Verwöhnten doppelt weh. Wichtige Autoritäten waren die ausnahmslos adeligen Hausdamen. Eine haßte die andere. Frau von Z. behandelte mich geradezu liebevoll, weil die leider zuständige Frau von K. ihre Antipathie offen zeigte. Im Ausdenken von Schikanen bewies sie eine rege Phantasie. Lebenserfahren wußte Frau v. K., daß ich, sowieso eingeschüchtert, niemanden beim Direktor verpetzen würde. Ziemlich bald nach der Wahlstätter Episode erfuhr ich, daß die edle Dame wegen Verführung einiger Oberprimaner mit Schimpf und Schande herausgeworfen worden war. Doch das nützte mir nichts mehr.

Jedenfalls hatte ich in Wahlstatt - zum ersten und letzten Mal in meinem Leben - ernste Selbstmordgedanken. Dazu trug die weitgehende gesellschaftliche Isolierung bei. Das einzige Mädchen in meiner Klasse und der Stabila überhaupt war als Externe eine Kaufmannstochter aus dem Dorf. Von ihr hörte ich nie ein böses oder gar kränkendes Wort. Unter dem seelischen Druck ließen die schulischen Leistungen nach. Plötzlich wagte es Frido Abel, der Sohn eines Diakons, sich mit mir anzufreunden. Nur war die allgemeine Stimmung so feindlich, daß wir uns nur heimlich, meist unter einer Orgel in der Aula verborgen, trafen. Jahre später besuchte er mich als Theologiestudent in Berlin. Dann kam Frido immer öfter. Wie sich herausstellen sollte, war nicht ich allein gemeint, sondern weit mehr meine erste Sekretärin Lisa Holländer. Nach einer sehr glücklichen Ehe der beiden wurde er 1944 in Rumänien vermißt und blieb verschollen.

Mit Paul Chauvin, einem neuen Schüler, traf ich mich nicht unter der Orgel. Er war Hugenotte, behauptete dadurch immer noch ein halber Franzose zu sein - ohne jegliche Vorbehalte gegen Juden. Was sich hinterher oft auch im Dritten Reich zeigen sollte: Wenn einer sich nicht kleinkriegen läßt, setzte er sich durch. Die Anpöbelungen verstummten und unsere Freundschaft wurde stillschweigend toleriert.

Als meine Eltern finanziell nicht mehr durchhalten konnten, zogen sie nach Berlin, und ich durfte bald nachkommen. Die Mühlen der Bürokratie mahlen langsam. Nach einigen Monaten leitete die Wreschener Post einen amtlichen Brief an meinen Vater weiter. Falls die Eltern auf ihre deutsche Staatsbürgerschaft verzichten wollten, könnten sie die polnische erwerben. Aber wer geht schon freiwillig von Berlin nach Wreschen zurück?

Ein altes hebräisches Sprichwort lautet: "gam su le towa" - auch das ist zum Guten. In Wahlstatt hatte ich den Superpatriotismus abgelegt. Die Erfahrungen dort beschleunigten neben der genauen Lektüre von Adolf Hitlers "Mein Kampf'" den schnellen und lebensrettenden Entschluß zu meiner Emigration 1933.

Daß ich erst später nach Berlin kam, hing damit zusammen, daß ich zu jenen Jugendlichen gehörte, die das baltische Rote Kreuz nach Lettland eingeladen hatte, um dort die großen Ferien zu verbringen. Die Reise dauerte drei Tage und zwei Nächte in nicht sehr komfortablen Abteilen der vierten Eisenbahnklasse. Stärkster Eindruck war die herrliche westpreußische Marienburg, ein gotischer Backsteinbau, der sich im Wasser der Nogat spiegelte. Merkwürdig berührte mich die hebräische Schrift - Firmenzeichen auf jiddisch - an fast allen Geschäften im Durchreiseland Litauen. Dort lebten nicht weniger als 165.000 Juden (sieben Prozent der Bevölkerung). Sie genossen Minderheitenrechte. Ja, es gab sogar ein Ministerium für jüdische Angelegenheiten, und der Minister selbst gehörte diesem Glauben an.

In Riga wurde ich abgeholt und gleich weiter nach Resekne (Rositten), der Hauptstadt Lettgalens, verfrachtet. Da man die Kinder nach Möglichkeit im elterlichen Milieu unterbrachte, nahm der Kreisarzt Dr. Schneider mich auf. Religiöse Dinge wurden nur einmal gestreift. Da ermahnte der Kreisarzt seinen Sohn Hans: "Nichtdeutsche und nichtevangelische Frauen - die Provinz Lettgalen war überwiegend protestantisch - müssen für dich einmal so tabu sein, wie für einen Engländer die Damen der königlichen Familie."

Wir wurden vom russischen Apotheker und von vielen baltischen Großgrundbesitzern, die einen beträchtlichen Teil ihres Landes durch die Bodenreform verloren hatten, zu opulenten Essen eingeladen. Manche behielten nur das Schloß und ein Stück Park rundherum. Im letzten Brief von Schneiders stand, sie wüßten nicht recht, was vom Nationalsozialismus zu halten sei und ob es richtig wäre, sich nach Deutschland umsiedeln zu lassen oder nicht. Ihre endgültige Entscheidung habe ich nie erfahren, weil die Korrespondenz jäh abriß.

Dann durfte ich noch etliche Tage bei Schneiders erwachsener Tochter und dem Schwiegersohn in Riga bleiben. Dort leistete mir ein anderer Ferienkamerad, der Sohn eines Treptower evangelischen Pfarrers, Gesellschaft. Später habe ich diese Familie einmal aufgesucht, nur einmal. Man war durch und durch antisemitisch, was ich in der lettischen

Hauptstadt noch nicht bemerkt hatte, und der Herr Papa schloß sich später den "Deutschen Christen" an.

Lettland hatte 94.000 Juden - vier Prozent der Bevölkerung. Darunter befanden sich vor allem Jiddisch sprechende Handwerker und Kleinkrämer, wohlhabendere Geschäftsleute, sowie last not least emanzipierte oder zionistische Wissenschaftler und Intellektuelle von Rang. Was die Litauer und Letten ihren Juden antun würden, ahnte niemand. Eifrig halfen sie den Deutschen bei der Durchführung der Deportationen und veranstalteten mindestens so blutige Massenpogrome wie einst die Kosaken. Schauerliche Einzelheiten erfuhr ich 1948 während der zweiten Session des Jüdischen Weltkongresses in Montreux von einigen der wenigen Überlebenden.

1923 war die baltische Welt aber noch heil. Riga glich einem Sprachenbabel. Durcheinander hörte man u.a. Lettisch, Russisch, Polnisch, Litauisch, Estnisch und natürlich auch Deutsch und Jiddisch. Schlösser, berühmte Kirchen der verschiedenen Konfessionen und weiträumige Parks waren zu bewundern. In den Schaufenstern eleganter Geschäfte lagen sogar Luxuswaren aus. Sehenswert waren auch die Große und Kleine Gilde, in denen zunftähnliche Organisationen der Balten ihren Sitz hatten. Mit dem Pastorensohn wanderte ich den lebenssprühenden Hafen entlang. Ein deutscher Kapitän lud uns auf sein Handelsschiff ein, und wir wurden reichlich und deftig bewirtet.

Während der Rückfahrt gab es in Königsberg eine freudige Überraschung. Auf dem Bahnsteig standen meine drei Kousinen Hilde, Ella und Rosa, die in der ostpreussischen Provinzhauptstadt lebten. Alle außer Hilde wurden Opfer des Holocaust. 1943 war sie eine unserer beiden Trauzeugen. Am 25. Februar 1990 flog ich nach London, um ihren neunzigsten Geburtstag mitzufeiern.

In Berlin wie in ganz Deutschland war 1923 das Jahr einer gewissen Normalisierung. Ohne große Vorwarnung verwandelte sich eine Billion Inflationsmark in eine Rentenmark, aus der 1924 wiederum die Reichsmark wurde. Als

Aussiedler aus Polen erhielten wir eine bescheidene Unterstützung. Bedrückend war die Wohnungszwangswirtschaft. So mußten wir uns zunächst bei den Großeltern in Friedenau einquartieren. Das Zusammenleben von drei Generationen ist selten ideal. Auch bei uns war es das nicht. Mein vollbärtiger Großvater, der noch den seit 1919 nicht mehr verliehenen Titel Gymnasialprofessor führte, hatte im Krieg auf Bitte des Ministeriums den Schuldienst wieder aufgenommen, um jüngere Kräfte zu ersetzen, ließ sich dann aber endgültig pensionieren. Er war ein nicht sonderlich aktiver Liberaler. Einmal erwähnte ich, wie human es doch sei, daß er uns unbefristet aufgenommen hätte. Seine Reaktion:"Aber Alfred, kümmere dich ja nicht um die Politik, damit aus meiner Guttat keine Wehtat wird." Für diese Zeit war das wohl typisch. Irgendwie sah man in der Politik etwas Schmutziges, mit dem sich junge Menschen nicht beschäftigen sollten. Vielfach führte das zu Ignoranz und kam letzten Endes Hitler zugute.

Im Hause der Großeltern befreundete ich mich mit einem älteren, schon sehr männlich wirkenden Jüngling namens Werner von Unwerth an. Sein Vater wählte eines Tages den Freitod, gerüchteweise weil er die Arbeitslosigkeit nicht länger ertragen konnte. Werner prahlte mit schönen Freundinnen und zeigte mir selbstgeknipste pikante Bilder. Da Auslandsreisen noch eine Seltenheit waren, interessierten ihn meine Erlebnisse in Lettland brennend. "Du solltest das alles mal für die Zeitung niederschreiben", riet er. Damit war mir ein Floh ins Ohr gesetzt, der bald kräftig springen sollte.

In der Schule herrschte Toleranz, wie wohl damals in den meisten Großstädten. Da ich aus Polen kam, wurde ich mit dem üblichen silbernen Abzeichen "Klassenobmann" des "Vereins für das Deutschtum im Ausland" (VDA) und kassierte als Hauptaufgabe die Monatsbeiträge. Eigentlich hätte ich das gar nicht dürfen. Als eine der ersten nichtnazistischen Organisationen führte nämlich der VDA den "Arierparagraphen" ein, was ich damals noch nicht wußte. Während meiner Berliner Schulzeit war ich nicht der einzige Jude, wenngleich der jüdische Anteil nie so groß war wie im exklusiven Französischen Gymnasium, dem geistigen Nährboden so vieler Berühmtheiten. Die Lehrer äußerten sich kaum parteipolitisch. Aber man wußte, daß einer dem deutschnationalen Parteivorstand angehörte. Wer sich bei ihm beliebt machen wollte, holte in seiner Wohnung die Wahlzettel und verteilte sie. Wahlen gab es ja am laufenden Band. Neben dem jüdischen Schüler Bär (Neffe des bedeutenden gleichnamigen Publizisten der "Kölnischen Zeitung") saß das Mitglied einer völkischen Bewegung. Außerhalb der Schule trug er ihr Abzeichen, einen Totenkopf. Beide schrieben jedenfalls munter voneinander ab ....

Bewußter Floh im Ohr begann empfindlich zu stechen. Mein Vater, der um zwanzig Jahre älter war als die Mutter, seine zweite Frau, wollte keine eigene Praxis mehr eröffnen, und der Bereitschaftsdienst in der Neuköllner Rettungsstelle wurde nur mäßig bezahlt. Entsprechend mager fiel das Taschengeld aus. Nun war ich zwar ein miserabler Mathematikschüler, aber mich retteten immer die deutschen Aufsätze. Also wollte ich nun wirklich dem Rat Werner von Unwerths folgen und es mit einer Zeitung versuchen. Nur verbot es die Schule. Wie ließ sich das umgehen? Im Geschichtsunterricht fiel der Groschen. Da wir gerade die Schlacht von Philippi durchnahmen, wählte ich für den ersten Artikel und die darauf folgenden das Pseudonym "A. Philippi". Erst nach Beendigung der Schulzeit brauchte ich meinen richtigen Namen nicht mehr zu verschweigen, was meiner Eitelkeit natürlich sehr entgegenkam.

Journalistische Anfänge in Berlin
Das Ende der Republik

Das Berliner Zeitungsviertel, das bald meine Welt werden sollte, in der Koch-, Zimmer- und Jerusalemer Straße wurde von Ullstein, Scherl und Mosse dominiert. Alles lag so dicht beieinander, daß etwas überspitzt behauptet wurde, die Redakteure könnten ihren Konkurrenten ins Fenster sehen. Ullstein, damals der größte Zeitungsverlag Europas und vermutlich sogar der ganzen Welt, bestand aus dreizehn Gebäuden, das zuletzt geschaffene Tempelhofer Druckhaus mit seinem 77 Meter hohen Turm nicht mitgerechnet. Von keinem geringeren als dem berühmten Architekten Erich Mendelsohn stammten die Entwürfe des Turmhauses. 1966 zeigte mir seine Witwe in San Francisco einen Teil der Pläne und Fotografien. Bekanntlich hatte ihr Mann auch den Potsdamer Einstein-Turm gebaut.

Schon das Ullstein-Haupthaus war ein solches Labyrinth, daß der majestätische Botenmeister Appel neuen Besuchern von Rang und Namen nicht selten einen "Lotsen" mitgab. Zu dieser illustren Kategorie gehörte der auf sein Glück hoffende Schuljunge wahrhaftig nicht. Vielmehr mußte er abwarten, bis der gefürchtete Herr Appel abgelenkt war und es so glückte, an diesem Zerberus vorbeizukommen. Nach vielen Rückfragen gelangte ich schließlich zu Dr. Carl Misch, dem innenpolitischen Redakteur der "Vossischen Zeitung". Mit milden Augen überflog er mein Manuskript, murmelte "angenommen" und ließ mir von der Sekretärin - es gab ja noch keine Computer - eine gleich zu kassierende Honoraranweisung ausstellen. Obwohl von Natur aus kein Pessimist, erschien mir das Ganze doch wie ein Wunder. Teile des Honorars investierte ich in eine leckere Hummermajonnaise im Automatenbüffet "Quick" am Zoo. Mit dieser Delikatesse hatte ich schon lange zuvor einseitig kokettiert.

Dr. Misch hielt den Kontakt mit mir aufrecht. Als ich etwas älter geworden war, bestellte er vor jeder Reichstagswahl eine Umfrage unter Repräsentanten verschiedener Berufe und Geistesrichtungen, was sie vom neuen Parlament erhofften. Das brachte mir zwar keine Lebensaufgabe, jedoch bei der für die deutsche Politik katastrophal oft erfolgten Auflösung des Hohen Hauses einen netten Batzen ein. Rechtzeitig entkam Misch später in die Vereinigten Staaten. Dort setzte er seine Karriere erfolgreich fort.

Die übrigens getauften fünf Brüder Ullstein (sie hatten ebensoviele Schwestern) wurden "Kollektiv der Genies" genannt und bewiesen das immer von neuem, jeder in seinem Ressort. Über die Atmosphäre des Hauses spöttelte Vicki Baum: "Bei Ullstein wird nicht mal entlassen, wer silberne Löffel stiehlt, es müssen schon goldene sein." Nur Georg Bernhard mußte 1930 seinen Hut nehmen. Der Chefredakteur der "Vossischen Zeitung" soll sich zu offensichtlich in eine intime Angelegenheit der Verlegerfamilie eingemischt haben.

An der Deutschen Hochschule für Politik mit Professor Theodor Heuss als Rektor habe ich zwar eifrig und gern studiert. Aber ich war der Ansicht, Journalismus könne man nur aus der Praxis erlernen oder überhaupt nicht. Niemals lockte mich ein Redakteursposten. Statt dessen war ich immer freier Journalist und blieb es bis heute. Was sind nun die Vor- und Nachteile? Der festangestellte Redakteur oder Korrespondent erhält ein Gehalt, mit dem er rechnen kann. Seine Auslagen beispielsweise für Taxen, Reisen, Hotels, Einladungen wichtiger Gesprächspartner und sonstige Spesen werden zurückerstattet. Darauf muß ein freier Journalist verzichten. Er hat alles aus der eigenen Tasche zu zahlen. Schwierig war das, als ich ein halbes Menschenalter von Land zu Land und von Kontinent zu Kontinent flog. Hier und da lud mich eine Regierung oder eine Fluggesellschaft zur Einweihung ihrer neuen Strecke ein. Aber das waren die großen Ausnahmen. Keinesfalls hätte ich mit einer 48- oder gar 35-Stunden-Woche existieren können.

Nun zu den Pluspunkten: Als freier Journalist ist man viel unabhängiger in der Themenauswahl und weniger politisch eingeengt. Wo es mir paßte oder gefiel, blieb ich nach eigener Entscheidung oft so lang, wie es ein Zeitungsverlag kaum seinen Angestellten gestattet hätte. Ich konnte also terminmäßig schwierige Interviews abwarten und brauchte bei der Ausarbeitung komplizierterer Beiträge nichts überhasten. Heutzutage allerdings ist alles schwerer geworden. Honorare sind nicht annähernd so hoch gestiegen wie Hotelpreise und die fast obligatorischen opulenten Frühstückbüffets sättigen einen schließlich nicht den ganzen Tag.

Angesichts des weltweiten Zeitungssterbens, verursacht durch den Rundfunk und vor allem das Fernsehen, werde ich etwas wehmütig, wenn ich an die Weimarer Ära zurückdenke. 1928 gab es allein in Berlin 2633 Zeitungen und Zeitschriften. Fast alle angesehenen Morgenblätter hatten noch eine Abendausgabe. Für uns freie Journalisten war das sehr günstig. Wenn ich einen Artikel im "Berliner Tageblatt" nicht los wurde, versuchte ich es mit der "Tante Voss", wie die "Vossische Zeitung" genannt wurde. Hatte ich dort Pech, gab es immer noch den etwas anspruchsloseren "Berliner Lokalanzeiger" etc. Es geschah schon sehr selten, daß man einen Beitrag überhaupt nicht unterbrachte. Schließlich konnte ich mich mit exklusiven Beiträgen an das Weltblatt "Frankfurter Zeitung" wenden, und es existierten enge berufliche Kontakte zu Redaktionen in den deutschen Provinzen, in Österreich und der Schweiz.

Allzuoft wird die damalige sogenannte Berliner Heimatpresse vergessen, über die jeder Stadtteil oder Vorort verfügte. Insgesamt machte sie, wieder 1928, siebzig Blätter aus. Auflagenmäßig stand die "Spandauer Zeitung" mit 70.000 Exemplaren an der Spitze.

Im Verlagshaus Rudolf Mosse - dort blieben die Herausgeber gleichen Namens der jüdischen Religion treu - war es schon ein ästhetisches Vergnügen, auf jemanden zu waren. Das Vestibül bestand nämlich aus einem kuppelgekrönten runden Raum mit Marmorverkleidung und Messingzierrat, an dem man sich nicht sattsehen konnte. Die wöchentlich erscheinende Filmbeilage des "Berliner Tageblatt" (B.T.) redigierte der aus Ungarn stammende Eugen Szatmari, der auch Bücher und mit die treffendsten Schilderungen der Berliner Bohème und Künstler-Cafés schrieb. Gerade hatte er mir eine Arbeit abgenommen. Da griff Szatmari ungeniert nach meiner Aktentasche. Darin befand sich auch eine Betrachtung mit höchst originellen und teilweise nicht unerotischen Fotos. "Sünden des roten Stifts" lautete der Titel. Es handelte sich um von der Zensur verbotene Stellen aus verschiedenen Filmen, die aber seltsamerweise als Standbilder nicht beanstandet wurden. "Bei wem wollen Sie diese Sachen unterbringen?", fragte Szatmari. Nachdem ich das Frankfurter "Illustrierte Blatt" genannt hatte, mit dessen Berliner Redakteur ich sehr gut stand, folgte die indiskrete Frage: "An welches Honorar denken Sie?" Als ich den Betrag nannte, erklärte der Redakteur: "Und wir zahlen" - das war damals eine Menge - "hundert Mark mehr." Wer hätte da schon widerstehen können? Szatmari war mit der Schauspielerin Camilla von Hollay glücklich verheiratet. Wenn man irgendwo über sie schrieb, förderte das die Zusammenarbeit mit ihm.

Szatmari verdankte ich einige Begegnungen, die nur durch das Renommee des "Berliner Tageblatts" zustande kamen. Der "Dreigroschenoper"-Film harrte seiner Premiere. Da behaupteten der Autor Bertolt Brecht und der Komponist Kurt Weill, die noch zusammenarbeiteten, das Ganze sei völlig verfälscht worden. Keinesfalls würden sie die Aufführung gestatten. Für Szatmari sollte ich die beiden, außerdem den Regisseur G.W. Pabst und einen auf Urheberrecht spezialisierten Rechtsanwalt, dessen Name mir entfallen ist, interviewen. Auf Brecht war ich besonders neugierig. In seiner Mansardenwohnung stand eine Riesenschiefertafel, auf der er alle Verabredungen des Tages mit Kreide niedergeschrieben hatte, auch unsere. Das damals - persönlich sah ich ihn nie wieder - hagere Gesicht wirkte ausdrucksvoll. Über den Konflikt sprach er mit leidenschaftlicher Stimme: "Weill und ich werden für kein Geld der Welt erlauben, daß dieses

Schundwerk das Licht der Leinwand erblickt." Dann bot die Firma 100.000 Mark, und ihre Einwände verstummten.

Täglich lieferte das "Berliner Tageblatt" seinen Lesern eine bebilderte Beilage und am Sonntag eine unentgeltliche richtige Illustrierte. Aber ihre Popularität verdankte sie neben erstklassigen Feuilletonisten dem Chefredakteur Theodor Wolff und dem Theaterkritiker Alfred Kerr. Die mit TW gezeichneten sonntäglichen Leitartikel wurden an analytischer Bedeutung höchstens noch von denen Georg Bernhards erreicht. Selbst als ich nicht mehr unbekannt war, hätte ich es nie gewagt, mich bei Wolff anmelden zu lassen. Als er auf einem Empfang ein paar freundliche Worte an mich richtete, war das gewissermaßen der "pour le mérite". Sogar nach der Machterschleichung Hitlers waren seine letzten Leitartikel tapfer und kompromißlos. Später hörte ich, Goebbels habe Theodor Wolff ins Schweizerische Exil das Angebot geschickt, er könne bei einer Rückkehr nach Berlin über einen großen Freiraum im "B.T." verfügen. Wolff lehnte ab.

Er zog es vor, weiterzuziehen und schon 1933 das allerdings finanzschwache "Pariser Tageblatt" zu begründen, das ich während meiner Emigration ständig verfolgte. "Ehrenarier" von Goebbels' Gnaden zu werden, war nicht seine Sache. Weniger Weitsichtige, die der Propagandaminister zurückholte, mußten nach einer gewissen Zeit einsehen, daß sie nichts ausrichten konnten und machten entweder zähneknirschend weiter mit oder traten zurück. Als sogar Goebbels die gleichgeschaltete Presse zu langweilig fand, riet er den Teilnehmern einer innerdeutschen Pressekonferenz: "Lesen Sie sich im alten 'Berliner Tageblatt' die Leitartikel Theodor Wolffs durch. Der ist zwar Jude, aber er kann schreiben."

1941 erfolgte Wolffs Verschleppung aus Nizza. Man quälte ihn in verschiedenen KZ's. Das letzte war Sachsenhausen. Wieso er schließlich als Halbtoter ins Berliner Jüdische Krankenhaus gebracht wurde, ist ungeklärt. Dort starb Wolff am 23. September 1943.

Kerr konnte dem braunen Terror gerade noch entrinnen. Er hatte bemerkenswerte Reisebücher mit poetischer Beschreibung der Landschaften und aufschlußreicher menschlicher Begegnungen verfaßt. Auch seine Gedichtsammlungen bleiben lesenswert. Unerreicht war aber der Kritiker Kerr. In welchem Theater auch immer, er saß, wie ich mich mehrmals überzeugen konnte, in der dritten Reihe Mitte. Seine Kritiken konnten kleine Schauspieler zu Stars machen. Aber er war auch ein intellektueller Scharfrichter, nicht nur des Dichters Hermann Sudermann. Roma Bahn, die Polly in den erste Berliner Aufführungen der "Dreigroschenoper", erzählte mir, welchen Respekt Kerr genoß. Sie und ihre Kollegen warteten nach einer Premiere im Künstlerlokal Schwannecke bis sechs Uhr früh auf sein Urteil. Dann nämlich wurde die Morgenausgabe des "Berliner Tageblatt" ausgetragen. Übereifrige belagerten schon um drei Uhr die Fernbahnhöfe, wo die überregionalen Blätter mit lokalen Extraseiten für die Provinz verladen wurden und schafften es mit gutem Trinkgeld, ein Exemplar des "B.T." zu ergattern. Heutzutage lassen sich die Künstler von keinem Kritiker mehr den Schlaf rauben.

Ende 1932 bestellte Bruno E. Werner, der Chefredakteur des vom Bayer-Verlag auf Kunstdruckpapier herausgegebenen Prestigeblattes "Die neue Linie", einen Artikel von mir über die Kinder bedeutender Leute. Darunter befanden sich Kerrs blitzgescheiter Sohn Michael und seine um zwei Jahre jüngere, noch etwas naive Schwester Judith. Interessiert hörten die Eltern zu. Danach wandte sich Kerr an mich: "Wenn ich Ihnen irgendwie mal helfen kann, tue ich es gern."

Wenige Monate später hätte vielleicht ich ihm eher helfen können. Nach einer wagemutigen letzten Rundfunkrede und kurzem, noch sehr noblen Schweizer Asyl landeten er und die Familie in Paris und dann 1935 in London. Da seine Arbeit ganz auf die deutsche Sprache abgestimmt war und die Emigrantenblätter miserabel honorierten, stand es finanziell schlecht um ihn. Wenn wir uns ein paarmal, mehr durch Zufall, in London sahen, verbarg er das mit großer Würde. Seine Präsidentschaft des "PEN" für deutschsprachige Schriftsteller war natürlich nur ein Ehrenposten.

In der "Neuen Linie" konnte der Artikel nicht mehr erscheinen, weil zu viele der interviewten Kinder jüdisch waren oder politisch verfemte Eltern hatten. Aber der Chefredakteur schenkte mir den Rohdruck und beglich fairerweise das Honorar ungekürzt. Als ich mich nach dem Kriege mehrere Wochen in Washington aufhielt,traf ich Bruno E. Werner wieder. Er wirkte dort als erster Kulturattaché der deutschen Botschaft.

Alfred Kerrs Sohn Michael, von Königin Elisabeth geadelt, war bis zur Pensionierung Experte für Internationales Recht am Berufungsgericht Ihrer Majestät. Nebenbei bemerkt ein Posten, den seit dem 13. Jahrhundert nie ein nicht in England geborener Jurist innehatte.

1980 wollte der "Sender Freies Berlin" von mir ein Gespräch mit der in London verheirateten Tochter des großen Kritikers. Judith erinnerte sich noch genau an das Interview in Berlin, vermutlich, weil es ihr erstes gewesen ist. Diesmal saß sie mir als gar nicht mehr scheue Autorin spannender und erfolgreicher Kinderbücher gegenüber. Übrigens malt und zeichnet sie auch talentiert. Am liebsten mag ich ihren literarischen Rückblick "Als Hitler das rosa Kaninchen stahl". Er wurde mit dem Deutschen Jugendbuchpreis ausgezeichnet. Judith Kerr schenkte mir einen Band und schrieb als Widmung hinein: "Für A.J. Fischer, der mich nach 47 Jahren endlich wieder interviewt hat, 3.3.1980".

Noch ein Wort zu ihrem Vater: 1948 entsandte ihn der "British Council" als Beobachter in die alte Heimat. Der 81jährige landete nach dem ersten Flug seines Lebens in dem noch zu dreiviertel zerstörten Hamburg. Am gleichen Abend, während einer "Romeo und Julia"-Aufführung, erlitt er einen Schlaganfall. Halb gelähmt besaß der alte Kritiker im Krankenhaus noch den Humor, um festzustellen; "So schlecht haben sie das Stück doch gar nicht gespielt." Einige Wochen später erlag er einer bewußt eingenommenen Überdosis Schlaftabletten. Den mit der linken Hand geschriebenen Abschiedsbrief richtete Kerr an seine Kinder. Es war ihm nicht vergönnt mitzuerleben, daß die Enkelin, die mir auch kurz begegnete, Schauspielerin wurde, was er sich für Judith vergeblich gewünscht hatte.

Doch zurück zur Berliner Presse während der Weimarer Ära. Genau wie in Großbritannien, den Vereinigten Staaten, der Schweiz etc. übten, ohne daß ich deren Breitenwirkung unterschätze, nicht die Massenblätter, sondern oft Zeitungen mit geringerer Auflage großen politischen Einfluß aus. Das galt für den liberalen "Berliner Börsenkurier" und die eher konservative "Berliner Börsenzeitung". Ihr Chefredakteur Walther Funk hatte jüdische Freunde, gab sich jovial und liebte einen Nachtbummel bis zum Morgengrauen. Wie man es heute nennt, gehörte er zu den Wendehälsen. Seit 1937 auch Reichsbankpräsident, wurde er in Nürnberg zu lebenslänglichem Gefängnis verurteilt, aber bereits 1957 begnadigt.

Fürs Prestige waren die großen Verleger sogar bereit, ein Defizit auf sich zu laden. Bei den eleganten Zeitschriften "Sport im Bild" (Scherl) und "Die Dame" (Ullstein) dürften das keine kleinen Summen gewesen sein. Allerdings schoß die "Vossische Zeitung" den Vogel ab. Innerhalb von zwanzig Jahren mußte Ullstein dreißig Millionen Goldmark zuschustern. Bewunderte ich Theodor Wolff vom "Berliner Tageblatt" mehr als einen Mann, dessen Wurzeln in der Kunst und Literatur lagen und der als guter Menschenkenner einen brillanten Dialog zu führen wußte, so hatte Georg Bernhard andere Qualitäten. Der Chefredakteur der "Vossischen Zeitung" (bis 1930), ein Volkswirtschaftler, verstand mehr von der Macht. Es galt als eine Ehre, in seinem Salon verkehren zu dürfen. Zeitweise war er Mitglied des Reichstages (Deutsche Staatspartei) und des Reichswirtschaftrates. Als Emigrant in Paris arbeitete Bernhard für das "Pariser Tageblatt" und die "Pariser Tageszeitung". Noch 1941 nach New York entkommen, starb er dort am 10. Februar 1944.

Ein bißchen traurig machte mich die Geschichte des "Heiteren Fridolin". Als Kind gehörte ich zu den Abonnenten, konnte aber keines seiner Kreuzworträtsel lösen und erhielt deswegen auch nie die begehrte Prämie. Ullstein gab das populäre Blatt auf. Ohne Inserate hätte es sich auf die

Dauer nicht zu halten vermocht, und die wollte man in einer Kinderzeitschrift nicht bringen.

Bei Scherl gehörte zu meinen ersten Kontaktleuten C.M. Köhn von der "Nachtausgabe", einem recht lebendigen Boulevardblatt, nationalistisch mehr zwischen den Zeilen. Vor allem war er an Polen interessiert, das ich ja noch gelegentlich besuchte. Auch Anekdotisches erfreute sein Herz. Dann aber forderte Köhn, daß ich den linkslastigen genialen Regisseur und Herrscher über die Volksbühne Erwin Piscator beobachten und Negatives über ihn herausfinden sollte. Nach meiner Ablehnung war ich für die "Nachtausgabe" gestorben. Während der Emigration fiel mir zufällig das nazistische und selbstverständlich antisemitische Witzblatt "Die Brennessel" in die Hand. Als Hauptschriftleiter zeichnete C.M. Köhn.

Scherls "Der Tag" war etwas dezenter als der weitverbreitete "Berliner Lokalanzeiger", ein Hauptkonkurrent der Ullstein'schen "Berliner Morgenpost". Schallend haute er auf die deutschnationale Pauke, ohne allerdings ein offizielles Parteiorgan zu sein. F. Hussong, der gefürchtete Chefredakteur und politische Leitartikler, hegte einen besonderen Haß auf Polen. In einem seiner Leitartikel stand der Satz "Dieses Volk hat eine gefährliche Speise im Bauch", womit der polnische Korridor gemeint war.

Alfred Hugenberg, der kleine Mann mit dem Feldwebelschnurrbart, beherrschte seit 1916 nicht nur den Scherlverlag, sondern auch die Telegraphenunion, eine auf finanziell schwache Blätter drückende Inseratenagentur und einen Materndienst. Hinzu kam die Beteiligung an nicht weniger als vierzehn Provinzzeitungen. Als Filmzar kontrollierte der "Silberfuchs" auch den UFA-Konzern, der patriotische Stoffe durch Schokoladenguß schmackhafter gestaltete. Schließlich wählte man ihn 1928 zum Vorsitzenden der "Deutschnationalen Volkspartei". 1933 wurde er Minister im ersten Kabinett Hitler. Ab 1929 war die Scherlpresse für mich kein Arbeitsgebiet mehr. Eifrig machte sie für Hitler Propaganda und betrachtete ihn als gefügigen Trommler. Ein folgenschwerer Irrtum!

Neben dem politischen Journalismus schrieb ich auch weiter über Film und Theater. Da gab es einen wirklichen scoop. Die vom Hackebeil-Verlag herausgegebene "IZ" verlangte gewissermaßen ein Rezept unter dem Titel "Würden Sie sich für den Film eignen?" Dafür sollte ich auch die Körper- und Gesichtsmaße der Schauspielerin Lilian Harvey feststellen. Ihre berühmtesten Filme, "Der Kongreß tanzt" und "Die Drei von der Tankstelle", erleben im Fernsehen immer noch Reprisen. Es dauerte gar nicht lange, da nahm mir der Regisseur Richard Eichberg das Zentimetermaß aus der Hand: "Wenn Sie erlauben, werde ich jetzt das Vergnügen haben." Nie zuvor konnte ich mich über so viele Zweitdrucke freuen, auch im Ausland. Da die "IZ" mit der Zeit ging, mußte ich ihr einen zweiten Aufguß bieten "Würden Sie sich für den Tonfilm eignen?" Conrad Veidt gab mir Bilder aus dem ersten - ich glaube, er war nachsynchronisiert - deutschen Tonfilm "Das Land ohne Frauen" und der klobige Emil Jannings Aufnahmen von seiner Holzfigurensammlung - Geschenke des in China lebenden Bruders. Sie verliehen dem dazugehörigen Artikel einen besonderen Reiz.

Ateliereinladungen, vor allem nach Neu-Babelsberg und Staaken, erfolgten am laufenden Band. Die Journalistengruppe wurde in Luxusbussen hingebracht und durfte einige Szenen der gerade gedrehten Filme betrachten, vermutlich nicht die uninteressantesten. Meist bildete ein leckerer Imbiß den Abschluß. Ein Theaterenthusiast wie ich kam reichlich auf seine Kosten. Er konnte zwischen fünfzig Berliner Bühnen wählen. Auch der häufige Programmwechsel kennzeichnete diese Periode. Monatelange Wiederholungen konnte man sich nur bei Erfolgsstücken wie der "Dreigroschenoper" leisten. Sonst mußte rasch inszeniert und nach wenigen Tagen ein neues Stück dem Publikum geboten werden. Zu den Ausnahmen gehörte der auch mich begeisternde "Sommernachtstraum". Da pflegten die Berliner um 22 Uhr zu sagen "Jetzt dreht sich bei Reinhardt der Wald".

Man konnte zwischen drei Großvarietés wählen, dem "Wintergarten" mit seinem blauen Sternenhimmel, der

"Scala" und der populären "Plaza". Als ich den größten Jongleur dieser Zeit Enrico Rastelli in seiner Garderobe interviewte, war es notwendig, die Stimme sehr zu heben. Um ihn saß und stand nämlich der ganze Klan, und Italiener gehören ja nicht zu den leisesten Völkern. Die Arbeit war damals ziemlich unkompliziert. Bewunderte ich Fritzi Massary oder Gitta Alpar als "Lustige Witwe", so hatten beide während der Pause nichts gegen ein Gespräch in ihrer Garderobe einzuwenden, aber es gab auch Mißerfolge. So sollte sich mein Jugendtraum, Elisabeth Bergner zu interviewen, erst im hohen Alter erfüllen.

Unter den zahllosen Kabaretts lag mir "Die Katakombe" am meisten. Werner Finck glänzte schon damals durch seine halben Sätze, die mehr aussagten als bei anderen voll ausgesprochene. Gelegentlich gab ihm Josef Goebbels im Dritten Reich, um ein Ventil zu öffnen, Narrenfreiheit. Dazwischen lagen Verbote und peinliche Verhöre - das übliche Katz- und Maus-Spiel. Egon Jacobsohn - alias Jameson - war, bis auch er das Feld räumen mußte, einer der beiden Redakteure der Ullstein'schen "Film-BZ". Er übernahm dann die Conference des offiziell genehmigten und natürlich streng kontrollierten Jüdischen Kabaretts. Von Freunden, die sich erst später zur Emigration entschlossen hatten, erfuhr ich, daß er am Silvesterabend 1933/34 vieldeutig verkündete: "Und nun, meine Damen und Herren, wünsche ich Ihnen nur eines: Ihre geheimsten Wünsche mögen in Erfüllung gehen." Jacobsen gehörte zu den noch rechtzeitig Geretteten.

Die Restaurants und Bars der großen Hotels wie dem "Adlon" und Hitlers "Kaiserhof" waren recht kostspielig. Aber man konnte sich auch billiger amüsieren, beispielsweise im Berliner Lunapark, einem "Riesenrummelplatz". Dann war da das "Resi", von dem es etwas spöttisch hieß, daß dort die lustigen Witwen Anschluß suchten. Einen ersten Kontakt vermittelten Tischtelefone.

Aber es gab auch sonst Möglichkeiten. Herr Wanselow hatte in seiner Wohnung einen Verein etabliert, der "Aleifa" oder "Alles eine Familie" hieß. Sanitätsrat Dr. Magnus

Hirschfeld nannte ihn "Vater der Schönheit", weil er mal eine Zeitschrift dieses vielversprechenden Namens herausgab. Bei Wanselow lernte man sich ganz ungezwungen kennen und selbst ein baldiger Wechsel des (oder der) Auserwählten galt nicht als anstößig.

Aus Gründen, die man nicht näher zu erläutern braucht, lautete Hirschfelds Spitzname "Tante Magnesia". Ihm kam das Verdienst zu, 1918 in Berlin das erste sexualpsychologische Institut der Welt begründet zu haben. Ich stellte mir den Sanitätsrat sehr elegant vor, was mit der Wirklichkeit freilich nicht übereinstimmte. Man mußte Hirschfeld einfach sympathisch finden und das große Wissen dieses Gelehrten bewundern. Über viele Gesetze, die damals noch ein freieres Sexualleben einengten, urteilte er: "Statt Hilfe Verbot heißt Steine statt Brot". 1933 entging er knapp der Ermordung durch ein Attentat. Sein Institut wurde von den Nazis verwüstet. Am 15. Mai 1935 starb er in Nizza.

Zum glanzvollen Empfang anläßlich Hirschfelds sechzigstem Geburtstag waren auch Georg Graf von Arco - mütterlicherseits jüdischer Abstammung - und seine Frau eingeladen. Ihr Salon und der der Katharina von Oheim-Kardorff brachten Spitzen der Gesellschaft zusammen. Beide sollen sehr eifersüchtig aufeinander gewesen sein. Jedenfalls hatte ich bei der Gräfin einen Stein im Brett, bei ihrer Konkurrentin keinen. Arco, ein gebürtiger Oberschlesier und ursprünglich Offizier, studierte Maschinenbau und Elektrotechnik und machte sich einen großen Namen als Hochfrequenztechniker und Pionier der drahtlosen Telegraphie und des Rundfunks. Bis 1930 leitete er die Weltfirma "Telefunken". Im gleichen Jahr beschimpfte ihn das berüchtigte völkische Blatt "Fridericus". Der Artikel war groß aufgemacht und behauptete, all die Erfindungen hätte kein "Halbjude" gemacht, sondern der urdeutsche Baron Robert von Lieben. Man hatte sich wohl nicht ausreichend informiert. Der "Urdeutsche" war tatsächlich der Sohn des jüdischen Bankiers und Börsenpräsidenten Leopold von Lieben, sogenannter Wiener Neuadel.

Arco konnte amüsant erzählen.Über Hirschfeld berichtete er, daß der Sanitätsrat verlegen würde, wenn man ihn auf weibliche Sexualprobleme ansprach. Der Graf war klein und spillrig, die Gattin eine barocke Gestalt. Beim Sechzigsten Hirschfelds wurde angesagt: "Staatssekretär Meissner und Gattin, Professor Liebermann und Gattin" und dann - die Gäste verkniffen sich ein Lächeln: "Gräfin und Graf Arco".

Zu jener Zeit fielen lesbische Beziehungen nicht unter das Strafrecht, was erst Hitler aufhob. Homosexuelle konnten nach dem Paragraphen 175 belangt werden, und ihnen drohte ohnehin gesellschaftliche Degradierung. Andererseits wurden die einschlägigen Zeitschriften an jedem Kiosk verkauft. Das bekannteste Lokal der Schwulen hieß "Eldorado", seine Besucher nannte man "Eldoradieschen". Allerdings war die Zahl der Kiebitze, unter ihnen jede Menge Touristen, beträchtlich.

Verhältnismäßig spät erfuhr ich etwas über den Begriff "bisexuell". Ein aus Wien stammender junger Schauspieler schäkerte abwechselnd mit Mädchen und Jünglingen. Er erläuterte mir die Hintergründe und fügte hinzu: "I bin halt a Don Juan auf beiden Seiten". Seither sind etliche Jahrzehnte vergangen. Wenn ich jedoch das Wort "bisexuell" höre, kommt mir immer dieser Satz in den Sinn.

Als Resultat der Wirtschaftskrise und Arbeitslosigkeit wuchs auch die Straßenprostitution. Rund um das Zeitungsviertel winkten vom Fenster aus Damen des ältesten Gewerbes der Welt mit einladenden weißen Tüchern.

Kapitalkräftigere Freier fanden sich in den Massagesalons ein, die während der "Grünen Woche" Hochsaison hatten. Paul Morgan vom "Kabarett der Komiker" (KADEKO) amüsierte sein Publikum einmal durch die Bemerkung: "Kinder, Kinder, was man hier so alles erleben kann. Gehe ich doch in einen Massagesalon und werde --- massiert." Auch Morgan wurde ein Opfer der "Endlösung".

In diese Zeit fällt die dreijährige Freundschaft mit Hedwig K.. Ihre Stupsnase hatte es mir angetan. Kurze Krisen resultierten hauptsächlich aus gegenseitiger Eifersucht. Wir waren halt noch sehr jung und sie eine begeisterte Tänzerin - im Gegensatz zu mir, was auch Konflikte heraufbeschwor. Jede Versöhnung hinterher gehörte zu den Höhepunkten der Freundschaft. Besonderen Spaß machte es ihr, während der Freizeit oder am Wochenende meine Interviews mitzustenographieren. Auch schöne Reisen unternehmen wir zusammen, während die Eltern glaubten, daß sie mit einer Freundin durch Deutschland gondelte.

Unsere Fahrt nach Hamburg war mit einem beruflichen Nebenzweck verbunden. Ich sollte nämlich meinen ersten Rundfunkvortrag halten. Das geschah noch mit Manuskript. Später sprach ich frei und benutzte höchstens ein paar Stichworte. Thema war die Filmproduktion des Jahres 1932. Dafür interviewte ich die wichtigsten Regisseure und Produktionsleiter, auch Erich Pommer. Nach dem Zweiten Weltkrieg war er Kontrolleur der neu erstehenden Filmindustrie innerhalb der amerikanischen Besatzungszone.

Hamburg war aus zwei Gründen unerfreulich. Der brummige Sendeleiter drohte, er würde unterbrechen, wenn ich die genehmigte halbe Stunde auch nur um eine Viertelminute überschritte. Einem Rundfunk-Greenhorn kostete das natürlich Nerven. Ich schaffte es mit nasser Stirn. Und dann verlangte das Hotel einen Trauschein. Natürlich konnten wir ihn nicht vorweisen. Von den Argusaugen eines bösen Hausgeistes bewacht, blieb uns keine andere Wahl, als Einzelzimmer zu akzeptieren. Mit Hedwig wurde auch eine regelrechte Verlobung gefeiert. Mitte 1932 lösten wir sie in freundschaftlichem Einvernehmen. Ein Jahr später meinte ihre übrigens sehr linksgerichtete Mutter: "Alles hat auch seine guten Seiten. Jetzt, vielleicht schon verheiratet, müßtest du doch mit dem Fred auswandern." Ob sie wohl noch ebenso gedacht hat, als der alliierte Bombenhagel Berlin verwüstete?

Von der nationalistischen Ideologie der Wreschener Jahre war ich natürlich längst abgerückt, nicht aber von der Politik schlechthin. Deswegen schloß ich mich der "Staatsbürgerlichen Jugend" an, die auch mal "Demokratische Jugend" und "Naumann-Jugend" geheißen hatte. Ein großer Zulauf kam von der neuen Generation der liberalen Hirsch-Duncker'-schen Gewerkschaftsvereine. Wenige Tage nach meinem Beitritt startete eine der sehr beliebten Nachtwanderungen. Da der Leiter einen noch schlechteren Orientierungssinn hatte als ich, landeten wir erst im Morgengrauen vor unserem Ziel, dem Bauernhof Otto Nuschkes. Er war Landtagsabgeordneter und Chefredakteur der Mosse'schen "Berliner Volkszeitung", zu deren Sportredaktion einige Zeit mein Halbbruder Wolfgang gehörte, bevor ihn der Filmjournalismus mehr anzog. Als ich Nuschke in der Nach-Hitler-Ära wiedersah, hatte er eine nicht gerade erfreuliche Laufbahn als stellvertretender Ministerpräsident der DDR und Vorsitzender der dortigen CDU genommen. Aber da mag auch ein bitteres Erlebnis mit im Spiel gewesen sein. Die SA hatte seinen Sohn bestialisch ermordet.

Da Redner gesucht waren - es sollte mir später einen guten Nebenverdienst einbringen -, wurde ich in den Vorstand des Reichs- und Landesverbandes der "Staatsbürgerlichen Jugend" gewählt. Auch war ich Chefredakteur der "Mitteilungsblätter", ein Titel ohne Bezahlung. Im Gegenteil: Man mußte bei den etwas betuchteren Politikern um Zuschüsse schnorren, denn die Auflage war so klein, daß Inserenten nicht angelockt werden konnten. Wie bei jedem Blatt verlangte das Polizeipräsidium für sein Archiv ein Exemplar. Auch von der letzten Ausgabe (Februar 1933) brachte ich eines zum Alexanderplatz.

Reichsvorsitzender unserer Organisation war der jugendliche Abgeordnete Ernst Lemmer, damals noch schlank und rank, wie sich spätere Bekannte den reichlich Korpulenten sicherlich nicht vorstellen konnten ("Immer die verfluchten Mollen!"). Er war der Schwarm vieler unserer weiblichen Mitglieder. Wichtiger allerdings war, daß sein Redetalent zahlreiche Wählerstimmen selbst im reaktionären Pommern für die "Deutsche Demokratische Partei" bzw. "Deutsche Staatspartei" eintrug. Vor Wahlen gab sich die Partei der ihr nahestehenden Jugendorganisation gegenüber spendabler. Im Büro Hermann Robert Dietrichs falteten wir die Flugblätter und sorgten hinterher für ihren Versand. Wer etwas verdiente wie ich, tat das unentgeltlich. Für die Arbeitslosen sprang ein gar nicht so geringes Taschengeld heraus. Kaum jemand hatte im Laufe der Zeit so viele politische Posten bekleidet wie der Büroinhaber Dietrich. Er war Reichsernährungsminister, Reichswirtschaftsminister, Reichsfinanzminister und Vizekanzler.

Natürlich verteilten wir die Flugblätter auch auf Straßen und Plätzen und mußten, je schlimmer die Situation der Weimarer Republik wurde, manche Anpöbeleien hinnehmen. Hier und da machte man mir Andeutungen, daß ich bei Erreichung des 26. Lebensjahres, dem damaligen Mindestalter, auf der Reichstags- oder Landtagsliste der Partei kandidieren könnte. Aber selbst wenn sich die politische Lage normal entwickelt hätte, wären meine Chancen vermutlich gering gewesen. Längst waren die Maienblüte der "Deutschen Demokratischen Partei" und die "Bürgereuphorie" vorbei. 1919, bei der Wahl zur Nationalversammlung, eroberte sie achtzehn Prozent der abgegebenen Stimmen und lag gleich hinter der SPD und dem katholischen Zentrum. Als 1920 der erste Reichstag gewählt wurde, war die Prozentzahl auf acht gesunken, 1924 auf sechs und 1928 auf fünf.

Dr. Kurt Schumacher hatte den Satz geprägt: "In der Politik legt man sich oft mit Leuten zu Bett, vor denen einem graut".1929 tat das die "Deutsche Demokratische Partei" durch ihre Öffnung nach rechts, d.h. die Vereinigung mit dem "Jungdeutschen Orden", an der Lemmer stark beteiligt war. Von nun an hieß sie "Deutsche Staatspartei". Mir lief eine Gänsehaut über den Rücken, als dieses Bündnis zustandegekommen war. Der romantisierende "Jungdeutsche Orden" hatte sogar den "Arierparagraphen". In der "Demokratischen Partei" und dem "Demokratischen Klub" waren eine Menge Juden mit tonangebend. "Zu viele", meinte Lemmer, der bestimmt kein Antisemit, aber nüchterner Pragmatiker war. Der Abstieg der "Deutschen Staatspartei", die nach rascher Loslösung des "Jungdeutschen Ordens" nur noch aus den Resten der "Deutschen Demokratischen Partei" bestand, ging rapide weiter. Nach der letzten freien Wahl von 1932 erschien die denkbar boshafteste Karikatur: Auf einem Motorrad saßen die beiden übriggebliebenen Abgeordneten. Und darunter las man: "Die Fraktion der Deutschen Staatspartei".

Am 5. März 1933 kam es zur letzten halbfreien Reichstagswahl. Die KPD war bereits verboten. Vermutlich befanden sich auch einige Abgeordnete anderer Parteien schon in "Schutzhaft". Ursprünglich wollte ich die SPD wählen. Da ging sie eine Listenverbindung mit der "Deutschen Staatspartei" ein, und ich brauchte ihr nicht untreu zu werden. Der Abstieg "meiner" Partei war umso tragischer, als sie anfangs mit Namen wie Max Weber, Walther Rathenau, Hugo Preuss, der die Weimarer Verfassung entwarf, Theodor Wolff und zum Schluß noch Theodor Heuss aufwarten konnte.

Wie sich das gehört, war ich ein "Kaffeehaus-Jud". Das Berliner "Café des Westens", von Ironikern"Café Größenwahn" getauft, war nicht mehr die Oase für Bohemiens und die intellektuelle Elite. Dort konnte man den ganzen Tag verbringen, ohne daß jemand Anstoß daran nahm. Im nunmehr tonangebenden "Romanischen Café", gegenüber der Kaiser Wilhelm Gedächtniskirche reduzierte sich das auf ein paar Stunden. Sonst drohte ein befristetes Hausverbot. Der Spitzname "Rachmonisches Café" hatte die hebräische Wurzel "Rachmones" - zu deutsch etwa Erbarmen oder Barmherzigkeit. Und das nicht ganz unberechtigt! So war es ein offenes Geheimnis, daß der vermögende Kunsthändler und Rennstallbesitzer Bruno Cassirer der 1945 in Jerusalem verstorbenen Else Lasker-Schüler die Zeche bezahlte und ihr auch sonst finanziell unter die Arme griff.

Anton Kuh, ein gebürtiger Wiener, suchte, wenn er in Berlin weilte, täglich das "Rachmonische" auf. Er war nicht nur ein guter Schriftsteller, sondern auch ein hinreißender Erzähler. Mir hatte Kuh ein Interview über sein Drehbuch des "Maria Stuart"-Films gewährt. Als ich ihn dann im "Romanischen Café" wiedersah, erfolgte kein Pumpversuch. Beinahe nahm ich es übel, für so wenig kapitalkräftig gehalten zu werden. Von ihm stammte das Bonmot "Der Kuh, der Ochs, ist stier". Als er nach Amerika flüchten mußte, hatte Kuh noch den Galgenhumor, sich von einem Freund mit den Worten zu verabschieden "Schnorrer kann man überall brauchen". Er starb 1941 in New York.

Johann Höxter, der schon als junger Mann von Düsseldorf nach Berlin übergesiedelt war, sollte mich nicht enttäuschen. Im Gegensatz zu dem weit anspruchsvolleren Kuh hielt er mich wohl für einigermaßen zahlungsfähig und akzepierte huldvoll meinen Beitrag, die obligatorischen fünfzig Pfennige. Seine genialen Zeichnungen und Karikaturen wurde er leicht los. Eigentlich hätte Höxter gar nicht schnorren müssen. Schöne Gedichte soll er auch auf Toilettenpapier des Cafés geschrieben haben. Aber vielleicht war das ja nur eine Legende.

Gleich dem Wiener Vorbild des "Herrenhof" hatte das "Romanische" seine Stammtische. Dort konnte man von Cassirer über Monty Jakobs, Egon Friedell, Kurt Pinthus, Richard Katz und Max Liebermann bis zu Herbert Ihering, dem Gegenspieler Kerrs, und Kurt Goetz alles beäugen, was gerade "in" war. Wenn er sich nicht auf Weltreisen befand oder bei der zwar autoritären, aber doch von ihm heißgeliebten Mutter in Prag weilte, fehlte auch der rasende Reporter Egon Erwin Kisch nicht. Für ihn ersetzte das Kaffeehaus eine Wohnung. Fritz Kortner sah ich, wie er eifrig in einem Buch blätterte. Es war seine erste Biographie, geschrieben von meinem Freund und Kollegen Heinz Ludwig. Viele Schriftsteller und Journalisten benutzten das Café auch als Schreibstube. Im Computer-Zeitalter ist das undenkbar.

Die Café-Besuche wurden seltener, je mehr einen die Politik beschäftigte und viele Abende raubte. Der Ton wurde immer rüder. Auf der Pressetribüne des Reichstages hörte ich, wie man den Reichsernährungsminister - ich glaube, es war Martin Schiele - minutenlang nicht zu Wort kommen ließ, weil die kommunistische Fraktion ununterbrochen "Herr Reichsunterernährungsminister" brüllte. Auf Partei- oder Wählerversammlungen gab es kaum Zwischenrufe und

In Berlin, 1931

Diskussionsbeiträge ohne verletzende Gehässigkeit. Schlägereien waren auch an der Tagesordnung. Dabei taten sich besonders die Nazis hervor. Fast immer war Freund Gerd Neumann mein Begleiter. Unvermittelt sinnierte er: Man sollte doch eine Organisation gründen, in der wenigstens junge Menschen von rechts bis links erlernen, daß eine faire Diskussion immer noch möglich ist. Erst hielt ich ihn für einen närrischen Illusionisten. Nach längerem Nachdenken fand ich die Idee gar nicht mehr so übel. Gerd drängte: "Mach das, schließlich hast du die Beziehungen zur Presse."

Auf die erste Notiz hin kamen zehn Leute ins Nollendorf-Kasino. Neun schrieben sich in die Mitgliederliste, und nur der Vertreter der Deutschnationalen Studentenschaft wollte es sich noch überlegen. Ich sah ihn nie wieder. Wir nannten uns "Diskussionsgemeinschaft Politisch Andersdenkender" (DPA). Treffender wäre eigentlich gewesen "Verschiedendenkender". Mein ursprünglicher Pessimismus wurde durch Tatsachen widerlegt. Erstaunlich rasch wuchs die Mitgliederzahl an. Man wählte mich zum Ersten Vorsitzenden und Gerd zum Zweiten. Das Nollendorf-Kasino vermietete uns einen großen Raum unentgeltlich. Nur mußte jeder Teilnehmer etwas konsumieren.

Bald zeigte sich, wieviel leichter man an Leute herankam, die politisch links oder in der Mitte standen, als an Rechtsorientierte. Gerd Neumann absolvierte gerade bei einem Zahnarzt sein praktisches Jahr. Er brachte einen Patienten mit in die DPA, murmelte so etwas wie "heimatlose Rechte" und stellte ihn als Herrn Bauer vor. Da Gerd etwas stotterte und sich daher in der Rolle des Zweiten Vorsitzenden nicht sonderlich wohl fühlte, war es sein Wunsch, daß man ihn zugunsten Bauers abwählen sollte, was denn auch geschah. Der machte nun seine Sache sehr gut und leitete mit mir die Diskussionen. Mit der Zeit wurde unser persönliches Verhältnis enger. Bauer verfügte über Humor und einen umwerfenden Charme, der selbst sprödeste Mädchenherzen bezwang. Plötzlich aber legte er sich fest und sprach von "der großen Liebe seines Lebens". Aus welchen Gründen auch immer, sie machte nach wenigen Monaten Schluß. Er sprach über Lebensmüdigkeit, was ich nicht sonderlich ernstnahm. Eines Morgens erhielt ich per Post ein Couvert mit seinem Wohnungsschlüssel. Als ich die Tür öffnete, schlug mir Gasgeruch entgegen. Der Arzt konnte nur noch Bauers Tod feststellen. Mir blieb nichts anderes übrig, als das Mädchen anzurufen. Ihre einzige Reaktion: "Hoffentlich hat er mir wenigstens etwas vererbt."

Lisa Holländer, meine erste Sekretärin, und ich sowie einige wenige andere Leidtragende wohnten der mehr als schlichten Beerdigung bei. Sie hielt die Liebesaffäre nur für einen Vorwand des Selbstmordes und forschte seiner Vergangenheit nach. Bauer war Fahrer und vermutlich auch Leibwächter von Hauptmann Walther Stennes, dem einstigen obersten SA-Führer für Ostdeutschland. Die unter seinem Namen bekannte Revolte führte zur Besetzung der Büros der Nazizeitung "Angriff". Mehrere Tage las dann der konsternierte Goebbels in seinem eigenen Blatt die heftigsten Angriffe gegen sich. Was blieb ihm letzten Endes übrig? Jahrelang hatte er den Berliner Polizeipräsidenten "Isidor Weiss", dessen tatsächlicher Name Bernhard war, in unflätigster Weise verhöhnt. Nun mußte er ihn bitten, einzuschreiten, und der befahl die sofortige Räumung.Die Weimarer Republikaner faßten ihre Todfeinde immer mit Glacéhandschuhen an ... Ob nun der Freitod Bauers tatsächlich aus enttäuschter Liebe erfolgt war oder politische Ängste dahinter standen - wir haben es nie herausgefunden.

Um die Attraktivität der DPA zu vergrößern, gewannen wir manche politische Prominenz. Pressevertreter berichteten nun über unsere Veranstaltungen. Zu unseren bedeutendsten Förderern gehörten von der "Deutschen Staatspartei" Otto Nuschke, Wilhelm Külz, Ernst Lemmer und Professor Theodor Heuss. Hubertus Prinz zu Löwenstein vom katholischen Zentrum, noch der "rote Prinz" genannt, übernahm öfters eine der knappen Einleitungsreden.

Der literarisch und historisch hochgebildete radikaldemokratische Polizeimajor Enke brachte das Kunststück fertig,

SA-Leute - sie waren nach ihrer Versammlung in einem Nebenraum ohne Einladung hinzugekommen - so zu fesseln, daß kein Zwischenruf erfolgte und sie sich am Schluß schweigend zurückzogen. Dasselbe ereignete sich noch einmal. Zwei Wochen nach dem Reichstagsbrand vom 27. Februar 1933 übernahm Heuss das Thema "Hat es noch Zweck, für den Liberalismus einzutreten?" Das war schon recht kitzlig. Er sagte: "Man hat den Liberalismus immer 'Nachtwächter' in der Politik genannt. Wie wohl wäre manchem heute, wenn ein guter Nachtwächter seinen Schlaf behütete!" Ich glaubte, daß die anwesenden braunen Burschen randalieren würden. Aber die starke Persönlichkeit von Heuss ließ sie verstummen.

Bei uns sprachen auch sozialdemokratische Studenten, Kommunisten und Vertreter des dem Zentrum angeschlossenen oder ihm mindestens nahestehenden katholischen Gesellenvereins, ja selbst Nazidissidenten. Sogar ein mittlerer nationalsozialistischer Funktionär gab der DPA "die Ehre" seines Referats und erschien mit ziemlich großem Gefolge. Zwar war die Diskussion heftig, aber der Eklat blieb aus.

Ein deutschnationaler Diskussionsteilnehmer nahm kein Blatt vor den Mund und offenbarte "Man überschätzt den Einfluß meiner Partei auf den Scherlverlag. Als Judenfeinde - ich sage bewußt nicht Antisemiten, denn niemand von uns hat etwas gegen die Araber - würden wir sonst keine Juden in ihren Redaktionen dulden." An erster Stelle meinte er wohl Dr. Samuel Breslauer aus der Chefredaktion des "Berliner Lokal-Anzeigers" und A. Rosenthal, der seine Artikel mit "Aros" zeichnete. Er war für die Scherl'schen Filmblätter und die Filmseiten in den Zeitungen verantwortlich und durch die Verquickung mit der UFA sehr einflußreich. "Aros" hat den Holocaust nicht überlebt. Mehrmals stand auf der Anwesenheitsliste unserer DPA der Name Maud von Ossietzky. Ihr Mann saß bereits wegen seines Artikels über die Schwarze Reichswehr im Gefängnis.

Selbstredend vergaß ich über die Staatsbürgerliche Jugend und die DPA nicht die wichtigere große Politik. Deutschland hatte Federn lassen müssen und Territorien im Westen und Osten verloren. Aber die Teilung in zwei Staaten, wie sie seit 1949 vier Jahrzehnte lang bestand, blieb der Weimarer Republik erspart. War sie wirklich eine Republik ohne Republikaner? Grossen Enthusiasmus erweckte die neue Staatsform, wie ich immer wieder feststellen mußte, weder bei der Rechten, deren Extremisten mit mehreren Putschen aufwarteten, noch bei der radikalen Linken. In Bayern wurde ihre, nebenbei bemerkt, ziemlich mild regierende Räterepublik rasch zerschlagen. Sogar der erste Reichspräsident Friedrich Ebert hätte die Monarchie zunächst am liebsten hinübergerettet. Das zweite Staatsoberhaupt Paul von Hindenburg hing an seinem Kaiser und vergab sich nie, ihm die Flucht nach Holland angeraten zu haben. Reichskanzler Heinrich Brüning hätte gern einem Enkel Wilhelm II. die Krone aufs Haupt setzen lassen. All das stimmte mich, der ich in der vielgeschmähten Weimarer Republik meine politische Heimat sah, nicht gerade heiter.

Sehr viele Deutsche, die nie vom "Versailler Vertrag", sondern nur vom "Versailler Diktat" sprachen, beantworteten die Frage, was an ihm das Schlimmste sei, nicht etwa mit den "astronomischen Reparationen". Weit öfter hörte ich "Einschränkung der Wehrhoheit". Laut einer seiner Bestimmungen sollte die Reichswehr auf 100.000 Mann reduziert bleiben. Das verstoße, so polemisierten sie, gegen die Ehre.

Was mich an der Weimarer Republik besonders enttäuschte, war neben der Macht des Militärs hinter den Kulissen, die Justiz: mit ihren unabsetzbaren Richtern blieb sie mehrheitlich auf dem rechten Auge blind. Für sie stand der Feind links. Da denke ich an den mißglückten Putsch Hitlers vom 8. und 9. November 1923. Als ich später die Dinge klarer zu erkennen lernte, erschien mir das Urteil - fünf Jahre Festungshaft - lächerlich. Es sollte jedoch noch schlimmer kommen. Bereits im Dezember 1924 wurde er aus der Haft entlassen und konnte schon 1925 seine NSDAP neu begründen. Da wies das Gebäude der Republik nach kleineren Sprüngen den ersten großen Riß auf. In der Feste Landsberg hatte Hitler während der Salonhaft seinem treuen Kumpanen Rudolf Hess die Nazifibel "Mein Kampf" diktiert. Wenn auch mit Ekel las ich sie mehrmals von A bis Z, und muß zugeben - der Mann war ehrlich. Alles, was sich später ereignete, stand bereits darin. Viele, auch fast alle Kommunisten, meinten, die Bürgerlichen würden Hitler nie an die Macht lassen. Falls aber wider Erwarten doch, würde sehr bald seine Ablösung durch die KPD erfolgen. Andere sprachen nur von "zugkräftiger Propaganda" und fügten die banale Redensart hinzu: "Es wird nichts so heiß gegessen, wie es gekocht wird." Damals machte man Hitler und seinen Propagandachef Goebbels gern lächerlich. Ohne etwa gleich das Schlimmste zu befürchten, nahm ich beide immerhin ernst.

Die Wirtschaftskrise forderte viele Opfer. Der DPA-Freund Wolfgang Gumpert, mütterlicherseits aus einer Pastorenfamilie, väterlicherseits Enkel eines jüdischen Brandenburger Bankiers, hausierte auf offenen Märkten mit irgendwelchem Kleinkram, um wenigstens ein paar Pfennige zu verdienen. Schweren Herzens mußte mein Schwager Georg Cohn seine Fabrik aufgeben. Als Reisevertreter konnte er sich, seine Frau Edith sowie die beiden Kinder Ilse und Herbert halbwegs ernähren.

1933 glückte ihm die Emigration nach Holland. Etliche Monate später konnte die Familie nachkommen, und die einst verwöhnte Edith arbeitete anfangs für wenige Gulden als Putzfrau. 1942 erhielt ich von den Cohns die letzte Nachricht: "Uns geht es noch erträglich." Das "noch" war unterstrichen. Keiner der vier ist der Gaskammer entgangen.

Mich hatte die Weltwirtschaftskrise nicht sonderlich hart getroffen. Zwar gingen die Auflagen verschiedener Zeitungen zurück, dafür wuchsen die der Zeitschriften. Oft schwoll die Seitenzahl an. Man wollte für seine rarer gewordenen Pfennige mehr lesen. Nicht selten mußte nun der Publizist eine populärere Linie vorschlagen. Da meinem Vater wegen seines Gesundheitszustandes und Überalterung die Arbeit an der Rettungsstelle gekündigt worden war, steuerte ich mehr zum

Haushalt bei. Am 18. Juni 1931 hatte er den siebzigsten Geburtstag gefeiert. Das Neuköllner Lokalblatt brachte einen Gratulationsartikel. Darin wurde auch betont, wie sich der alte Herr, wenn ein Arzt gebraucht wurde, ohne Murren auf den Feuerwehrwagen heben ließ.

Die politischen Sitten verwilderten immer mehr. Wenn der Zentrum-Reichskanzler Heinrich Brüning eine Rede hielt, dann versäumte ich sie nicht. Seine leidenschaftslos undemagogische Stimme tat einfach wohl und war eben die große Ausnahme. Aber ich spürte auch, daß er kein "Mann der Straße" war. Schweigsam wie eine Auster, jedes Wort wägend und allzuviele herunterschluckend, fehlte ihm die Ausstrahlungskraft etwa eines Stresemann oder des mir natürlich verhaßten Goebbels. Der Hungerkanzler, wie ihn seine Feinde nannten, war tatsächlich ein drakonischer Sparkommissar. Vornehmlich interessierte ihn die Außenpolitik mit dem Hauptziel, ein Ende der Reparationszahlungen zu erreichen.

Es mag merkwürdig erscheinen, denn ich war ja kein Kind mehr, aber meine Eltern atmeten auf, wenn ich abends oder nachts wieder heil zu Hause gelandet war. Der Bürgerkrieg hatte bereits gigantische Ausmaße angenommen. Allein in Preußen forderte er zwischen Mitte Juni und dem 20. Juli 1932 99 Tote und 1125 Verletzte. Konnte man es da Eltern übelnehmen, wenn sie um ihren Sohn bangten?

In der DPA ergab sich ein Glücksfall. Mich rief der Diplomvolkswirt Otto Martin Hoffmann an und fragte, ob er als Mitglied des "Kampfrings junger Deutschnationaler" willkommen sein würde. Daraufhin bot ich ihm an, gleich den ganzen Kampfring mitzubringen. Hoffmann war höchst originell. Hohlwangig, tuberkulosekrank und seit einer halben Ewigkeit ohne Broterwerb, kaufte er sich vom Arbeitslosengeld Bücher statt Essen. Seine erste Bibliothek beschlagnahmte die SA, die zweite wurde bei einem Bombenangriff während des Krieges vernichtet, zur Rettung des wertvollsten Teils der dritten konnte ich beitragen.

Gustav Heinemann hatte jungen Menschen immer geraten, einer Partei beizutreten. Sie müßten ja nicht immer bei derselben hängenbleiben. So etwa handelte Hoffmann fast sein ganzes Leben hindurch. Außer der NSDAP und dem Zentrum fällt mir eigentlich keine größere Partei ein, der er nicht zeitweise angehörte. Seine kurzgefaßte Lenin-Biographie brachte so ziemlich alles, was man damals überhaupt in Erfahrung bringen konnte. Wir wählten ihn zum Zweiten Vorsitzenden. Widerstrebend beugte er sich meiner Bitte, die Uniform des "Kampfrings" während der Versammlungen im Nollendorf-Kasino zu tragen. Mindestens bot das einige Sicherheit.

Genau wie ich, liebte Hoffmann den Umgang mit Menschen anderer Meinung. Gern ging er mit unserem kommunistischen Mitglied Egon Friedmann spazieren, dessen Antlitz man aus Julius Streichers antisemitischen Hetzblatt "Der Stürmer" hätte ausschneiden können. Nun bestand zwischen dem "Kampfring" und der SA Grußpflicht. Hoffmann amüsierte sich köstlich über die sauren Gesichter der braunen Gesellen beim Anblick seines jüdischen Begleiters. Durch ein Spottgedicht über Goebbels, das ihm nur so aus der Feder floß und vielbelacht wurde, wollte er ein Ventil schaffen. Es sollte ihn teuer zu stehen kommen.

Im Sommer 1932, nach den Wahlen vom 31. Juli, war die Pressetribüne im Reichstag überbesetzt. Es bot sich ein unerfreuliches Schauspiel. Zum erstenmal als größte Fraktion marschierten 230 NSDAP-Abgeordnete in Parteiuniform auf. Paul Löbe mußte den ihm quasi angestammten Sitz des Reichstagspräsidenten an Hermann Göring abtreten. 1949 wurde Löbe Alterspräsident des ersten Bundestages.

Franz von Papen, der neue Reichskanzler, wurde vom Zentrum ausgestoßen, weil er seinen Parteifreund Brüning verdrängt hatte, was man ihm nie vergab. Sein Kabinett - "die Regierung meiner Freunde", wie es Hindenburg nannte - entnahm er hauptsächlich dem feudalen Herrenklub. Im übrigen war Papen, der Sohn westfälischer Großgrundbesitzer, eine unbekannte Größe. Nur alte Leute erinnerten sich mit einem Grinsen an ihn. Im Jahr 1917 war Papen von den Amerikanern ausgewiesen worden. Dieser noch junge Militärattaché hatte nämlich seine Aktentasche mit geheimen Unterlagen in der U-Bahn liegengelassen.

Am 13. April 1932 waren auf Verordnung des Reichspräsidenten hin alle nationalsozialistischen Wehrverbände im gesamten Reich verboten worden. Als Preis einer beschränkten Duldung der NSDAP für die Regierung Papen fiel dieses Verbot bereits am 16. Juni. Ungestraft konnte die SA wieder randalieren und das Horst-Wessel-Lied schmettern. Als Folge nahm der Bürgerkrieg Formen an, die sogar junge Menschen wie mich das Fürchten lehrten. Die Marschmusik der kommunistischen Rotfront ("Der Rosa Luxemburg, der haben wirs geschworen"), des demokratischen Wehrverbandes zum Schutz der Weimarer Republik "Reichsbanner Schwarz-Rot-Gold" - der erweiterten "Eisernen Front" hatte ich mich als zahlendes Mitglied angeschlossen - und des nationalen "Stahlhelms" dröhnten beinahe täglich.

Leider verschlechterte sich der Gesundheitszustand meines Vaters. Es dürfte so um den 6. Januar 1933 herum gewesen sein. Er rief mich an sein Krankenbett und wollte wissen, wie es um die Politik stünde. "Gut, Hitler schafft es nicht", erwiderte ich. Das war nicht nur als Tröstung gemeint. Die Nationalsozialisten hatten bei den Wahlen vom 6. November 1932 34 Sitze eingebüßt. Auch die Parteikasse war leer, und der "Führer" mußte Wechsel um Wechsel unterzeichnen. Daß bestimmte Bankiers und Schwerindustriell eine Minute vor zwölf die von der NSDAP ersehnte Finanzhilfe geleistet hatten, konnte ich noch nicht wissen. Vor allem aber war in dem kaum durchschaubaren Intrigenspiel am 3. Dezember 1932 von Schleicher, Hindenburgs "lieber junger Freund", dem "Fränzchen" Papen als Reichskanzler gefolgt.

Von meinem Vater wurde immer behauptet, daß er einen Instinkt für richtige Termine hätte. Sein Arzt, Dr. Blümel, erklärte uns klipp und klar, die häusliche Pflege genüge nicht mehr. Noch am gleichen Tag, dem 10. Januar 1933, wurde er ins Urbankrankenhaus überführt. Der Chauffeur der Ambulanz war sehr bewegt. Von der Rettungsstelle Neukölln aus hatte er ihn oft zu Notfällen gefahren. Am 12. Januar starb mein Vater, achtzehn Tag vor Hitlers Machterschleichung. Zur Beerdigung erschienen seine Kollegen und die meisten unserer Freunde, ungefähr gleichviel Christen wie Juden.

Im Reichstag, den Goebbels auch mal als stinkenden Misthaufen bezeichnete, war beinahe ständig der Teufel los. Ich ging hin, wenn ich wußte, daß Heuss sprechen würde. Er focht mit Florett gegen Görings harten Säbel und Goebbels' Giftspritzen. Sein Buch über Hitler erschien mir zu milde. Scharfzüngig war der neue Abgeordnete Dr. Kurt Schumacher, der den rechten Arm im Krieg verloren hatte. Persönlich treffen sollte ich ihn sehr viel später, als einen der Baumeister der Bundesrepublik und Neugestalter der SPD.

Hatte ich meinem Vater zu viel versprochen? Während "Fränzchen", der seinen Sturz nicht verwinden konnte und in der Kunst der Intrige unerreicht gewesen sein soll, bei den beiden Hindenburgs und Staatssekretär Meissner gegen Schleicher hetzte, versuchte der General fieberhaft, ein regierungsfähiges Kabinett auf breiter Grundlage zusammenzubekommen. Vor allem wollte er die Gewerkschaften sämtlicher Schattierungen heranziehen. Auch scheute sich Schleicher nicht vor Kontakten mit dem Reichsbanner. Sozialdemokratische Parteigrößen wurden zu ihm gebeten. Was er da von Otto Braun erhoffte - wer kann es heute noch nachempfinden? Eigentlich hatte ihm ja der 20. Juli 1932 eine Lehre sein müssen. Da wichen Braun und der ebenso wortgewaltige Innenminister Carl Severing kampflos vor Papen, der sich selbst zum "Reichskommissar" von Preussen machte. Der anschließende Prozeß war mehr eine Farce und konnte die realen Machtverhältnisse nicht mehr korrigieren.

Schleicher stand unter Zugzwang. Ein Generalstreik, wie er den Kapp-Putsch zerschlug, war nicht mehr zu erwarten. Seine größte Hoffnung setzte der General auf Gregor Strasser, dessen Bruder Otto die NSDAP schon 1930 verlassen hatte und die "Schwarze Front" sowie deren Zeitschrift begründete und rechtzeitig emigrierte. Beide nahmen das Wort "sozialistisch" im Namen der NSDAP ernst, was Konflikte heraufbeschwor.

Gregor war Reichsorganisationsleiter der Partei. Zeitweise schien es ungewiß, ob er oder Hitler der endgültige Führer sein würde. Mit ihm wollte Schleicher die NSDAP spalten. Jedoch war der Loyalitätskonflikt für Gregor Strasser nicht zu ertragen. Ein Nervenzusammenbruch machte ihn aktionsunfähig.

Letzter Anstoß dafür, daß Hindenburg den "lieben jungen Freund" am 28. Januar sang- und klanglos entließ, war die Tatsache, daß der General dieselbe Bodenreform durchzuführen gedachte, wie sie bereits Brüning mißlang: "Nun wollen wir mal sehen, wie mit Gottes Hilfe der Hase weiterläuft", meinte Hindenburg.

Selbst Erich Ludendorffs unverblümte Warnung vor Hitlers Ernennung hatte der Greis in den Wind geschlagen. Am 30. Januar schien die "Wende" doch noch gefährdet. Hugenberg wandte sich heftig gegen Hitlers Absicht, bald Neuwahlen auszuschreiben. Während ihm der "Führer" versicherte, daß alle Mitglieder des neuen Kabinetts unkündbar seien und das mit einem heiligen Eid beschwor, lief die hitzige Debatte weiter. Meissner beendete sie und deutete strafend auf die Uhr, "man könne den Herrn Reichspräsidenten nicht länger waren lassen". Gehorsam wie preußische Grenadiere marschierten die Herren, um fünfzehn Minuten verspätet, in Hindenburgs Arbeitszimmer. Ich sehe noch das Wochenschaubild vor mir, wie Hitler Papen wohlwollend auf den Stuhl an seiner Seite winkte. Der Herr Vizekanzler, so sein neuer Titel, hatte die Illusion: "Dem Führer alle Ehre, aber die Politik bestimme ich". Tatsächlich wackelte sein Sessel bereits, was den alten Drahtzieher nicht hinderte, noch viel Unheil anzurichten. Gregor Strasser, Schleicher und dessen Frau wurden in der Nacht vom 30. Juni 1934 ermordet.

Als Journalist fragt man sich natürlich, ob die Presse diese Tragödie hätte verhindern können. Mosses Zeitungen, auch das "Berliner Tageblatt", waren schon vorher nach rechts gerückt, um die Auflagen halbwegs zu halten. Theodor Wolff machte das unglücklich. Der glänzend schreibende Berichterstatter C.Z. Klötzel ging zu Ullstein über. Schließlich legten der Landtagsabgeordnete und Chefredakteur der "Berliner Volkszeitung" Otto Nuschke und sein Stellvertreter Alfred Müller-Hepp ihre Ämter nieder. Der alte liberale Geist war Kompromissen gewichen. Ullstein hielt den Kampf für die Demokratie besser durch. Jedoch unterblieb eine Verschärfung des Tons seiner Massenblätter. Hermann Ullstein hatte das vorgeschlagen, aber die Brüder winkten ab. Es war kein Ruhmesblatt, daß die Presse zum großen Teil schon kapitulierte, bevor Goebbels die Gleichschaltung anordnete.

Für mich begann das Tausendjährige Reich kurios. Nie hatte ich in der Weimarer Republik so viele Beiträge untergebracht wie in den ersten Wochen nach jenem 30. Januar 1933. Der Grund war einfach. Ein beachtlicher Teil der Journalisten stellte sich auf Nazithemen um. Aber die Zeitungen mußten schließlich auch anderes bringen. So monoton wollte nämlich nicht mal Goebbels die Presse sehen.

"Elokuva Aitta", die größte finnische Filmzeitung, wünschte ein Interview mit Heinrich George. Ich hielt ihn für einen der besten Schauspieler überhaupt. George bat mich in seinen Weinkeller. Mit der Hand streichelte er den Kopf eines Riesenhundes, vermutlich eine dänische Dogge. Nun wußte ich, daß George ein Mann der Linken war, wie es allgemein hieß, sogar Kommunist. Desto erstaunter war ich, so kurz nach dem Ende der Weimarer Republik an der Wand Bilder von Goebbels und Göring mit Lobsprüchen auf diesen hervorragenden Mimen zu sehen. An Finnland war er besonders interessiert. Schon als Schiffsjunge hatte George das Land kennengelernt. Noch war der inzwischen längst beigelegte finnisch-schwedische Sprachenstreit aktuell. Als ich das erwähnte, meinte George: "Na so was. Und ich dachte, Chauvinismus gäbe es nur in Deutschland." 1947 besuchte ich Asta Nielsen in Kopenhagen. Man konnte sich nur schwer hinsetzen, weil auf jedem Stuhl eine Statue - Buddhas bevorzugt - lag oder stand. Während der langen Unterhaltung mit ihr kamen wir auf George zu sprechen, der in einem sowjetischen Gefangenenlager gestorben war. Die Nielsen schätzte dessen künstlerisches Genie sehr hoch ein.

Aber sie berichtete auch, daß er in betrunkenem Zustand alle Gäste aufgefordert hätte, niederzuknien und den "Führer" anzubeten. Von seinem engsten Mitarbeiter und späteren Direktor des Renaissance-Theaters Kurt Raeck erhielt ich freundlichere Auskünfte. Wem soll man glauben?

Übrigens erzählten mir verschiedene Verleger bislang demokratischer Blätter, daß ihre Redakteure und Mitarbeiter sofort nach dem 30. Januar in Parteiuniform auftauchten. Auf die Frage, warum sie dann einem Blatt so völlig anderer Ideologie gedient hätten, erfolgte ein schallendes Hohngelächter.

Ganz raffiniert war Kurt Belling. Er gab mal ein Filmblatt heraus,welches seine Mutter finanzierte. Die Zahlung von Honoraren vergaß "Freund" Belling aus Prinzip. Jedenfalls besaß er ein nationalsozialistisches und kommunistisches Parteibuch, denn man konnte ja nicht so genau wissen, wie das Pendel ausschlagen würde. Als ich ihn, es dürfte Mitte Februar 1933 gewesen sein, wegen irgendeiner Information anrief, hätte kein Eisberg kälter sein können als der Kollege, der mir die Honorare immer noch schuldete. Als "Reichsstellenleiter des Films" hatte er Karriere gemacht. Belling war auch einer der drei Autoren des Buches "Filmjuden sehen Dich an", einem überaus hetzerischen, obszönen Schundwerk Streicher'scher Prägung. Unter den entsprechenden Abbildungen befanden sich viele Persönlichkeiten, die ihn vorher gefördert hatten.

Die Arbeit war schwieriger geworden. Beispielsweise mußte ich eine Reportage in einem Studentenheim machen. Die beiden Leiterinnen erkundigten sich genau, ob der Verlag oder die Redaktion nicht jüdisch seien. Mit gutem Gewissen konnte ich das verneinen. Bei mir hätten sie es eigentlich bemerken müssen, denn ich bin ja beileibe kein nordischer Typ. Merkwürdigerweise unterblieb eine direkte Frage.

Gerd Neumann und ich hatten uns in eine Studentenkneipe verirrt. Hitlers Ölbild über der Theke fiel uns leider zu spät auf. Als wir das Lokal verließen, folgte uns ein Studiosus, übrigens ein Kommilitone Gerds. Der Nazi verwickelte ihn in eine Schlägerei. Wir meldeten das auf der nächsten Polizeistelle - bedauerliches Achselzucken war die einzige Reaktion.

Ähnliche Zwischenfälle mehrten sich. Hoffmann war spurlos verschwunden. Aber die DPA konnte dennoch eine ganze Weile weiterexistieren. Wir wagten sogar noch eine Großveranstaltung im Lehrervereinshaus. Die beiden Referenten waren der deutschnationale Abgeordnete und prominente Stahlhelm-Mann Eduard Stadler und Ernst Lemmer von der Deutschen Staatspartei, der Eisernen Front und dem Reichsbanner. Wie würde man den großen Saal füllen können? Noch sah man vereinzelt die "Drei Pfeile" der Sozialdemokraten und ihrer Kampfverbände. Auch die Pressepropaganda hatte ihre Wirkung getan. Was noch nie geschehen war, ein Polizeioffizier meldete sich, er müsse mit etlichen Mann die Versammlung "schützen". Schließlich ließ er sich umstimmen. Die Hüter des Gesetzes würden in einem benachbarten Raum bleiben. Als Gegenleistung mußte ich versprechen, sie sofort herbeizurufen, falls es auch nur zur geringsten Unruhe käme.

Mein guter Eindruck von Stadler wurde durch Fakten erhärtet. Bei "Ullstein" hatte er sich als "politischer Berater" angeboten. Nie selbst Parteigenosse, überschätzte er wohl seine Beziehungen zu Nazigrößen, einschließlich Hitler. Jedenfalls konnte Stadler nicht verhindern, daß das Massenblatt "Grüne Post" am 29. April 1934 wegen eines unerwünschten Leitartikels für drei Monate verboten wurde.

Seit dem Schriftleitergesetz vom 1. Januar 1934 ergab sich eine kuriose Situation. Sämtliche Redakteure mit einem "rassischen Webfehler" mußten entlassen werden, während die fünf Ullstein-Brüder trotz ihrer jüdischen Abstammung noch verschont blieben. Da nun die bewährtesten und qualifiziertesten Publizisten wohl oder übel auszuscheiden hatten, stellte man am 31. März 1934 die "Vossische Zeitung" ein. Aber auch dem fünfköpfigen "Kollektiv der Genies" sollte die Taufe nichts nützen. Auf Befehl von Rudolf Hess, in dessen Verantwortungsbereich Presse und Verlagswesen eigentlich gar nicht lagen, erfolgte die Zwangsarisierung am 10. Juni 1934. Die Brüder Ullstein begnügten sich mit 6,5 Millionen Mark, obgleich das Gesamtprojekt mindestens zehnmal so viel wert war. Kurz darauf wurde auch der Scherl-Verlag aufgekauft, allerdings zu ungleich günstigeren Bedingungen. Schließlich war der "Hugenzwerg" (Goebbels'Spitznamen-Erfindung) kein Jude. Im Juli des gleichen Jahres nahm auch Stadler seinen Hut.

Selbst "Mischehen" führten zur sofortigen Kündigung. Zu meinen guten Bekannten gehörte Herr von Üchteritz, Chefredakteur einer Elsner-Zeitschrift. Wir korrespondierten sporadisch. Dadurch erfuhr ich, daß er sich von seiner jüdischen Frau nicht scheiden lassen wollte und deshalb die sehr gute Position verlor.

Die deutschen Juden hatten sich seit Generationen bewußt und betont "assimiliert". Gerd Neumanns Eltern hatten sogar mit alten Freunden gebrochen, die Zionisten geworden waren. Am 31. Januar 1933 wurde der Kontakt zunächst telefonisch, dann persönlich, wiederhergestellt. Neumanns, konfessionslos geworden, traten jetzt der Berliner jüdischen Reformgemeinde bei, die fast den ganzen Gottesdienst in deutscher statt hebräischer Sprache abhielt. Vater Fritz Neumann hatte ein Vermögen als Direktor der Ost-Werke gemacht. Mit wachem Sinn für Realitäten begann sehr rasch seine Suche nach einem lohnenden Auswanderungsziel. Damals erlaubte die Naziregierung noch den Export vorfabrizierter Kupferhäuser nach Palästina. Hier sah Neumann seine Chance. Als Generalvertreter der Firma emigrierte er ins Land der Vorväter. Für ihn war das "Kapitalistenzertifikat" von tausend Pfund, das die britischen Mandatsbehörden forderten, bestimmt kein Problem.

Bis dahin hielt man Palästina vielfach gerade gut genug dafür, osteuropäische Juden aus dem gettoähnlichen Berliner Scheunenviertel loszuwerden. Jetzt erlangte es zunehmend auch bei Nichtzionisten Anziehungskraft. Deswegen lud ich einen kleinen, sorgfältig ausgewählten Kreis in unsere Wohnung ein. Zwei Experten, die das heilige Land genau kannten, sollten uns näher unterrichten: Armin T. Wegner und seine damalige Frau, die unter ihrem Mädchennamen Lola Landau schrieb. Wegner, übrigens Nichtjude, war ein Schriftsteller von Rang und ein imponierender Humanist. Neben Franz Werfel hatte er wohl am meisten für die Aufdeckung der Massaker an den Armeniern geleistet. Von dem Ehepaar erfuhren wir während des stundenlangen Frage- und Antwortspiels sehr viel Neues. Plastisch schilderten beide den damals hohen Idealismus der Juden in Palästina, wie sie trotz drohender Malaria die Sümpfe ausgetrocknet hatten und schwere Steine wegschleppten, um die brachliegenden Böden urbar zu machen. Am längsten verweilte man bei den Kibbuzim, jenen freiwilligen Kollektiven, deren Mitglieder ohne persönliche Vorteile schufteten und einen großen Teil der landwirtschaftlichen Versorgung sicherstellten.

War Wegner ein Phantast, ein Illusionist oder einfach jemand, der gegen das Unrecht kämpfen mußte, koste es, was es wolle? Am 11. April 1933 richtete er an Hitler einen Brief (ich übernehme den Text aus Alex Beins zweibändigem Werk "Die Judenfrage - Biographie eines Weltproblems"): "Herr Reichskanzler, es geht nicht um das Schicksal unserer jüdischen Brüder allein, es geht um das Schicksal Deutschlands! Im Namen des Volkes, für das zu sprechen ich nicht weniger das Recht habe als die Pflicht, wie jeder, der aus seinem Blut hervorging, als ein Deutscher, dem die Gabe der Rede nicht geschenkt wurde, um sich durch Schweigen zum Mitschuldigen zu machen, wenn sein Herz sich vor Entrüstung zusammenzieht, wende ich mich an Sie: Gebieten Sie diesem Treiben Einhalt ... Wenn alle in diesen Tagen stumm bleiben, will doch ich nicht länger schweigen gegenüber den Gefahren, die Deutschland dadurch drohen ..."

Wie zu erwarten, wurde dieser leidenschaftliche Appell gegen die bereits sehr spürbare Diskriminierung und Verfolgung der Juden mit Verhaftung und Gefängnis beantwortet. 14 Monate mußte er im KZ Oranienburg "einsitzen". Dann gelang Wegner die Auswanderung nach Großbritannien,

Palästina und schließlich Rom. Israel hat ihm viele Ehrungen zuteil werden lassen. Lola Landau machte den jüdischen Staat, wo ich sie mehrmals traf, zu ihrer zweiten Heimat. Im biblischen Alter schrieb die geistig rege gebliebene Frau noch ihre Memoiren. Sie starb am 3. Februar 1990. Übrigens ist ihr Sohn ein Kibbuznik.

Die "Staatsbürgerliche Jugend" wurde still zu Grabe getragen. Eines ihrer Mitglieder, Heinrich H., schlug vor, sie zu teilen. Die jüdische Organisation sollte Kurt Gimpel leiten, die "arische" er selbst. Das ließ sich aber nicht durchsetzen. Den Gewerkschaftsangestellten Heinrich H. übernahm die "Deutsche Arbeitsfront". Mehrere seiner Freunde hatte er denunziert. Lemmer, der davon nichts wußte, stellte ihm 1946 einen "Persilschein" aus. Auch in der SA marschierte mancher mit, von dem wir es nicht erwartet hätten, sogar ein einstiger Gruppenleiter der "Staatsbürgerlichen Jugend". Die Mehrheit hielt sich aber, soweit es ging, heraus.

In der DPA waren wir hartnäckiger. Jedoch wurden brisante Themen nun tunlichst vermieden. Eine Diskussion drehte sich um die Abtreibung, die andere, besser besuchte, leiteten zwei bekannte Theaterkritiker ein: Kurt Pinthus vom sehr lebendigen "8-Uhr-Abendblatt" und Alfred Mühr, dessen "Deutsche Zeitung" ultrakonservativ war. Mühr betonte, sich über die Erfolge "arischer" Autoren mehr zu freuen, aber auch die jüdischer anzuerkennen. Jahrelang war er dann laut Boguslaw Drewniaks Buch "Das Theater im NS-Staat" Chefdramaturg am Staatstheater Berlin, nach anderen Quellen Direktor des einst Reinhardtschen Deutschen Theaters. Nach dem Krieg, als das wieder opportun und einträglich war, verfaßte er die Biographie Emmy Sonnemanns, der Witwe Görings.

Lastwagen der SA-Hilfspolizei - Vorgängerin der Gestapo - fuhren 1933 ständig hin und her. Als einer vor unserem Haus hielt, schwante mir nichts Gutes. Tatsächlich war ich diesmal an der Reihe. Bei einem verhafteten Kommunisten hatte man die Einladungskarte der DPA gefunden. Wie üblich zeichnete ich als Vorsitzender. Einer der braunen Burschen ließ sich sogar vor Betreten des Wohnzimmers dazu herab, meine Mutter anzusprechen: "Sie erlauben doch? Natürlich frage ich rein der Form halber."

Gefahren lauerten nur in meinem Arbeitszimmer. Meine Sekretärin tippte gerade ein Manuskript und wurde angefaucht: "Hören Sie damit sofort auf." Dann mir zugewandt: "Was schreibt sie da?" - "Einen Artikel." - "Und warum?" - "Weil er bestellt ist und honoriert wird." Man kontrollierte zuerst den Schreibtisch. Für mich überschaubar, für andere chaotisch. "Hier müssen wir uns mit Stichproben begnügen," seufzte einer der SA-Hilfspolizisten. Bestimmt war das Tagessoll an Hausdurchsuchungen ziemlich groß, und man konnte sich nicht bei jedem einzelnen übermäßig lange aufhalten. Dann öffnete man den großen Wandschrank. Er enthielt mein Filmfotoarchiv, das größte in Privatbesitz. Erstaunlicherweise waren nun die Nazischergen, denen ich mehr "Pflichtbewußtsein" zugetraut hätte, völlig abgelenkt. Vor allem interessierten sie jene Aufnahmen, die Szatmari teilweise unter dem Titel "Sünden des roten Stifts" veröffentlicht hatte.

Ins Schlafzimmer warf man noch einen flüchtigen Blick und ereiferte sich über eine Mietsquittung: "Diese Ausbeuter". Noch wußte die untere Garnitur nicht, daß der Sozialismus im Parteinamen nicht mehr als ein Aushängeschild war.

Die Wohnungstür knallte zu. Da niemand verhaftet worden war, kamen einige Gaffer nicht auf ihre Kosten. Meine Mutter hatte sich tapfer gehalten. Doch nun schlotterten ihre Kniee. Noch am gleichen Tag wurde alles belastende Material aus dem Schreibtisch geholt und vernichtet. Aber das nächstemal, so vermutete ich, würde man wohl mitbringen, was als legaler "Vorwand" zur Verhaftung genügte. Erste ernsthafte Gedanken an Auswanderung waren die Folge.

Dann war Hoffmann plötzlich wieder da - aus der berüchtigten General-Pape-Straße entlassen. Dort hatte er täglich das Spottgedicht über Goebbels aufsagen müssen, während SA-Leute Stuhlbeine auf seinem Rücken zerschlugen. Hoffmann sah noch weit elender aus als sonst, und zur

Heiserkeit kam ein ständiges Hüsteln. Aber er ließ sich nicht unterkriegen und bedauerte eigentlich nur den Verlust seiner Bibliothek.

Schon am 27. Februar 1933 hatte der Reichstag gebrannt. Einer der fünf als Brandstifter Verdächtigten war Georgi Dimitroff. Seine Verteidigung und die Art, wie er unerschrocken den brüllenden Göring und den "die feine Art" bevorzugenden Goebbels in die Zange nahm, betrachte ich immer noch als ein rhetorisches und politisches Meisterstück des bulgarischen Kommunisten. Bis heute sind weder die Motive noch der genaue Hergang dieses Brandes, der den Nazis auf jeden Fall sehr zustatten kam, völlig geklärt. Aber der berühmte Berliner Mutterwitz glaubte es zu wissen. Damals machte ein "Tischgespräch" die Runde: "Mutter, wer hat den Reichstag angezündet?" - "Ess, ess mein Junge und halt´s Maul."

Worte wie "Schutzhaft" und "KZ" waren für jeden, der nicht die Augen schloß und die Ohren zuhielt, bekannte Begriffe. Wie ich heute weiß, gab es bereits am 26. April 1933 16.000 Schutzhäftlinge. Das Konzentrationslager Dachau existierte schon seit März 1933 und wurde ständig ausgebaut. Obgleich die Kommunisten ausgeschaltet und größtenteils verfolgt waren und auch schon einige SPD-Größen und sonstige mißliebige Politiker das gleiche Schicksal ereilt hatte, entsprach die Reichstagswahl vom 5. März 1933 noch nicht Hitlers Wunschträumen. Die Regierungsparteien hatten es nur auf 51 Prozent der Stimmen gebracht. Bei der Mandatsverteilung verlor die SPD gerade einen Sitz und das katholische Zentrum, das nie an Mitglieder- und Anhängerschwund litt, gewann sogar drei. Dramatisch verlief die Abstimmung über das Ermächtigungsgesetz vom 23. März 1933 in der Kroll-Oper. Ihr Ziel war es, der Hitler-Regierung oder präziser dem Führer selbst, unkontrollierte d.h. alleinige Macht zu überantworten. Von diesem Resultat hing es für mich ab, ob ich endgültig auswandern würde.

Es kam schlimmer als in meinen finstersten Träumen erwartet. Das Zentrum unter dem Prälaten Ludwig Kaas ließ sich täuschen, obgleich Brüning als "gebranntes Kind" eindringlich warnte. Ein Rückversicherungsbrief des Reichsinnenministers Wilhelm Frick sollte bis zur Abstimmung eintreffen, ist aber, wie sich dann später herausstellte, niemals geschrieben worden. Lemmer schilderte mir hinterher die Situation als reinen Terror. Hinter jedem Abgeordneten hätte ein SA-Mann gestanden (was ich nicht überprüfen konnte - mindestens symbolisch dürfte es so gewesen sein). Letzten Endes waren die einzigen, die gegen das fatale Ermächtigungsgesetz stimmten, die 94 anwesenden Mitglieder der SPD-Fraktion. Alle sonstigen 441 Abgeordneten, auch Brüning, erklärten sich für den Selbstmord der parlamentarischen Demokratie, teils aus Überzeugung, teils aus Ignoranz und teils wohl auch aus Furcht. Der Staatsrechtler Heuss schrieb in einem nachgelassenen Kapitel der von Eberhard Pikart herausgegebenen "Erinnerungen 1905 - 1935": "Jeder von uns, der als Publizist oder als Politiker zu Entscheidungen gezwungen war, die er später bedauerte, hat Dummheiten gemacht. Doch dieser Begriff ist zu schwach für die Zustimmung zu diesem Gesetz, und auch das Wort 'später' trifft nicht die innere Lage, denn ich wußte schon damals, daß ich dieses 'Ja' nie mehr aus meiner Lebensgeschichte auslöschen könne ...." Dem Sinne nach äußerte er sich mir gegenüber in einem letzten Gespräch vor meiner Emigration genauso. Freilich ist es leicht, andere zu verurteilen, sofern man nicht unter dem gleichen fürchterlichen Druck gestanden hat. Aber über diesen Blankoscheck für Hitler war ich verbittert.

Im gleichen Ausmaß, wie meine Sympathien für die Staatspartei schwanden, stiegen sie für die Sozialdemokratie. Bestimmt war ich da nicht der Einzige. Die nun auf dem Fuße folgende Auflösung oder "Selbstauflösung" sämtlicher Parteien, ausgenommen die NSDAP, tangierte mich kaum. Ungestraft hätten sie ja doch nur applaudieren dürfen.

Eingriffe gegen Juden in freien Berufen und eine vulgäre antisemitische Propaganda während der Wahlen hatten die Weltpresse alarmiert und Exporte deutscher Waren reduziert.

Als Vergeltung wurde der 1. April 1933 zum Boykott-Tag erklärt. Auf die Schaufenster jüdischer Geschäfte waren Davidsterne geschmiert, auch gehässige Parolen und teilweise die Mahnung "Deutsche, kauft nicht bei Juden". SA-Leute bewachten die Eingangstüren. Das Bild war nicht einheitlich. In manche Läden wurden die Kunden ungehindert hineingelassen. Vor anderen versetzten die "Bewacher" potentiellen männlichen Käufern Tritte ins Hinterteil, weibliche wurden meist nur angepöbelt. Ernstere Übergriffe erfolgten mehr außerhalb der Reichshauptstadt. Unser Eindruck war, daß die Mehrzahl der Berliner an dieser "Schau" keine Gefallen fand. Aber, soweit man es beobachten konnte, erhob sich auch nirgends offener Protest. Falls Fäuste überhaupt geballt wurden, dann nur in der Tasche. Bis heute glaube ich, daß die letzte Chance einer Solidaritätsbezeugung für die Juden an jenem 1. April versäumt wurde. Was hinterher kam, ergab sich zwangsläufig.

Immerhin schrieb Fritz Klein, der Chefredakteur der "Deutschen Allgemeinen Zeitung" (DAZ), einen Leitartikel "Der Boykott". Unter den gegebenen Umständen bewies er Zivilcourage. Wesentlicher war ein anderer Leitartikel. Vom Chefredakteur Robert Weltsch verfaßt, wurde er am 4. April 1933 in seiner Zeitung "Jüdische Rundschau" veröffentlicht, deren einst bescheidene Auflage ständig gestiegen war. Die Schlagzeile lautete "Tragt ihn mit Stolz, den gelben Fleck". Weltsch wollte wohl den Geächteten Mut und Selbstachtung vermitteln oder mindestens verständliche Depressionen mildern. Kurz vor Kriegsende hörte ich einen seiner Vorträge in London. Da bekannte er: "Hätte ich je gewußt, daß es tatsächlich mal einen gelben Fleck oder, jetzt genauer gesagt, einen gelben Stern als Judenmerkmal geben würde, dann wäre dieser Artikel nie geschrieben worden."Schon am 2. April blies man die Boykott-Aktion ab. Papen und Reichsbankpräsident Hjalmar Schacht befürchteten weitere Einbußen für die deutsche Exportwirtschaft.

Meine beruflichen Chancen begannen sich zu verschlechtern. Obgleich noch kein Zwang bestand, von der Reichsschrifttumskammer anerkannt zu sein, sagten bereits einige meiner Redakteure klipp und klar: "Sie sind nicht mehr erwünscht." Andere, übrigens auch zwei, drei Nazis, wollten nicht päpstlicher sein als der Papst und mindestens ein Verbot abwarten. Hilde Decke von "Beyers für alle" hielt mir auch während der Emigration die Treue. In keinem ihrer Briefe fiel das Wort "Reichsschriftumskammer". Eines Tages schrieb sie: "Bald werde ich das Blatt verlassen. Erledigen Sie alle Aufträge schnell. Ich weiß nicht, ob Sie mit meiner Nachfolgerin auch so gut auskommen werden."

Mit die größte Enttäuschung bescherte mir Felix Graf Luckner. Nachdem er aus den Vereinigten Staaten zurückgekehrt war, hätte ich mir keinen mitteilsameren Gesprächspartner vorstellen können. Luckner war das Idol meiner Jugend, und ich verschlang damals sein Buch "Seeteufel". Wie ritterlich er nach der Versenkung feindlicher Kriegsschiffe die Überlebenden behandelte, beeindruckte mich tief. Seine Körperkräfte hatten noch nicht nachgelassen. So konnte er ein dickes Telefonbuch mit bloßen Händen zerreißen.

1933, nach dem zweiten Interview, erzählte ich ihm von unserem Schicksal: dem Flieger-Onkel Reinhold, über die notwendige Emigration aus Wreschen bis zur Hausdurchsuchung. Sein mitanwesender Sekretär war ein früherer deutscher Konsulatsbeamter in Posen. Beide mimten leicht verlegenes Mitgefühl. Nur einen Tag später erhielt ich einen Einschreibebrief des Sekretärs, der edle Graf hätte mir das Interview unter anderen Voraussetzungen erteilt. Sollte ich es doch veröffentlichen, würde er gerichtliche Schritte einleiten lassen ...

Noch 1932 hatte ich in der DPA einem rassistisch angehauchten sudetendeutschen Dichter zugerufen: "Ich lasse mir mein deutsches Vaterland von niemandem rauben." Nur war es nicht mehr dasselbe Vaterland. Auch stabilisierte sich das Nazisystem immer weiter. Mit der Zeit stieg die Auswanderungsquote. Von den Brüdern Mann, Bertolt Brecht und Lion Feuchtwanger bis zu Heinrich Brüning und dem jungen Willy Brandt verließen viele das Tausendjährige Reich.

Wie Otto Braun entkam, das erfuhr ich erst lange danach in Israel. Dort lebt, mit dem Diplomaten Yehiel Ilsar verheiratet, die Tochter Hermann Badts. Während der Weimarer Ära war ihr Vater der höchstrangige jüdische Ministerialbeamte gewesen. Mit großer Überraschung bemerkte die Familie, wie dieser strenggläubige orthodoxe Mann am Samstag, dem 4. März 1933, einen Tag vor der Reichstagswahl, ins Auto stieg und ohne ein Wort der Erklärung losfuhr. Erlaubt ist eine solche Störung der Sabbatruhe nur, wenn es ums Leben geht. Tatsächlich rettete er in dieser Nacht vom 4. zum 5. März 1933 den schwer gefährdeten Braun über die Schweizer Grenze.

Es war keine Frage mehr, ob ich emigrieren wollte. Nur das Wohin bereitete noch Kopfzerbrechen. Leicht fiel mir der Abschied von Berlin nicht. Die Jahre bis 1933 waren ja keine schlechten gewesen. Auch verbanden mich mit der Reichshauptstadt familiäre Wurzeln. Mein Vorfahre mütterlicherseits Wolf(gang) Strassmann war schon vor 1848 an der revolutionären Bewegung beteiligt. Seit 1865 Berliner Stadtverordneter der Fortschrittspartei wurde er ein Jahrzehnt später der erste jüdische Stadtverordnetenvorsteher in Berlin und blieb bis zu seinem Tode Mitglied des preussischen Abgeordnetenhauses. Dieser "Ahne" war nicht nur ein vielbeschäftigter Arzt, sondern auch aus sozialer Verantwortung Gründer und Leiter einer Genossenschaftsbank. Dem Buch Ernst Hamburgers "Juden im öffentlichen Leben Deutschlands" entnehme ich: "Von Natur vermittelnd und milde, wurde Strassmann durch den Antisemitismus in den letzten Jahren seines Lebens in eine schärfere Abwehrstellung gedrängt, als es seinem wenig kämpferischen Leben entsprach."

Wolfs Bruder Ferdinand kannte ich noch persönlich. Der Gynäkologe war Universitätsprofessor und führte den wohlklingenden Titel "Geheimer Sanitätsrat". Berlin machte Ferdinand Strassmann zum Ehrenbürger. Seit 1915 leitete er als Stadtmedizinalrat das Gesundheitswesen der Metropole. Um ihn wandt sich ein Anekdotenkranz. So soll ihm seine Frau, Tante Grete, öfters die Goldene Ehrenkette nachgetragen haben, wenn es eine Einladung zum Essen beim Kaiser gab. Da Majestät selbst die feinsten Gerichte herunterschlang und dann sofort alle Gedecke abgeräumt wurden, entschädigte man sich nachher im Restaurant "Horcher". 1928, zum neunzigsten Geburtstag des Geheimen Sanitätsrats, war ich eingeladen. Strassmann hielt eine Rede, und in der Laudatio meinte der damalige Oberbürgermeister Böss, es sei seine allerbeste gewesen.

1931 nannte ihn die "Vossische Zeitung" im Nachruf "einen der Begründer der großen Ärzte- und Gelehrtendynastie gleichen Namens". Der Gerichtsmediziner Professor Fritz Strassmann galt als Kapazität in der Lehre und Forschung. Internationalen Ruf genoß die Frauen-Privatklinik des Gynäkologen Professor Paul Strassmann in der Schumann-Straße. Blickfang der Eingangshalle war die lebensgroße Statue eines seiner während des Ersten Weltkrieges gefallenen Söhne. Der Herr Professor hatte die schönste Hände, die ich je bei einem Mann gesehen habe. 1933 bot ihm die Schweiz Asyl, und 1938 wählte er in Gstaad den Freitod. Seine Tochter Antonie war Pilotin und Schauspielerin zugleich und wirkte bei den zahlreichen Tourneen Paul Wegeners mit. Als der Berliner Regierende Bürgermeister Ernst Reuter New York das erste Mal besuchte, hielt sie die sehr herzliche Begrüßungsrede. Übrigens gibt es in Berlin-Friedrichshain eine Strassmann-Straße.

Gerd Neumann durfte in Deutschland nicht weiter studieren, denn der Vater war kein Frontkämpfer gewesen. So entschloß er sich, in Prag sein Studium fortzusetzen. Aus Freundschaft entschied ich mich nun für die Moldaumetropole als erstes Emigrationsziel. Viele Freunde winkten auf dem Bahnsteig zum Abschied. Auch meine Freundin Käthe K. kam im letzten Augenblick angerannt. Natürlich fiel mir der Abschied von meiner Mutter sehr schwer. Aber noch befand sie sich ja in keiner akuten Gefahr. Auch sorgte die Ärztekammer für eine kleine Rente, die dann in der letzten Phase von der Jüdischen Gemeinde übernommen werden mußte. Würde es mir vergönnt sein, sie irgendwann wiederzusehen? Käthe versprach mir, daß sie sich um meine Mutter kümmern würde - ein Versprechen, das sie trotz vieler Einschüchterungen in bewundernswerter Weise gehalten hat.

Gerd und ich fuhren durch Dresden, wollten aber in keiner deutschen Stadt mehr Station machen. Daher lernte ich es erst 1948 kennen, als eigentlich nur ein paar Kasernen und der "Weiße Hirsch" von Bomben unbeschädigt geblieben waren. In Bodenbach war die Tschechoslowakei erreicht. Wir brüllten Schimpfworte auf Hitler, Göring und Goebbels, ein kindisches, aber wohl entschuldbares Zeichen des Aufatmens. Ein neuer Lebensabschnitt begann.

Emigration 1933 Überleben in der Tschechoslowakei, in Skandinavien, auf dem Balkan, in Palästina und der Türkei

Jetzt war ich also Emigrant. Ich ahnte bereits, daß ich es sehr lange bleiben würde. Man hat oft an mich die Frage gestellt, warum ich nicht in ein Land wie Großbritannien oder die Vereinigten Staaten ausgewandert bin. Nun, in beiden Fällen - und ich könnte mehrere andere anführen - wäre das unmöglich gewesen. Die Briten erteilten normalerweise ein Visum, wenn überhaupt, nur mit dem Vermerk, daß man ohne Sondererlaubnis keine Arbeit annehmen dürfe. Und die Sondererlaubnis war wirklich eine Sondererlaubnis. Man achtete streng darauf, daß sie nicht übertreten wurde. Sonst drohte Ausweisung.

In den Vereinigten Staaten lagen die Dinge anders. Da bedeutete ein Affidavit auch automatisch die Genehmigung, jede Arbeit anzunehmen, die sich bot. Jedoch mußte dieses kostbare Dokument mit der Garantie eines amerikanischen Bürgers verbunden sein, die Unterhaltspflicht, falls notwendig, zu übernehmen. Nicht zuletzt gab es noch die Quotenregelung. Mochte Altkloster, als ich dort geboren wurde, auch deutsch gewesen sein, so gehörte es eben seit 1918 zu Polen, und man hätte mich auf die hoffnungslos überfüllte polnische Quote gesetzt.

Natürlich wußte ich, daß mit meiner Emigration kein "trautes Heim, Glück allein" verbunden sein würde. Aber in dieser Hinsicht war ich, wenigstens nach einer Weile, nicht sonderlich sentimental. Andere konnten sich von ihr bisheriges Dasein mitprägenden Traditionen schwer lösen. Weihnachten 1934 z.B. war ich in Belgrad. Dort wurde von der großen Bevölkerungsmehrheit das Fest später gefeiert, weil sie sich zur orthodoxen Kirche bekannte. Am Abend des 24. Dezember stand ich mit einem christlichen, aus Berlin stammenden Emigranten-Freund vor dem Deutschen Reisebüro. Er preßte seine Nase an die Schaufensterscheibe, um den mit erleuchteten Kerzen versehenen Weihnachtsbaum deutlicher erkennen zu können und schämte sich auch der Sehnsuchtstränen nicht. Wer Erfolg haben wollte, mußte solche Gefühle einfach unterdrücken. Gewiß war ich manchmal von jüdischen Gönnern zu einem Sederabend eingeladen und genoß ihn wie einst bei meinen Breslauer Verwandten. Entfiel diese stimmungsvolle Feier aber oder gab es eben in dem betreffenden Ort überhaupt keine Juden, so fand ich mich ohne Bitterkeit damit ab. Einschränkend sei allerdings vermerkt, daß ich mich zwar schon sehr bewußt der jüdischen Schicksalsgemeinschaft zugehörig fühlte, jedoch aus einem nichtreligiösen Haus stammte.

Auch befolgte ich einige nützliche Lebensregeln. Mit Reminiszenzen wie: "Es ging mir doch in Berlin weit besser, und ich verdiente viel mehr", wäre ich in eine psychische Sackgasse geraten. Anfangs habe ich wohl auch dem Verlorenen nachgetrauert. Aber die Rückfälle wurden immer seltener und hörten nach einer Weile ganz auf. Ohne Hitler wäre ich in Berlin hängengeblieben; es ging mir dort gut, und ich hatte eine mich ausfüllende Beschäftigung. So aber lernte ich viele Länder, ihre Sitten und Bräuche kennen, Persönlichkeiten, die Zeitgeschichte machten, ja, wie beispielsweise Nehru, Teile der Welt umgestalteten. Meine Emigration war beileibe kein Honigschlecken. Aber es wäre falsch und dem Schicksal gegenüber sehr undankbar, wollte ich sie mit einem Getto oder KZ vergleichen.

Fast nirgends existierte ein gesichertes Asylrecht. Um die Arbeitserlaubnis konnte sich aber ein freier Journalist wie ich weit eher herumdrücken als etwa ein Arzt, Geschäftsmann oder Handwerker. Niemals beantragte ich bei einem der zahlreichen Komitees eine materielle Unterstützung. Da gab es weit Bedürftigere. Hierfür ein paar Beispiele: Das jüdische Hilfskomitee in der Tschechoslowakei, das zeitweise 3800

Emigranten in Prag und rund 1500 in Brünn und anderen Orten unter seinen Fittichen hatte, konnte anfangs noch für jeden einzelnen 15 Kronen (eine Mark und fünfzig Pfennige) täglich aufwenden. Als Folge des immer größer werdenden Zustroms waren es dann später gerade noch acht Kronen (achtzig Pfennige) - bei allerdings etwas größerer Kaufkraft des Geldes.

Hätte nicht ein Student im Rucksack zwei Millionen Mark, das Parteivermögen der verbotenen SPD, über das Riesengebirge gebracht, wäre die Situation der sozialdemokratischen und gewerkschaftlichen Flüchtlingshilfe hoffnungslos gewesen. Als er nach dem Inhalt des vollgepackten Rucksacks gefragt wurde, hielt man seine Antwort für einen Witz und lachte amüsiert. Über welchen Abschnitt der grünen Grenze der Schmuggel erfolgte, hat er nie verraten.

Warum nun wählten so besonders viele Emigranten und akut Verfolgte die Tschechoslowakei als erstes Asyl? Nun, sie war am schnellsten erreichbar und verzichtete bis zum Anschluß Österreichs vom März 1938 auf ein Einreisevisum. Trotz vereinzelter behördlicher Schikanen herrschte ein ungeschriebenes humanes Asylrecht. Wo sonst wohl gab es einen Außenminister (und späteren Staatspräsidenten) wie Eduard Beneš, der schon im November 1933 betont hatte: "Es wird in der Zukunft unser Stolz sein ..., daß wir politischen Flüchtlingen ein Asyl gewährt haben ..." Der Begriff wurde großzügig ausgelegt und schloß auch parteilose Juden mit ein.

Die Sprachenfrage bedeutete kein allzu großes Hindernis. Immerhin gab es in dieser Republik eine deutsche Minderheit von 3,2 Millionen Menschen (22 Prozent der Gesamtbevölkerung). Erst mit der Zeit verhärtete sie sich. Anfangs waren noch verschiedene Kontakte zwischen ihnen und uns Emigranten möglich. Mit den sudetendeutschen Sozialdemokraten blieben sie erhalten, bis 1938/39 auch ein beträchtlicher Teil von ihnen zu Emigranten wurde.

Prag hatte große "deutsche" Traditionen. So wurde dort die erste deutschsprachige Universität bereits 1348 begründet. Es gab das Deutsche Haus, das allerdings bald von Emigranten gemieden wurde, deutsche Theater, Kinos und sonstige Kultur- und Vergnügungseinrichtungen. Irgendwie konnte man sich bald heimisch fühlen. Nicht zu vergessen die deutschen Verlage und die vielfältige deutsche Presse.

Unter den 35.000 jüdischen Bürgern Prags hatten sich immerhin 8.500 als deutsch, 8.500 als jüdisch und 18.000 als tschechisch bekannt ("jüdisch" galt übrigens als "Nationalität"). Praktisch verstanden beinahe alle Juden der Moldaumetropole deutsch. Von vielen Tschechen wurde es allerdings ungern gesehen, wenn man diese Sprache laut benutzte. Nach dem Krieg wurde den wenigen überlebenden Juden, die sich nicht als "tschechisch" bekannt hatten, die Rückkehr zunächst schwergemacht.

Gerd Neumann und ich waren 1933 nicht gerade als Begüterte eingereist. Immerhin durfte man noch 200 Mark legal mitnehmen. (Nach einiger Zeit wurde diese Summe auf gerade zehn Mark gesenkt.) Eine geschickte Bekannte hatte in mein ledernes Reisekissen weitere 200 Mark eingenäht. Als ich nach der Grenzstation Bodenbach Gerd eingestand, worauf auch er eine Weile gesessen hatte, wurde der nicht gerade mutige Gefährte noch im Nachhinein totenblaß.

Was braucht der Mensch als erstes? Ein Bett! Gerds Vater hatte uns einen Empfehlungsbrief an seinen Freund Leonhard Neumann (zufällige Namensgleichheit) mitgegeben. Er war ein wohlhabender Getreidehändler und verdiente bis zum Ausschluß der Juden als Mitarbeiter der "Börsenzeitung" auch noch tausend Mark monatlich dazu. Mit seinem Chefredakteur, dem nachmaligen berüchtigten Nazi Walther Funk, hatte das Ehepaar Neumann manche Nacht durchgebummelt. Das erzählte er uns etwas wehmütig, denn der herzliche Kontakt dürfte wohl schon damals beendet gewesen sein.

Neumanns hatten sozusagen "auf Abruf" eine elegante und sicherlich kostspielige Suite des Hotels "Flora" in den Prager Weinbergen (Vinohradska) gemietet. Sie begrüßten die beiden Besucher sehr herzlich. Eigentlich hätten wir uns

Hotel Flora in Prag,
Dreissiger Jahre

die "Flora", in der mehrheitlich noch weitere wohlbetuchte Emigranten abgestiegen waren, nicht leisten können. Aber Herr Neumann, dessen Trinkgelder an die Portiers sicherlich mehr als großzügig gewesen sind, setzte einen selbst für Gerd und mich erschwinglichen Preis durch. Merkwürdigerweise blieb das auch so, als ich später mehrmals wiederkam. Unser Gönner lebte da schon längst in den USA.

Gerd hatte einen älteren Bruder namens Heinz, der ihn während der Kindheit so malträtierte, daß er in eine entfernte Internatsschule verpflanzt werden mußte. "Den" - womit der Jüngere gemeint war - "muß ich ja mal ernähren", war seine feste Überzeugung. Jetzt verdiente er nicht schlecht als Vertreter einer Kosmetikfirma in Paris. Eines Tages sprach Leonhard Neumann uns erregt an. "Bitte, lieber Gerd, schreiben Sie Ihrem Bruder, wenn er nochmals Informationen von mir haben möchte, kann er sie gern bekommen. Aber um Himmelswillen kein Absender auf dem Briefumschlag" Einen Augenblick glaubte ich, der alte Herr sei plötzlich etwas durcheinander. Dann aber erfuhr ich, daß sein Sohn ein anderer Heinz Neumann war.

Kein ganz Unbekannter, denn er wurde wegen seines rhetorischen Genies "der kommunistische Goebbels" genannt. Auf französischem Hoheitsgebiet wäre - so vermutete der Vater - sein trotz allem geliebter Sohn von nicht auszudenkenden Gefahren umlauert gewesen. Er vermutete ihn verfrüht schon im Moskauer Exil, das, wie ich viel später noch erfahren sollte, alles andre als lebensrettend gewesen ist.

Jedenfalls begann ich nun nachzuforschen. Der Sohn Heinz aus gut bürgerlichem Haus war ganz jung der Kommunistischen Partei beigetreten und wurde einer der fanatischsten Anhänger. Mit neunzehn schickte man ihn schon ins Ruhrgebiet und nach Hamburg, um Streiks und bewaffnete Aufstände zu organisieren. Selbst überzeugte Genossen hielten ihn für zu rabiat - er galt als einer, der über Leichen ging. 1925 wurde er in die Sowjetunion befohlen und begleitete von dort aus Michael Borodin nach China. Auf die Frage, was mit den Gefangenen geschah, erwiderte Neumann nur "Peng". Der Vater schüttelte sich vor Entsetzen. 1928, wieder in Deutschland, führte Heinz zusammen mit Thälmann die KPD. Der großartige Redner attackierte die Konservativen ebenso scharf wie die Sozialdemokraten, für ihn sicherlich "Sozial-Faschisten".

Merkwürdig ist es, wie sich Legenden oft weiterspinnen. So wurde mir immer wieder berichtet, daß man Heinz Neumann 1935 unter Schweizer Polizeibewachung (nach einer längeren KZ-Haft war er 1934 in die Schweiz geflüchtet und von dort ausgewiesen worden) auf ein sowjetisches Transportschiff in Le Havre gebracht hätte. Das stimmt noch. Dann aber hieß es, er habe in Moskau eine Nichte Stalins geheiratet und sei mit ihr bei einem arrangierten Bootsunfall ums Leben gekommen.

Ende 1949 lernte ich durch Paul Freedman, einen aus Deutschland stammenden amerikanischen Redakteur, Margarete Buber-Neumann bei einem gemeinsamen Abendessen kennen. Sie war eine lebhafte, geradezu plastische Erzählerin. Die Heirat ihres Ehemannes Heinz mit der Nichte Stalins und die tödliche Bootsfahrt erwiesen sich als weitverbreitete Hirngespinste. Sie war auch in Moskau seine Lebensgefährtin gewesen. Wie ich von ihr erfuhr, hatte es bereits Anfang 1932 Differenzen mit Stalin gegeben. Heinz Neumann hielt eine andere Taktik zur Bekämpfung des Nazismus für erfolgversprechender als die des roten Zaren. Daraufhin schloß man ihn aus dem Politbüro der KPD aus.

Beide Neumanns lebten im Komintern-Hotel "Lux" unter ständiger Angst, verhaftet zu werden. Zunächst noch durften sie als Übersetzer arbeiten. Wie immer schon, las Neumann in seiner Freizeit gern gute Bücher. Aber seine Frau verriet mir, daß er die Liebe zur Literatur auch damals noch als strafbaren Luxus betrachtete, weil er sich eigentlich nur dem Kommunismus und seiner Förderung zu widmen hätte.

In der Nacht vom 27. zum 28. April 1937 war es dann so weit. Man verhaftete Neumann und beschlagnahmte alle Papiere, Briefe und Fotos, auch die ihrer Kinder aus einer früheren Ehe. Im Januar 1938 wurde dann das gesamte restliche Eigentum des Lebensgefährten auf Nimmerwiedersehen fortgeschleppt. Der Natschalnik hatte auch einen Brief Stalins aus dem Jahr 1926 entdeckt. Da handelte es sich um die Aufforderung an Neumann, in der "Roten Fahne", dem Zentralorgan der KPD, einen Angriff gegen Sinowjew zu starten. "Desto schlimmer", raunte der Natschalnik.

Margarete Buber-Neumanns Rundgang von Gefängnis zu Gefängnis, von Amtsstelle zu Amtsstelle blieb erfolglos. Niemand erteilte ihr eine halbwegs verläßliche Auskunft, wo Heinz eingesperrt war und welche Strafe ihn erwartete. Seine Hinrichtung erfolgte, wie man heute weiß, noch 1937.

Sie selbst verbrachte die Jahre zwischen 1938 bis zur Befreiung 1945 in verschiedenen Höllen, sibirischen Arbeitslagern und deutschen KZ's. Darüber gibt es auch Bücher von der wie durch ein Wunder Überlebenden. Bekenntnisse einer - wer könnte es ihr verübeln? - eiskalten Kriegerin ...

Doch zurück nach Prag. Vor der Suche nach beruflichen Möglichkeiten wollte ich erst einmal die Metropole genauer betrachten. Wenn ich im Laufe der Zeit auch 62 Länder kennenlernte, gibt es für mich selbst jetzt, wo manches verwahrlost ist, keine schönere Stadt als "Zlatá Praha", das goldene Prag. Krönendes Diadem war und bleibt der auf einer Anhöhe gelegene Hradschin. Hier repräsentierten zwischen 1918 und 1938 die tschechoslowakischen Präsidenten Thomas G. Masaryk, ein immer einsatzbereiter Humanist, und Beneš. Beide hatten Sorgen, die nicht nur die Sudetendeutschen verursachten, sondern auch die stets unzufriedenen und sich von den Tschechen dominiert und diskriminiert fühlenden Slowaken. Bezeichnend, wie sich dieser Konflikt heute wieder zuspitzt.

All die Sehenswürdigkeiten rund um den Hradschin bewiesen mir, daß die böhmischen Herrscher mit Prunk und viel Stilgefühl den österreichischen in der Hofburg nicht nachstanden. Nur ein kurzer Abstieg und die Karlsbrücke, ein ebenso wichtiges Wahrzeichen von Zlatá Praha, war erreicht. Auf ihre beiden Seiten verteilt, entstand im siebzehnten Jahrhundert die Allee der Heiligenstatuen, weiblicher und männlicher.

Ich glaubte meinen Augen nicht zu trauen. Über einer stark vergoldeten Kreuzigungsgruppe sah ich in hebräischen Lettern die Aufschrift "Heilig, heilig, heilig ist der Herr". Nun, da verrät die Prager Chronik den Tatbestand. 1696 hatte ein Jude das Kreuz geschmäht. Zu jener Zeit galt das als ein mindestens so schweres Vergehen wie Mord, Ehebruch oder Brandstiftung. So überraschte es niemanden, daß über den Frevler die Todesstrafe verhängt wurde. Dennoch wagte eine Delegation aus Rabbinern ein Gnadengesuch für den Glaubensgenossen zu stellen. Großzügig schenkte man ihm das Leben. Er mußte nur ein Bußgeld entrichten, für das die hebräischen Buchstaben gegossen und über dem Kreuz angebracht wurden. Ein orthodoxer Jude - und damals gab es wohl kaum andere - mußte das sozusagen als halbe Todesstrafe betrachten.

Diese Episode hatte sich vor der Herrschaft der mütterlich wirkenden, aber durch und durch bigotten Kaiserin Maria Theresia abgespielt. Wenn sie mit ihren jüdischen Finanzberatern sprach, dann waren sie hinter einem Wandschirm verborgen. Majestät wollte keinem Juden ins Antlitz schauen. Vergleichsweise war das noch harmlos. Im strengen Winter 1745/46 wurde auf ihren Befehl hin die gesamte Prager jüdische Gemeinde - 1418 Familien - vertrieben, mit allen dazugehörigen Härten. Nur zweieinhalb Jahre später machte sie wegen der katastrophalen Folgen für die Staatskasse und auf nationale und internationale Intervention hin das Aufenthaltsverbot wieder rückgängig.

Nach meinen Rundgängen mußte ich mich wieder mehr auf den Beruf konzentrieren. Noch in Berlin hatte ich für eine Prager Zeitschrift "Frauenfreude Mädchenglück" gearbeitet. Redigiert wurde sie von der energischen und schlechte Honorare - besser als gar keine - zahlenden Frau Doktor Pollak. Sie nahm mir Geschichten über berühmte Schauspielerinnen oder historische Rückblicke, so auf die Salons von Fanny Arnstein, Rachel Varnhagen und Henriette Hertz, ab.

Da waren das "Prager Tagblatt" und die "Bohemia" schon anspruchsvoller. Wie die meisten guten Zeitungen in der Tschechoslowakei hatten sie deutsche Besitzer und mehrheitlich jüdische Redakteure und Mitarbeiter.Superpompöse Verlagshäuser, wie die von mir geschilderten in Berlin, gab es nicht und noch weniger herrschsüchtige Botenmeister. Daher ging ich ohne große Voranmeldung in das Büro von Dr. Rudolf Thomas, dem das Feuilleton des "Prager Tagblatt" unterstand und der auch Stellvertreter des Chefredakteurs und gescheiten Leitartiklers Dr. Blau war. Legten die meisten Ullstein- und Mosse-Prominenten Wert auf eine mindestens geschmackvolle, wenn nicht gar elegante Einrichtung, so konnte man das in Prag selten behaupten. Das Mobiliar des Büros von Dr. Thomas schien noch aus der Habsburgerzeit zu stammen. Etwa fünf oder sechs Emigranten-Journalisten saßen, durcheinander redend, herum und hatten ihre Manuskripte bereits abgegeben. Er überflog sie, las daneben Korrekturen und die Nachrichten der Depeschenagenturen, und auch das Telefon stand selten still. Thomas war ein lustiger, hochgebildeter Mann, der mit leiser Stimme und stark böhmischem Akzent sprach. Man spürte, wie weh es ihm tat, wenn er einen Artikel zurückgeben mußte. Mein erster, was nicht auf alle späteren zutraf, wurde akzeptiert und bald veröffentlicht. Gewiß konnte sich das "Prager Tagblatt" keine üppigen Honorare leisten. Aber die moralische Aufmunterung, wieder in einer guten liberalen Zeitung publiziert zu werden, war damals das Ausschlaggebende.

Für Thomas sprach, daß er ein geselliges Haus mit anregenden Gesprächen führte. Wer die geistvollen Pointen nicht verstand, wurde kein zweites Mal eingeladen. Überhaupt war er ein konsequenter Mann. Keinesfalls wollte er später einmal das Los der ihn bedrängenden Exil-Publizisten teilen. Am Tag des deutschen Einmarsches in Prag wählten Dr. Thomas und seine Frau den Freitod.

Aber noch war es ja nicht so weit, und das '"Prager Tagblatt" machte eine schwierige Neuorientierung durch. Bisher hatte es etwa das Niveau einer erstklassigen deutschen Provinzzeitung. Man übernahm auch vieles aus der Presse in der Weimarer Republik und war sogar mit dem "Leipziger Tagblatt"liiert. Dort hatte Friedrich Torberg als Volontär seine journalistischen Sporen erworben. Nach der Gleichschaltung durch Goebbels fielen solche Quellen weg. Stärker als zuvor griff man auf die eigenen Mitarbeiter zurück, und die Emigranten-Kollegen trugen auch zum höheren Standard bei. Kurz, das "Prager Tagblatt" stand bald nicht mehr hinter der berühmten "Neuen Zürcher Zeitung" zurück, war allerdings aufgelockerter, schon weil man den deutsch-jüdischen Stamm-Abonnenten eine lebhafte Verpackung der Informationen bieten mußte.

In jüdischen Kreisen kursierte folgender schlechter Witz, den ich mir aber nicht schenken möchte, weil er die Popularität dieser Zeitung widerspiegelt: Ein Putsch gegen Hitler gelingt, und er kommt als Flüchtling nach Prag. Im Kaffeehaus wendet sich der "Ex-Führer" an den Ober: "Bitte das Prager Tagblatt". Sonst recht diensteifrig, schüttelt der den Kopf: "Für *Ihnen*, Herr Hitler, nicht." Die denkbar größte Strafe ...

Hier noch etwas Prinzipielles. Die Pariser deutschsprachige Presse und später auch "Die Zeitung" in London und die Blätter, die dort während des Krieges die Exilregierungen herausgaben, wurden fast nur von Emigranten redigiert und geschrieben. In Prag hatten sie geringere Chancen. Da existierten die deutsch-sprachigen Zeitungen und sogar eine deutsche Illustrierte längst vor ihrem Auftauchen. Jeder Emigranten-Journalist war für die einheimischen alten Mitarbeiter eine unerwünschte Konkurrenz. Weniger für manche Redakteure, die neue Namen schätzten!

Je unerträglicher sich das Dritte Reich für Nicht-Nazis entwickelte, desto mehr wuchs die Zahl der Auswanderer in die Tschechoslowakei. Kurz, für jeden Artikel gab es, rechnete man die Stammanwärter und die Neulinge zusammen, mindestens ein Dutzend potentielle Autoren - wahrlich keine ideale Relation, unter der natürlich auch ich zu leiden hatte.

Wer den Kontakt vermittelte, weiß ich nicht mehr. Jedenfalls meldete sich eines Tages der Herausgeber der Wiener zionistischen Zeitschrift "Die Stimme" bei mir und verlangte ein Interview mit Dr. jur. - Österreicher vergessen nie den genauen Titel - Max Brod. Außerdem hieß es noch: "Bitte von allem etwas". Leicht gesagt, schwer getan. Das Treffen mit einem Universalgenie ist nämlich ebenso erhebend wie anstrengend und entnervend. Auf die sichere Gefahr hin, etwas vergessen zu haben, möchte ich feststellen, daß Brod ein großer Jude, ein nie zu entmutigender Zionist - später zitierte er immer wieder Ben Gurions Ausspruch "Wer in Israel nicht an Wunder glaubt, ist kein Realist" -, ein hervorragender Schriftsteller deutscher Sprache, ein glänzender Übersetzer aus dem Tschechischen, ein Verfasser von Bühnenstücken und Operetten, ein Komponist, ein Entdecker zahlloser Autoren, ein Brückenbauer zwischen Tschechen und Deutschen und *der* Deuter Franz Kafkas war. Nebenbei dramatisierte Max Brod die Romane anderer. Last not least hätte ohne ihn der "Prager Kreis" wohl keinesfalls bis zur Erzwingung des Protektorats durch Hitler überlebt. Einer seiner Biographen charakterisierte Brod treffend: "Ein frivoler Idealist, ein verliebter Prophet, ein religiöser Erotiker, halb Moses, halb Casanova ..."

Da saß mir also nun der kleine, verwachsene Prager gegenüber, der tief und ernst analysieren konnte, aber ebenso gern scherzte. Schon beim ersten Interview und, wann immer spätere folgten, schmunzelte Brod, sobald ich herausbekommen wollte, woran er gerade arbeitete. Jedesmal hieß es: "Ja, muß ich denn immer arbeiten?" Und er ging zu einem anderen Thema über. Aber auf dem Schreibtisch lagen die von ihm bis zum Lebensende (1968) benutzten Schulhefte, in die er auf der rechten Seite mit deutlicher Handschrift das neueste Werk niederschrieb. Die linke Seite diente Korrekturen und blieb manchmal leer. Erst nach seinem Tod informierte mich eine Statistik im Gedenkbuch über die wohl nur von ganz wenigen erreichte geistige Produktivität dieses nimmermüden Genies. Sie zählte 89 große Publikationen, die er mehrheitlich allein, zum sehr viel kleineren Teil in Kooperation mit anderen verfaßt hatte. Dabei blieben seine Artikel, Theater-, Musik- und Kunstkritiken und die unzähligen Vorträge, mal auf deutsch und mal auf tschechisch, unberücksichtigt.

Wie sich aus der sehr lebendig geführten Unterhaltung ergab, muß es ihn gereizt haben, sich immer wieder einem neuen, andersartigen Stoff zuzuwenden. Aus Brods Feder flossen zarteste Liebesgeschichten, aber auch der derb-sinnliche Roman "Ein tschechisches Dienstmädchen". Die Biographien waren Wallenstein gewidmet oder Heinrich Heine, dem Astronomen Tycho Brahe, Galileo Galilei und dem Humanisten Johann Reuchlin. Hinzu kam der große Komponist Leoš Janacek, der ihm einige Opernerfolge mitverdankte. Aus der jüdischen Thematik hatte er u.a. "Reubeni, Fürst der Juden" (als Renaissance-Roman), "Das gelobte Land" und eine ganze Reihe von Werken über den Zionismus verfaßt.

Wo befand sich nun seine eigentliche geistige Heimat? Im Grunde war sie dreigeteilt. Durch Erziehung, Lektüre und Kultur bekannte er sich als dankbarer Freund des deutschen Volkes. Gleichzeitig schrieb Brod Kritiken über alles, was mit tschechischem Theater, tschechischer Oper, Musik und Kunst zusammenhing und suchte nach neuen Talenten aus dieser Nation. 1928 hatte er am Grab Janaceks erhebende Wort auf Deutsch gesprochen. Mit Hans Reimann glückte ihm eine Bühnenbearbeitung von Jaroslav Hašeks "Die Abenteuer des braven Soldaten Schwejk". An der Spitze des dreigeteilten Brod'schen Wirkens standen aber doch Judentum und Zionismus.

Zaghaft klopfte es an seiner Tür. Eine bildhübsche junge Dame betrat leichtfüßig das Arbeitszimmer, dessen breites Sofa klatschumwoben war. Wenige Minuten wurde zu dritt geplaudert. Dann blickte mich Brod - ich war vorgewarnt - schelmisch an: "Sie haben doch sicher noch etwas bei Blau oder Thomas zu tun. In einer Stunde können wir das Interview gern fortsetzen."

Und so geschah's. Obgleich nun wahrlich kein Adonis, übte Brod auf viele Frauen eine offenbar unwiderstehliche Anziehungskraft aus. Seine Liebesbeziehungen standen in ihrer Vielseitigkeit der schriftstellerischen Tätigkeit wohl nicht nach.

Für Brod war der schon seit 1830 bestehende "Prager Kreis" ein, wie man unübertrieben feststellen kann, Lebenselement. Aber er trauerte seinen Schlüsselfiguren Kafka und dem auch schon 1926 verstorbenen Rainer Maria Rilke nach, als ließen sich diese Lücken nie mehr auffüllen. Hier sollte man keine Vergleiche zum Berliner "Romanischen Café" oder dem Wiener "Herrenhof" anstellen. Da waren ja die Stammtische der Prominenten streng voneinander getrennt, und wer neu "zugelassen" wurde, betrachtete das als eine Art Adelsprädikat. Hingegen zeichnete den "Prager Kreis" eine flexiblere und intimere Note aus, die etwas jugendbewegt anmutete.

Auch Brod war gelegentlich in der Literaturrunde des "Café Arco", des "Neuen Arco" und des "Continental" am Graben zu sehen. Aber es verletzte ihn, daß der Wiener Schriftsteller, Rezitator und Herausgeber der "Fackel", Karl Kraus ("Zu Hitler fällt mir nichts mehr ein") seinen "Prager Kreis" als "Arcianer" verhöhnte. Brod schmerzten die wohlgezielten Hiebe des alten rücksichtslosen Zynikers. Kraus starb schon 1938. Aber Brod, der selbst nicht hassen konnte, kam noch in den sechziger Jahren auf die nie ganz vernarbten Wunden zurück.

Tatsächlich, und er wiederholte es mehrere Male, sei das Café eben nicht der Schwerpunkt des "Prager Kreises" gewesen. Vielmehr durchwanderte man in eiligen Fußmärschen Prag und die nähere Umgebung mit ihren Dörfern, Wäldern und Obstgärten. Ohne Ablenkung von außen ergab sich so ein hochgeistiger, jeden Teilnehmer bereichernder Gedankenaustausch.

Als dann Brod, Felix Weltsch und Oskar Baum, also drei Mitglieder des "inneren (Vierer-)Kreises" geheiratet hatten, ergänzte man das Beisammensein durch häusliche Abendessen. Kafka blieb der einzige Junggeselle. Es wurde musiziert - Frau Brod soll eine meisterhafte Pianistin gewesen sein - und lebhaft diskutiert. Vor allem aber lasen die großen Vier, später durch andere ergänzt, aus ihren noch unveröffentlichten Werken und erwarteten die offene Kritik der Anwesenden. Obgleich eigentlich kein Mystiker, behauptete Brod, bei einem solchen Treffen des engeren Kreises den schon seit mehreren Jahren verschiedenen Kafka lebend gesehen und mit ihm gesprochen zu haben.

Was hatte er nicht alles getan, um diesen besten Freund der Nachwelt zu erhalten! Brod schrieb vier Bücher über ihn. Noch wichtiger ist, daß er dessen Wunsch, seine schriftstellerische Hinterlassenschaft zu vernichten, ignorierte. Damit rettete er die Werke "Das Urteil", "Die Verwandlung", "Das Schloss" und "Der Prozeß".

Nichts konnte den sonst so sanften Brod derart aufregen, als wenn man die jüdische und zionistische Gesinnung seines Franz Kafka in Frage stellte oder bagatellisierte. Seine Argumente waren überzeugend. Kafka hatte in Berlin und Prag Judaica studiert und eifrig hebräisch und jiddisch gelernt. Leidenschaftlich unterstützte er auch ostjüdische Theater. Während des Weltkrieges trug seine Mithilfe zum Aufbau einer Schule für jüdische Flüchtlingskinder aus Osteuropa bei. Direktor war der Arzt und Pädagoge Dr. Siegfried Lehmann, der später ein Wilnaer Waisenhaus leitete und als Erfinder der Kinderdörfer gilt. Nicht zuletzt war Kafka aktiver Zionist. Er wollte nach Palästina auswandern, hatte Tischlerei und Gartenbau erlernt und bereits alle Details der freiwilligen Emigration geplant. Sein früher Tod vereitelte sie.

Bis zur zwangsweisen Errichtung des Protektorats waren seine Bücher, ob nun in deutscher Sprache oder tschechischer Übersetzung, überall in den Prager Buchhandlungen zu sehen. Unter deutscher Herrschaft verleumdete man ihn als Nihilisten und "entarteten" Schriftsteller. Er wurde auf den Index gesetzt. Für die seit 1948 praktisch allein herrschenden Kommunisten galt Kafka als "dekadent". 1965 begann endlich das Tauwetter. Nach Ansicht vieler meiner tschechischen

Freunde leuchtete der Silberstreifen am Horizont nicht zuletzt dank der Kafka-Konferenz in Lidice und der Diskussionen während der internationalen Konferenz über die Prager deutsche Literatur. Negativ reagierte nur die Delegation aus der damaligen DDR. Nach der brutalen Niederschlagung des Prager Frühlings von 1968 verwelkten diese zarten Blüten einer sowieso sehr späten Einsicht.

1976 konnte ich die Bücher von Kafka nur auf dem Schwarzen Markt erstehen. In allen verstaatlichten Buchhandlungen hieß es verlegen "ausverkauft", was bestimmt ein Schwindel war. Andererseits wollte man es sich mit den heiß umworbenen "Valuta-Touristen" nicht ganz verderben. Deswegen brachte einen die Fremdenführerin zum ziemlich schmucklosen Wohnhaus der Familie Kafka. Immerhin war eine Gedenktafel für den Autor angebracht. Auch sein Unterschlupf im romantischen Alchemistengässchen - das Bemühen um die Herstellung von Gold war erfolglos geblieben - wurde nicht ausgelassen. Dort hatte sich Sohn Franz wohl vor dem strengen und verständnislosen Vater zurückgezogen und konnte ungestört arbeiten. Ohne mit der Wimper zu zucken, nannte ihn die gut dressierte Dame "unseren hochverehrten Nationaldichter". Unter der Präsidentschaft des Dramatikers Václav Havel wird es sicher eine neue Kafka-Renaissance geben.

Felix Weltsch und sein Vetter Robert gehörten zu den frühen Zionisten, die keines Hitlers bedurften, um es zu werden. Wenn Robert seine Heimatstadt Prag besuchte, sorgte Felix schon mit den teuersten Zigarren vor. Dieser Leidenschaft blieb der Chefredakteur der Berliner "Jüdischen Rundschau" treu, auch in der Emigration. In Tel Aviv gibt die aus Zwickau stammende Bibliothekar- und Verlegerfamilie Schocken - Deutsche der älteren Generation kannten noch ihre Kaufhauskette - mit dem "Haaretz" die beste israelische Zeitung heraus. Bis wenige Jahre vor seinem Tod war Robert Weltsch ihr Londoner Korrespondent.

Ideologisch stand er dem großen Philosophen, Pädagogen und Neuerwecker der chassidischen Literatur Martin Buber nahe. Als ich ihn in London zuletzt sah, meinte der erfahrene Journalist kurz und bündig: "Ich hätte mir die Araber nicht gerade zu Nachbarn Israels ausgesucht. Da sie es aber nun einmal sind, muß ein modus vivendi, ein dauerhafter Frieden mit ihnen gefunden werden." Vetter Felix ist bestimmt der gleichen Ansicht gewesen.

Es war gar nicht so leicht, für dessen Prager Zeitschrift "Selbstwehr" zu schreiben. Vor allem denke ich da an Reportagen. Deutsche Blätter bevorzugten dabei fast immer die Ich-Form. Nicht so Felix Weltsch! Grundsätzlich strich er jedes "ich". Auch in eigenen Kommentaren benutzte er es niemals. Seinem Rotstift fiel, was die Verfasser oft kränkte, alles Polemische zum Opfer. Und damals völlig ohne Polemik zu schreiben, war schon ein Kunststück.

Der Chefredakteur fristete sein Leben weit weniger durch die finanzschwache zionistische "Selbstwehr", als in seiner zweiten Position des Bibliothekars der Prager deutschen Universität. Als Literat wählte Felix Weltsch hauptsächlich jüdische und zionistische Stoffe.

In der Nacht vom 14. zum 15. März 1939, während schon der deutsche Einmarsch begann, verließ ein letzter, noch unkontrolliert gebliebener Zug den Prager Hauptbahnhof. Zu den Reisenden gehörten - ein glücklicher Zufall - Weltsch und Brod. Auf dem Perron winkte ihnen Marianne Steiner, eine Nichte Franz Kafkas, zu. Selbstredend hatte die beiden Alt-Zionisten Palästina zur neuen und endgültigen Heimat gewählt; ich sah sie 1952 in Israel wieder.

Oskar Baum, der vierte aus dem "Originalkleeblatt", war als Elfjähriger infolge einer Rauferei völlig erblindet. Bei Spaziergängen hakte sich Baum ganz leicht unter. Seine ersten Bücher gingen vor allem auf das Blindenproblem ein. Er forderte Gleichberechtigung und lehnte jegliches Mitleid ab. Durch das Fehlen der Sehkraft hatte er sich ein phänomenales Gedächtnis angeeignet, das ich bewunderte. Schon immer hilfsbereit, nannte man ihn den "Engel der Flüchtlinge".Was er für sie seit 1933 geleistet hatte, und mit welcher Phantasie der nie zu entmutigende Schriftsteller selbst in hoffnungslos scheinenden Situationen Auswege fand, verdient ein besonderes Ruhmesblatt. Am 20. März 1941 war es Baum "vergönnt", noch im Jüdischen Krankenhaus sterben zu dürfen. Sein sich aufopfernder Arzt Dr. Salomon Lieben endete in der Gaskammer.

Ludwig Winder nahm in der Tageszeitung "Bohemia" etwa dieselbe Position ein wie Brod im "Prager Tagblatt". Er gehörte dem erweiterten "Prager Kreis" an. Beide schrieben geschliffene Kritiken, ohne aber so majestätische und messerscharfe Kulturpäpste zu sein wie Kerr in Berlin. Der junge Egon Erwin Kisch, noch nicht der berühmte "rasende Reporter", brachte in der "Bohemia" seine ersten Manuskripte unter. Winder amüsierte das noch nachträglich. Kisch hatte sich ja zum kämpferischen Kommunisten entwickelt, während die "Bohemia" ein eher konservatives Blatt war und blieb, ohne allerdings dem heimlichen und später offenen Nationalsozialismus Konrad Henleins auch nur eine Spur entgegenzukommen. Der in Mähren geborene Winder liebte das ernste Gespräch, konnte aber gelegentlich auch heiter sein. Er war bei den verschiedenen Redaktionsabteilungen mein eifriger Mittelsmann. Zuletzt sah ich Winder in London. Vergnügt war er überhaupt nicht mehr und viel weniger gesprächig. Durch Zufall erfuhr ich, daß seine Tochter auf der Flucht von einer Nazi-Grenzwache erschossen worden war, was ihn zutiefst erschüttert hatte. Während des Exils schrieb er noch ein Buch "Die Pflicht", ein Titel, mit dem man auch den Lebensweg dieses bewunderungswürdigen Mannes überschreiben könnte.

Im Hotel "Flora" wurde die Stimmung zusehends trister. Solche Emigranten aus Deutschland, die sich zunächst am liebsten gleich eine Rückfahrkarte gelöst hätten, spürten, auch durch die Berichte ständiger "Neuzugänge", wie sehr sich das Nazisystem festigte. Auch die Nachgiebigkeit des Auslands Hitler gegenüber zerstörte alle Hoffnungen auf ein baldiges Ende des Dritten Reiches. Visa zur Weiteremigration wurden immer seltener und kostbarer. Gewiß ließ man jeden nach Großbritannien einwandern, der die Mittel besaß, um arbeitsbeschaffende Betriebe zu finanzieren und womöglich noch Fachkenntnisse mitbrachte. Die meisten dieser Emigranten landeten in Wales, wo die Arbeitslosigkeit trotz günstiger gewordener Weltkonjunktur am ärgsten war, und investierten dort zum Vorteil der einheimischen Bevölkerung. Aber wer verfügte schon über so viel Geld? Natürlich nur die kleine Elite, die in nobleren Hotels als der "Flora" Zwischenaufenthalt nahm. Auch die Palästina-Zertifikate, abgesehen wieder von den "Kapitalistenvisa", wurden von der britischen Mandatsmacht recht spärlich erteilt und kamen in der Hauptsache jugendlichen Bewerbern zugute.

Inzwischen wurde ein "Comité Nationale" tätig. Es faßte die verschiedenen Hilfskomitees zusammen, mochten einzelne auch bitter gegeneinander polemisieren und sich gegenseitig Visa abzujagen versuchen. Aber die gemeinsamen Interessen machten diesen Schritt doch erforderlich. Auch wollte man sich so miteinander abstimmen, daß bei den minimalen Mitteln niemand gleichzeitig von zwei Komitees betreut wurde. Unter politischen Asylanten hatten es die sozialdemokratischen noch verhältnismäßig gut. Viele ihrer Prominenten waren schon vorher mit einflußreichen Tschechoslowaken befreundet. Schwerer hatten es die Schützlinge des kommunistischen Komitees, nach seinem Gründer Professor F.X. Salda benannt. Kommunisten waren bei den zuständigen tschechoslowakischen Behörden meist nicht sonderlich beliebt. Man wäre sie gern so bald wie möglich wieder losgeworden. Aber nur ganz selektiv erteilte das "Vaterland der Arbeiter und Bauern", die Sowjetunion, Einreisegenehmigungen. Sogar linientreue Kommunisten hofften vergeblich darauf. Viele unter denen, die letzten Endes in anderen Ländern Asyl fanden, sind so der Liquidierung durch das stalinistische Terrorsystem entgangen. Trotz zahlreicher Resolutionen, sogar weltbekannter Persönlichkeiten, kam es unter den Emigranten nicht zu einer Einheitsfront. Da wiederholte sich, was schon während der Weimarer Ära mißlungen war.

Verständlicherweise bemühten sich alle Komitees immer eifriger um Visa. Schon wegen der haufenweise eingeschleusten Nazispitzel und der ungünstigen geopolitischen Lage der Tschechoslowakei hielten sie das für ihre dringlichste Aufgabe. 1933/34 machte sich Maria Schmolka wiedermal auf den Weg nach London. Sie wirkte als treibende Kraft des jüdischen Komitees "HICEM" und war Vorsitzende des "Comité Nationale" und Stellvertreterin des Hohen Kommissars für Flüchtlinge. 200 Visa waren das Resultat ihrer wochenlangen Bemühungen. Für die Masse der Bedrohten ein Tropfen auf dem heißen Stein, aber angesichts der internationalen Mitleidslosigkeit bereits so etwas wie ein triumphaler Sieg.

Ich bemühte mich weiter um neue berufliche Kontakte. Aber bei den Zeitungen der am 1. Oktober 1933 vom Turnvater Konrad Henlein begründeten "Sudetendeutschen Heimatfront" - zwei Jahre später in "Sudetendeutsche Partei" umbenannt - wollte ich mich natürlich nicht anbiedern, obgleich sie erst 1938 den Arierparagraphen einführten. (Eine rein symbolische Geste, denn wohl kein Jude hatte sich je um die Mitgliedschaft beworben.) Wie polemisch sich diese Blätter entwickelten, spürte man sehr bald. Schließlich war kaum noch ein Unterschied zum reichsdeutschen "Völkischen Beobachter" oder dem "Angriff" vorhanden.

Ganz entgegengesetzt der "Sozialdemokrat". Ich bewunderte, wie er bis zur letzten Möglichkeit und trotz aller Bedrohungen seine kämpferische antinazistische Tendenz aufrechterhielt. Aber verständlicherweise bevorzugte die Redaktion Asylanten-Genossen. Und ich war bei aller Sympathie für die Sozialdemokratie kein Mitglied.

Ein paar Tage wollte ich mich in dem schönen Kurort Karlsbad erholen. Nun, da gab es schon 1933 judenfeindliche Exzesse, Flugblätter und Wandschmierereien mit entsprechenden Hetzparolen, ja sogar einen gelegentlichen Boykott "nichtarischer" Geschäfte. Hier und da ertönte bereits der Gruß "Heil Hitler". Auch wurde der feige Mord im benachbarten Marienbad an Professor Theodor Lessing von sehr vielen gutgeheißen. Das erzählten mir Juden und sudetendeutsche Sozialdemokraten, an die ich in Karlsbad empfohlen worden war. Direkt habe ich nichts davon bemerkt. Ich kam nämlich im Sommer, und da herrschte die Parole "Während der Saison kein Antisemitismus". Selbst Gäste koscherer Hotels mit Schläfenlocken und Kaftan wurden auf das Höflichste bedient.

Freund Gerd hatte schlechte Nachrichten von seinem Vater aus Haifa erhalten. Die mächtige Histadrut (Gewerkschaftsbewegung) und die Städte wehrten sich gegen die Kupferhäuser, weil sie als "Fertighäuser" die Arbeitslosigkeit vergrößern würden und auch nicht besonders attraktiv aussahen. Schließlich ließ man gerade noch die vier Häuser, die bereits eingetroffen waren, zu - und aus war der Traum. Die deutsche Herstellerfirma ging bald danach pleite.

Wie Gerd meinte, hätten es die Eltern schwer, sich einzugewöhnen. Daher fühlte sich mein Freund verpflichtet, den Eltern zu folgen, und gab das ehrgeizige Berufsziel, Kieferchirurg zu werden, auf. Für ein "Kapitalistenzertifikat" reichte es immer noch. Seine Entscheidung erleichterte die meine, weiterzuemigrieren. Aus der Prager Presse konnte ich monatlich umgerechnet nicht mehr als hundert Mark herausholen. Das war bereits ein Emigrantenrekord. Nur hatte ich schon rein materiell ehrgeizigere Ambitionen. Meiner Hoffnung nach ließen sich die in Ländern mit weniger Exil-Journalisten eher verwirklichen. Auch war ja eine Rückkehr nach Prag ohne Visum noch jederzeit möglich und geplant. Wie gefährlich dieser zweite, längere Aufenthalt in Prag dann sein würde, konnte ich damals nicht ahnen. Aber so wenig ich im Gegensatz zu vielen anderen Emigranten von einer baldigen Rückkehr nach Deutschland träumte, so sehr war in mir eine heiße Neugier nach möglichst vielen Ländern erwacht. Jenes Fernweh, das mich bis heute beherrscht ...

Als nächste Reiseziele hatte ich mich für Dänemark, Schweden, Norwegen und Finnland entschieden. Weshalb gerade Skandinavien? Jakob Kronika, Berliner Korrespondent der Kopenhagener Tageszeitung "Nationaltidende", war zwar kein Mitglied, aber ein häufiger Besucher der "Diskussionsgemeinschaft politisch Andersdenkender". Daraus ergab sich auch eine enge private Beziehung. Er hatte mich wissen lassen, daß ich durch seine Vermittlung jederzeit eine Eisenbahnfreifahrkarte erster Klasse, gültig für ganz Dänemark, bekommen könnte. Dann hatte ich auch Kontakt mit der finnischen Zeitschrift "Elokuva Aitta", der Illustrieren "Suomen Kuvalehti" in Helsinki und ein paar anderen nordeuropäischen Blättern.

Gelegentlich schaute ich vor 1933 in das Berliner Büro hinein, das einen beachtlichen Teil der Presse aus den skandinavischen Ländern vertrat, um festzustellen, ob etwas von mir erschienen war. Jedesmal gab es eine freundliche Plauderei mit dem Leiter, dem auch die Annoncen-Werbung unterstand. Ich bat von Prag aus meine Mutter, ihn aufzusuchen und von ihm ein paar Empfehlungsbriefe an wichtige Redaktionen zu ergattern. Der Mann, der sich früher recht demokratisch gab, trug nun ein Riesenhakenkreuz am Revers. Trotzdem kehrte meine Mutter mit den wichtigen Empfehlungsschreiben zurück. Vielleicht waren wir für ihn auch die "ausnahmsweise anständigen Hausjuden". Manche Deutsche hatten ja mindestens einen.

In Kopenhagen lebte außerdem ein alter Bekannter, Paul Steinberg, der in die Redaktion der großen liberalen Zeitung "Politiken" zurückgekehrt war, nachdem man ihn als ersten Auslandskorrespondenten mit Dreitagesfrist aus Berlin ausgewiesen hatte. Er war Jude. Die vier nordeuropäischen Staaten verlangten, genau wie die Tschechoslowakei, kein Einreisevisum. Sentimentale Motive kamen hinzu. Seit meiner Kindheit gehörte ich zu den Bewunderern Hans Christian Andersens, dessen Märchen im Gegensatz zu vielen anderen dieses Genres nicht grausam waren und verschlang auch die Werke Sigrid Undsets, Fridtjof Nansens und damals noch Sven Hedins und Knut Hamsuns, deren Bewunderung für Hitler mich später abstoßen sollten. Die Pensionsbesitzerin in Kopenhagen hatte für mich ein besonders schönes möbliertes Zimmer mit Blick auf die Hafenpromenade, "Langelinie", reserviert. Sie kochte ausgezeichnet, war aber launenhaft. Mich als jüdischen Vertriebenen hatte sie in ihr Herz geschlossen. Die Haltung war wirklich nicht untypisch und führte 1943 zur Rettung fast der gesamten in Dänemark lebenden Juden. Darüber später mehr. Steinberg führte mich bei "Politiken" ein, und die Empfehlungsbriefe des gefälligen Berliner Pg. verfehlten nicht ihre Wirkung. Dazu kamen auch Artikel für nicht-skandinavische Zeitungen.

Nach vorheriger Anmeldung konnte ich unter fachkundiger Führung die Königliche Porzellan-Manufaktur besichtigen. Warum die "Neue Zürcher Zeitung" den Artikel darüber veröffentlichte, denn es war ja kein so exklusives Thema, weiß ich nicht, aber es freute mich. Kurz darauf erhielt ich auf Umwegen einen Brief der Königlichen Porzellan-Manufaktur. Nach dem Bericht in der NZZ hätte sie sehr viele Aufträge von Eidgenossen bekommen. Man wolle mir zum Dank etwas aus der eigenen Produktion verehren. Nun ist die "Neue Zürcher Zeitung" sehr pingelig, wie sich Adenauer auszudrücken pflegte. Also fragte ich an, ob ich das Geschenk annehmen dürfe. Die Antwort fiel positiv aus. Meine Reportage sei ja schon gebracht worden. So wäre auch der geringste Verdacht einer Bestechung nicht mehr gegeben. Ich teilte dem Pressechef in Kopenhagen mit, daß ich ständig auf Reisen sei und er die von mir natürlich geschätzte Aufmerksamkeit meiner Mutter zu ihrem nächsten Geburtstag, am 4. April, über die Berliner Filiale zuschicken möge. Sie hatte in besseren Zeiten Porzellan gesammelt und war über die Figur begeistert. Zu meiner großen Überraschung erhielt ich am 4. April des nächsten Jahres wieder einen enthusiastischen Dankbrief von ihr. Pünktlich hatte sie nochmals eine Figur der Königlichen Porzellan-Manufaktur erhalten. Wenige Tage, bevor der ihr schon übermittelte Deportationsbefehl durchgeführt werden konnte, starb meine Mutter 1941. Beide Porzellan-Figuren waren noch rechtzeitig ihrer älteren Schwester, meiner Lieblingstante, die in Marburg wohnte, zugegangen. Bevor diese wieder nach einer mehrmonatigen Haft im Zuchthaus Ziegenhain (Hessen-Nassau) wegen Abhörens des BBC den schweren Weg ohne Rückkehr nach Theresienstadt antreten mußte, wurden die kleinen Kunstwerke der Universitätsprofessorin Dr. Luise Berthold zu treuen Händen übergeben. 1948 erfuhr sie durch Zufall, daß ich am Leben sei und schickte mir wohlverpackt den "Faun" und das "strickende Mädchen" aus feinstem Porzellan. Das gesamte übrige Inventar der Wohnung meiner Mutter war auf Nimmerwiedersehen beschlagnahmt worden. So sah ich die einzigen Gegenstände, die verblieben waren, nun zum erstenmal...

Die Eisenbahnfreikarte nutzte ich weidlich aus. In Odense besichtigte ich Andersens Wohnhaus mit angeschlossenem Museum, das auch viel Wissenswertes über Jenny Lind, die von ihm angebetete "schwedische Nachtigall", darbot.

Erstklassig bedienten mich die Presseabteilungen der Außenministerien aller vier Staaten, auch mit Hochglanz-Fotos. Die "Wochenpost" in Steyl interessierte sich brennend für Königsfamilien und deren prächtige Schlösser. Herausgeber war die "Gesellschaft des göttlichen Wortes". Der Begriff "Arierparagraph" schien für die Steyler Missionare nicht zu existieren. Oder doch? Denn die Honorare wurden nicht direkt, sondern über das holländische Missionshaus abgewickelt. Außerdem wollte man Interviews mit den Bischöfen der katholischen Minderheitskirchen, was manche interessante Bekanntschaft eintrug.

Auch in Schweden spendierte man mir eine Eisenbahnfreikarte. Vom Chefredakteur eines der Blätter des Stockholmer Bonnier-Verlages wurde ich gut beraten. Wer hier etwas erreichen wolle, sollte besser in einer Dachkammer des ersten Hotels als in der Suite eines drittklassigen wohnen. Auf die Adresse käme es an. Ich hielt mich daran, auch nach dem

Krieg, als es nicht so sehr um neue Blätter als um große Interviews ging. Die Mansarde im Grand Hotel war wirklich nicht luxuriös möbliert. Aber ich konnte die hochherrschaftliche Halle mit Blick auf Hafen und Königsschloß, einem architektonischen Meisterwerk, mitbenutzen und dort für mich wichtige Leute treffen.

Als alle abgeklappert waren, zog ich um. Nun wohnte ich weit komfortabler bei einer netten alten Pensionswirtin, die sogar etwas Deutsch sprach. Am Frühstückstisch saß ein norwegisches Ehepaar, merkwürdigerweise durch und durch Nationalsozialisten und Bewunderer Hitlers. Später, in Norwegen, habe ich übrigens keine Nazis mehr kennengelernt. Zu ihrer "Glanzzeit" wurde die Quislingpartei auf zwei Prozent der Gesamtbevölkerung geschätzt.

Während einer Kreuzfahrt durch die Schären gesellte sich eine Gruppe junger Leute zu mir. Dadurch lernte ich Kati N. kennen, deren lange blonde Haare lustig im Wind wehten. Ein englisch sprechender Jüngling dolmetschte. Katis fester Freund befand sich auf einer Auslandsreise, und sie war keine Anhängerin des Solodaseins. Damit das Kind einen Namen hatte, verabredete ich mich mit Kati für den nächsten Tag zum "Deutschunterricht". Bei meiner Wirtin bestellte ich Kaffee und Kuchen. Kurz und bündig meinte sie: "Das nächste Mal brauchen Sie sich nicht in Unkosten zu stürzen. Allerdings muß es schon immer die gleiche Freundin sein."

Gemeinsam unternahmen wir lange Ausflüge. Oft war ich auch in ihre Wohnung eingeladen. Wie sich das für eine Schwedin so gehört, wurde ich königlich bewirtet. Als ich Kati einmal ein Lachsbrötchen spendierte, tat das taktvolle Mädchen so, als hätte es diese Delikatesse zum ersten Mal gegessen. Leider kam dann ihr Freund zurück ...

Im Laufe eines Nomadenlebens ist es schwer, eine Partnerin zu finden. Fast alle Mädchen waren an einer längeren Bindung interessiert. Die Berliner hatten eine schnoddrige Redensart: "Frollein, wollen wir vorher oder nachher eine Tasse Kaffee trinken?" Während der oft unvermeidlichen Ebbe im Portemonnaie hätte ich diese Frage durchaus nicht immer stellen können. Dann war ich froh, daß es für eine Tasse meines Lieblingsgetränks reichte. So viel umwerfende Ausstrahlung hatte ich leider nicht, um mal ein Buch schreiben zu können "Don Juan in der Emigration". Wohl oder übel gewöhnte man sich an die vielen einsamen Abende.

Im schwedisch-norwegischen Grenzort Storlien begann ich eine "kleine" Bergwanderung. Tatsächlich dauerte sie zweieinhalb Tage und zwei Nächte. Glücklicherweise gab es Almhütten, in die man mühelos einsteigen konnte, sowie ausreichend Wasserquellen und Beeren am Weg. Statt Menschen begegneten mir wilde Rentiere. Schließlich wurde ich von Bahnbeamten gefunden und nach Storlien zurückgebracht. Im November 1942 dienten die Pfade, auf denen ich mich verirrt hatte, einem guten Zweck. In Oslo waren die meisten jüdischen Männer von der Gestapo verhaftet worden. Einige Frauen und Kinder teilten bald ihr Schicksal. So wurden auf dem Schiff "Donau" 532 norwegische Juden nach Stettin als erster Leidensstation deportiert. Wie ein Lauffeuer verbreitete sich diese Schreckensnachricht unter ihren Trondheimer Glaubensgenossen. Lappen retteten viele auf Skiern über die Berge nach dem schwedischen Storlien. Bis zum Kriegsende gewährte Schweden insgesamt 930 Juden aus Norwegen Asyl.

Wohl oder übel mußte ich mir vor der Abreise aus Stockholm zwei Zähne plombieren lassen. Dadurch waren die zuletzt verdienten Honorare aufgebraucht. Ich erreichte Oslo mit schwedischen und norwegischen Eisenbahnfreikarten und einem "Vermögen" von zwei Kronen. Den schweren Koffer schleppte ich zum Hotel "Bondehjemmet" (Bauernheim), das mir empfohlen worden war. Die Zimmerrechnung brauchte erst am Wochenende bezahlt zu werden, hingegen jede Mahlzeit sofort. Aber die Norweger sind entgegenkommende Leute, selbst wenn sie einen für überspannt halten. Als ich erklärte, mir würde nach dieser Methode nichts schmecken, einigten wir uns darauf, daß alles zusammen beglichen werden könnte. Schon einen Tag später überreichte ich meinen Empfehlungsbrief aus Berlin dem Chefredakteur der großen Zeitung "Aftenposten". Er nahm gleich zwei Artikel an. Mit dem Honorar war ich für eine Weile saniert.

Auf der Rückfahrt von Bergen nach Oslo stieg ein sportlich wirkender Norweger ins Abteil. "Ich möchte gern mein Deutsch aufpolieren." - mit diesem Satz begann eine stundenlange Unterhaltung. Ganz besonders amüsierten ihn Witze über Hitler, Göring und Goebbels. Fast alle habe ich inzwischen vergessen bzw. verdrängt. Im Speisewagen tranken wir zusammen Kaffee. Erst beim Abschied stellte sich der Norweger vor: "Mein Name ist Sven Nils Oftedal. Ich bin stellvertretender Chefredakteur des 'Stavanger Aftenblad'. Schreiben Sie die Witze für uns nieder. Überhaupt könnten wir Artikel von Ihnen verwenden."

Was ich noch nicht ahnen konnte: diese liberale Regionalzeitung sollte mehrere Jahre hindurch etwa die Hälfte meines Lebensunterhaltes decken. Sehr rasch nach der deutschen Invasion vom 9. April 1940 wurde der Chefredakteur des "Stavanger Aftenblad" amtsenthoben. Wie beinahe die ganze männliche Familie - ein Bruder wirkte nach dem Krieg als Sozialminister - landete er im KZ Sachsenhausen. Sven Nils Oftedal versuchte, das Blatt, so gut es eben ging, ohne Gleichschaltung weiterzuführen. Als sich das als unmöglich erwies, flüchtete er, jetzt selbst gefährdet, über die Berge nach Schweden. Nicht lange danach ruderte der vierzehnjährige Sohn seine Mutter und deren beste Freundin mit ihrem Säugling über einen See zum schwedischen Nachbarland.

Oftedal sollte ich 1965 in Ottawa als Presseattaché der norwegischen Botschaft wiedersehen. Bei einem Glas Sherry erfuhr ich die ganze Fluchtgeschichte. Nein, mit Deutschen wollte er außerberuflich nichts mehr zu tun haben. Damals war diese Haltung für Norweger nicht untypisch. Wir Juden, mit der zweitausendjährigen Tradition der Demütigungen, des Leidens und Verfolgtwerdens, sind da konzilianter, was immer mehr auch für Israelis gilt. Sonst wäre 1990 das vielumjubelte gemeinsame Konzert des Israelischen mit dem Berliner Philharmonischen Orchester nicht durchführbar gewesen.

Lillehammer ist nur ein kleines Städtchen. Wegen seines Freiluftmuseums und in der Hoffnung, Sigrid Undset dort interviewen zu können, fuhr ich dennoch hin. Einer ihrer Söhne - ich kann nicht sagen, ob es der war, der als Widerstandskämpfer im besetzten Norwegen fiel - öffnete mit abweisendem Gesicht die Haustür und wollte mich nicht hereinlassen. "Die Frau muß doch arbeiten." Als ich aber eine Empfehlungsschreiben des norwegischen Bischofs in Oslo, einem gebürtigen Luxemburger, zückte, empfing mich nach Rückfrage die Literaturnobelpreisträgerin von 1928 schließlich doch. Für ihre im 14. Jahrhundert spielende Trilogie "Kristin Lavransdatter" war ihr diese Ehrung zuteil geworden. Aus verschiedenen Büchern der Undset erkennt man, wie viel die etwas grüblerisch wirkende Schriftstellerin über die Frühgeschichte Norwegens wußte. Das Lob dafür wies sie bescheiden zurück: "Alles meinem Vater zu verdanken." Er war Archäologe und hatte sie bereits als ganz junges Mädchen mit dieser Epoche vertraut gemacht. Ursprünglich Malerin, befaßte sich die Undset als Autorin mit der Emanzipation der Frauen. Ihren Mann, den Maler Anders Svarstad, hatte Sigrid Undset 1912 geheiratet. Seit 1925 lebten sie getrennt.

Im gleichen Jahr erfolgte ihre Konversion zum Katholizismus. Seither überwogen bei der Undset Themen mit religiösem Hintergrund. Und plötzlich wurde ich zum Interviewten. Frau Undset wollte in allen Einzelheiten wissen, was ich vom deutschen Nationalsozialismus halte. Vor dieser Gefahr hatte sie seit Anfang der dreißiger Jahre ununterbrochen gewarnt, während sich ihr Landsmann Knut Hamsun der Quisling-Partei anschloß. In dem am 9. April 1940 begonnenen Sechs-Wochen-Krieg blieb die norwegische Patriotin nicht untätig. Nach der Kapitulation gelang die Flucht über Schweden, Rußland und Japan in die Vereinigten Staaten. Sie hörte nicht auf, gegen den Nazismus ihre Stimme zu erheben. Schon 1945 kehrte Frau Undset nach Lillehammer zurück und starb dort am 10. Juni 1949.

In Finnland begrüßten mich die Redakteurinnen und Redakteure, mit denen vorher ja nur ein schriftlicher Kontakt bestand, sehr herzlich. Helsinkis neuere Bauten, so der vielkopierte imposante Hauptbahnhof, trugen die Handschrift des genialen Architekten Eliel Saarinen. Vornehmlich benutzte er die Baustoffe Stahl, Beton, Glas und Granit. Zum Leidwesen der Finnen holten ihn die Amerikaner in die Vereinigten Staaten. Dort revolutionierte er die Wolkenkratzer-Architektur.

Ganz war man in Finnland über den blutigen Bürgerkrieg von 1918 immer noch nicht hinweggekommen. Damals kämpften die "Roten" gegen die unter dem Kommando des zaristischen Exgenerals Freiherr Gustaf von Mannerheim stehende siegreiche "Weiße Garde". Niemand hätte vorauszusagen gewagt, daß er von 1944 bis 1946 Präsident der Republik Finnland sein würde. Und das mit dem Segen des Kreml, obgleich der zum Marschall avancierte Mannerheim im Winter- und Nachfolgekrieg gegen die Sowjetunion auf finnischer Seite den Oberbefehl geführt hatte. Berlin forderte ab 1941 mehrmals die Entlassung aller jüdischen Offiziere. Mannerheim lehnte das strikt ab. Einige wurden wegen ihrer guten Deutschkenntnisse sogar zu Verbindungsoffizieren ernannt, und es gab, wie man mir versicherte, keine peinlichen Zwischenfälle.

Wenn ich mich mit Finnen über Politik unterhielt, so hoben sie immer wieder nicht ohne Stolz hervor, daß ihr Land als erstes Europas 1906 das aktive und passive Wahlrecht für Frauen eingeführt hatte. Dabei befand sich das damalige Großfürstentum noch unter zaristischer Herrschaft mit sehr eingeschränkten Souveränitätsrechten. Als ich die Sozialministerin Tyyne Leivo-Larsen mal danach fragte, warum sie eigentlich das einzige weibliche Regierungsmitglied sei, war die resolute Dame um eine Antwort nicht verlegen. "Das ist doch keine Frage der Galanterie, sondern der Fähigkeit." Im Juni 1990 wurde die Finnin Elisabeth Rehn als erster weiblicher Verteidigungsminister eines westlichen Landes vereidigt. Gesellschaftlich und beruflich waren die Finninnen sehr früh emanzipiert.

Gern wollte ich die damalige Grenze zwischen Finnland und dem großen Nachbarn in Augenschein nehmen. Aber die amtliche Erlaubnis ließ zu lange auf sich warten. So wanderte ich ohne Passagierschein von Terijoki bis Rajajoki. Der meiner Schätzung nach zwölf Kilometer lange Weg führte durch schattige Birkenwälder. Sämtliche Blockhäuser der dazwischenliegenden Bauerndörfer waren rot angestrichen. Rückblickend möchte ich nicht behaupten, daß mich die finnische Grenzwache mit offenen Armen empfing. Nun, ich tat so, als hätte ich nie etwas von einem Sperrgebiet gehört. Man ließ mich frei herumlaufen. Eine rangierende sowjetische Lokomotive, eskortiert von einem finnischen Soldaten mit aufgepflanztem Bajonett, fuhr vorbei. Noch war ja ein freundliches Verhältnis zur Sowjetunion kein vitales Ziel der Helsinkier Außenpolitik.

Über die hohe Grenzbrücke sah man in das für die meisten westlichen Journalisten lange Zeit unzugängliche Nachbar-Imperium. Das weiße Banner darüber verkündete "Proletarier aller Länder vereinigt Euch". Wie ich ja aber schon wußte, gewährte das "Sowjetparadies" selbst bewährten ausländischen Genossen höchst selten Asyl. Ein Mitglied der finnischen Grenzwache brachte mich zum Zug nach Helsinki und wünschte mir höflich "Gute Reise".

Eine wichtige Erkenntnis hatte ich aus den Skandinavien-Erfahrungen gewonnen. Man war nicht abgeneigt, mit mir zu arbeiten. Aber für Manuskripte aus dem nordeuropäischen Raum gab es genug eigene Leute, bei denen auch die Übersetzungskosten wegfielen. Gute Aussichten bestanden jedoch dort, wohin sich skandinavische Journalisten zu jener Zeit selten verirrten. Das bedeutete eine ständige Reisetätigkeit, wie sie sich bereits für die Presse der Schweiz und das noch nicht angeschlossene Österreich als halbwegs lohnend erwiesen hatte. Ich mußte allerdings sehr vorsichtig sein. Keine deutsche diplomatische oder konsularische Vertretung hätte mir geholfen, wenn ich irgendwie in Schwierigkeiten geraten wäre. Trotzdem - das Reisen lockte auch unter beruflichem Aspekt -, ich verließ Skandinavien und fuhr Richtung Balkan.

Auf dem Balkan

Ich wollte mich in dem Teil Mazedoniens umsehen, der seit 1912 zu Serbien und später zu Jugoslawien gehörte. In Belgrad hieß er einfach "Süd-Serbien". Serbisch wurde zur einzigen Amts- und Schulsprache. Dagegen kämpfte die IMRO, die nationalistische "Allgemeine Mazedonische Revolutionäre Organisation". Sie scheute auch vor Attentaten auf prominente Serben und Bombenanschlägen nicht zurück. Publizistisch schaute für mich nicht viel heraus, die Führer der IMRO blieben unauffindbar. Da man aber fast gar nichts über diese Organisation wußte, reichte das magere Ergebnis doch für mehrere Veröffentlichungen. In Skolpje, der Hauptstadt des später von Tito eingerichteten Bundesstaates Mazedonien, war mir das erste Haus, die "Arabska Kuca", zu kostspielig. Ich wählte ein anderes Hotel, das zweitbeste. Mitten in der Nacht wurde ich von der Geheimpolizei aus dem Schlaf gerissen. Sorgfältig prüfte sie meine Papiere. Ein so sparsamer Ausländer konnte ihrer Überzeugung nach wohl nur mit einer der geheimen antiserbischen Gesellschaften verbunden sein. Lauthals verbat ich mir diese Belästigung und hatte nun meine Ruhe. Falls ich die folgenden Tage doch beschattet wurde, geschah es so geschickt, daß ich nichts bemerkte.

Um Brecht zu zitieren: "Erst kommt das Fressen und dann die Moral." Das verursacht Handlungen, die einem normalerweise nie in den Sinn gekommen wären. Mein Berliner Freund Wolfgang Gumpert war mir nachgereist. Er fotografierte, und ich schrieb. In Bosnien reichte einmal die gemeinsame Kasse gerade noch bis zum nächsten Abend. Als kein Kellner sichtbar war, verließen wir das Gartenlokal, nicht ohne schlechtes Gewissen, mit unbezahlter Rechnung. Wolfgang murrte: "Der Beginn unseres Sündenfalls."

Vom patriarchalisch wirkenden jugoslawischen Oberrabbiner Dr. Alkalay - er starb als fast Hundertjähriger im amerikanischen Exil - hatte ich ein "Schnorrdiplom" mit auf den Weg durch das Königreich bekommen. Als in Jajce, in späterer Zeit Titos Partisanen-Hauptquartier, ein jüdischer Geschäftsmann sauer reagierte und stöhnte "Auch die schönste Melodie muß mal ein Ende haben.", packte mich der Jähzorn. Ich brüllte: "Hoffentlich werden Sie irgendwann das gleiche Schicksal erdulden müssen wie ich jetzt!". Nachträglich schäme ich mich. Leider endete sein Leben, wie das fast aller bosnischen Juden, weit schlimmer, nämlich in Auschwitz, Maidanek oder Treblinka.

Nach der ersten Honorarüberweisung aus Stavanger verfügte ich wieder über etliche Dinare. So mietete ich mir im Sarajevoer "Hotel Post" ein Zimmer. Um möglichst spät mit der Rechnung konfrontiert zu werden - ich erhoffte ja baldige weitere Honorare - verteilte ich verhältnismäßig großzügige Trinkgelder und galt wohl als solvent. Nach zwei Wochen aber wollte der geschäftsführende Sohn des Besitzers die Schulden beglichen sehen. Er warf mich hinaus, behielt aber Paß und Koffer zurück. Eigentlich mußte ich noch froh sein, daß keine Meldung an die Polizei erfolgte.

Ein paar Tage nahm mich Abu Cohen, der Korrespondent der seriösen Belgrader Zeitung "Politika", als Gast in seinem Hause auf. (Nachdem der Faschist Ante Pavelic Kroatiens Ministerpräsident von Hitlers Gnaden geworden war, erschlug ihn die SS-ähnliche Ustascha vor den Augen seiner Tochter und nicht-jüdischen Ehefrau.) Natürlich wollte ich Cohen nicht ewig zur Last fallen, obgleich er gegen meinen Auszug protestierte. Jetzt begannen die eigentlich schlimmen Tage. Wieder in einem Gartenlokal schrieb ich von morgens bis abends Reportagen und leistete mir täglich nicht mehr als einen türkischen Kaffee und zwei Semmeln. Als der Hunger zu groß wurde, lernte ich das Klauen. Brot wurde streng bewacht, daher hielt ich mich an Kuchen. Wenn ich heute ein bedürftig aussehendes Kind mit gierigen Augen vor den Auslagen einer Konditorei stehen sehe, kaufe ich ihm immer ein Stück Torte.

Das Obdachlosenasyl dieser multireligiösen Stadt mit ihren zahllosen Moscheen, orthodoxen und katholischen Kirchen und damals zwei Synagogen, öffnete erst um 19 Uhr. Bis dahin mußte ich mich irgendwo herumdrücken. Nach fünf Tagen erhielt ich zwei Honorarüberweisungen - eine vom "Stavanger Aftenblad", die andere von "Elokuva Aitta". Der verständnisvolle Postbeamte zahlte das Geld aus, obgleich ich ihm nur einen längst ungültig gewordenen Lichtbildausweis des Presseverlags Dr. Dammert aus Berlin vorlegen konnte. Damit war die ärgste Durststrecke während der ganzen Emigrationsjahre überwunden. Ohne große Mühe fand ich ein kleines möbliertes Zimmer. Die Honorare trafen ziemlich regelmäßig ein, und ich legte mir ein System zurecht: Jeweils behielt ich die eine Hälfte des Geldes für mich und lieferte die andere beim Hotel ab. Als ich die letzte Rate begleichen wollte, war der Eigentümer dagegen. "Behalten Sie das. Sie haben schon genug gelitten.", meinte er. Sein Sohn schien nicht beglückt, fügte sich aber. Paß und Koffer waren wieder in meinem Besitz. (Nach dem Kriege wurde der alte Herr enteignet und bekam mittags ein Gnadenbrot in der Küche des Hotels, das ihm jahrzehntelang gehört hatte. Meine Einladung zum Essen lehnte er entschieden ab. Die Angst saß ihm im Nacken. Sein Sohn war von den Kommunisten als Kollaborateur hingerichtet worden, was oft schon auf eine nicht gründlich nachgeprüfte Denunziation hin geschah.)

Mich zog es weiter nach Rumänien. In Bukarest war die "Realitataea Illustrata" an Berichten über die skandinavischen Länder interessiert. Passende Fotos wurden von den Presseabteilungen des jeweiligen Außenministeriums zügig nachgeliefert. Auch trafen weitere Honorare, an erster Stelle aus Stavanger, ein. Also konnte ich mir ein ganz ordentliches

Zimmer in der "Pension Ritz" leisten, die einer Dame aus der ungarischen Minderheit gehörte und sehr zentral lag.

Oberlandesrabbiner Dr. Jacob Niemirower vertrat als Senator Rumäniens jüdische Gemeinde, die größte in Europa nach der russischen und polnischen. Dr. Niemirower, übrigens auch ein namhafter Gelehrter, und seine mütterliche, gleichfalls hochgebildete Frau, luden mich oft in ihr gastliches Haus ein. Auf ihn konnte ich mich bei Oberstleutnant Merischanu berufen. Er war einer jener Offiziere, die davon profitierten, daß Königinmutter Maria Hofherren in Uniform um sich haben wollte. Er teilte mir mit, man könne mich gern durch ihr Schloß Cotroceni führen. Daran läge mir weniger, lautete meine telefonische Antwort, aber ich wäre dankbar, wenn der Herr Oberstleutnant mir ein Interview mit der Königinmutter vermitteln könnte. Leicht pikiert brummte der Hofherr: "Könige sind doch kein Zoologischer Garten, den man ohne weiteres besichtigen kann." Jetzt mußte mir schnell etwas einfallen: "Ach, Herr Oberstleutnant, die ganze Welt ist schließlich ein Zoologischer Garten, und die Könige sind die Löwen darin." Lachen am anderen Ende der Leitung. "Majestät mag einen solchen Scherz, ich werde ihn übermitteln."

Schon drei Tage später gab Merischanu die Freudenbotschaft durch: "Morgen um 16.30 Uhr wird Sie Majestät empfangen. Natürlich dunkler Anzug!" Da ich keinen dunklen Anzug besaß, fiel mir das Herz in die (helle) Hose. Zu meiner Überraschung wurde ein Aufschub gewährt. Ich hatte mich mit meinem Zimmernachbarn, einem jüdischen Ingenieur aus Czernowitz, angefreundet. Er lieh mir seinen schwarzen Anzug, der merkwürdigerweise wie angegossen paßte. Ein neuer Termin wurde mit dem Oberstleutnant vereinbart, und ich lief eine halbe Stunde, während der mich die Wache argwöhnisch beäugte, vor der Residenz auf und ab, um auf die Minute pünktlich zu sein.

Im rumänischen Teil des Hauses Hohenzollern-Sigmaringen herrschten merkwürdige Verhältnisse. König Carol regierte zeitweise sogar mit der ultra-antisemitischen Eisernen

Garde zusammen, der ein Attentat auf Oberrabbiner Niemirower mißglückt war. Die Geliebte Seiner Majestät war aber Madame Lupescu, eine Dame rein jüdischer Abstammung. Nach der Scheidung von seiner ersten Frau, der griechischen Prinzessin Helene, heiratete er sie während des Exils.

Dieser Familienkonflikt soll die Königinmutter verbittert haben. Ihre Majestät war eine höchst attraktive Dame. Mit so ziemlich allen europäischen Dynastien verwandt oder verschwägert, beherrschte sie entsprechend viele Sprachen, darunter auch fließend Deutsch. Allgemein bekannt war ihre Verachtung für Wilhelm II.. Oberstleutnant Merischanu begleitete mich in den großen Audienzsaal und wich nicht von der Seite seiner hohen Chefin. Offen gab die Königinmutter zu, es sei ihrem Einfluß zu verdanken gewesen, daß sich Rumänien im Ersten Weltkrieg der Entente angeschlossen hatte, deswegen zu den Siegern gehörte und etliche Territorien dazugewann. Auf dem Schreibtisch stand ein Bild des jugendlichen Enkels Peter II.. Als ich erwähnte, gerade in Jugoslawien gewesen zu sein, wollte sie wissen, ob ich mit ihm zusammengekommen sei. Das mußte ich verneinen, ich verkehrte ja gewöhnlich nicht in königlichen Kreisen.

Hofherr Merischanu führte mich auch hinaus. Ob er ein guter Unterhalter war, konnte ich nicht feststellen. Nach jeder Antwort auf meine Fragen hatte sich die Königinmutter an ihn gewandt: "Und was meinen Sie dazu, Herr Oberstleutnant?" Und stets erwiderte der: "Ganz der Meinung Ihrer Majestät!"

Das Interview mit meinem ersten gekrönten Haupt fand übrigens genau sechs Wochen, nachdem ich das Obdachlosenasyl in Sarajevo verlassen hatte, statt.

Sehr oft vernahm ich die Gretchenfrage "Wie halten Sie es mit dem Zionismus?" Bevor ich mich festlegte, wollte ich erst einmal selber in Palästina gewesen sein. Das war aber alles andere als einfach. Die Briten als Mandatsmacht machten jede erdenkliche Schwierigkeit. In welchem ihrer Konsulate ich auch vorsprach, immer forderte man hundert Pfund (seinerzeit ca. 2000 Reichsmark) Kaution für ein Touristenvisum und blieb unerbittlich.

Nun erteilte aber die rumänische Königinmutter Maria höchst selten Interviews, und wenn doch, sprach es sich schnell herum. Der britische Konsul in Bukarest war über deren verwandtschaftlichen Beziehungen zum Hause Windsor wohlinformiert. Vorher noch eisern ablehnend, gewährte er mir nun das Visum ohne Kaution, warnte allerdings, daß sie bei der Landung doch nachverlangt werden könne. Mehr noch, die sephardische (spaniolische) Gemeinde der rumänischen Hauptstadt spendierte einen Zuschuß. Eigentlich war das Geld nur für rumänische, nach Palästina reisende Publizisten bestimmt. Jedoch meldeten sich zu wenige Bewerber. Schließlich schenkte mir die staatliche Schiffahrtslinie ein Freibillett erster Klasse. Konstanza am Schwarzen Meer war der Starthafen. Bevor ich Europa das erste Mal verließ, dachte ich dankbar an zahlreiche Freundschaftsdienste zurück, die mir ost- und westeuropäische Juden bis dahin erwiesen hatten. Während eines mehrstündigen Aufenthaltes in Alexandria schleifte uns ein Fremdenführer von Synagoge zu Synagoge. Die weltlichen Sehenswürdigkeiten vernachlässigte er, was ich bedauerte. Damals, 1936, lebten in der zweitgrößten ägyptischen Stadt 25.000 Juden. Jetzt schätzt man ihre Zahl - 1948 erfolgte eine Massenemigration, vor allem nach Israel - auf höchstens ein Dutzend.

Bei der Ankunft in Haifa klopfte mein Herz. Aber der Paßbeamte verlangte keine Nachzahlung der Kaution. Zwei Briten und ich - die anderen Passagiere waren rumänische Staatsbürger - wurden als erste ausgeschifft. Da mich Gerd

Neumann am Hafen verpaßt hatte, nahm ich eine Taxe. Unten lag das Industrieviertel. Je höher man hinauf kam, desto schöner und waldreicher wurde die Landschaft, desto herrlicher das Panorama. Das braune, tatsächlich nicht sehr schöne Kupferhaus der Neumanns stand auf dem West-Karmel. Während des subtropischen Sommers und der heißen Chamsine (die Nerven strapazierende Wüstenwinde) spendete es, erstklassig isoliert, angenehme Kühle. Da Vater Fritz Neumann klugerweise schon frühzeitig emigriert war, konnte er noch einen relativ großen Teil seiner Ersparnisse retten. Die drei verkauften Häuser hatten auch etwas eingebracht, und die Familie lebte mietfrei. Noch war der West-Karmel sehr dünn besiedelt. Entsprechend selten kamen die Genossenschaftsbusse, die man mit Handzeichen anhielt. Der Fahrer war ein Souverän. Wer mit ihm Streit anfing, wurde zur Strafe eine ganze Weile nicht mehr mitgenommen.

1936 ist der Jischuw, die jüdische Bevölkerung in Palästina, ein ideales Thema für Journalisten gewesen. Es gab ja noch keine Schwärme von Auslandskorrespondenten der verschiedenen Medien. Auch waren die Juden lebhaft daran interessiert, daß die Welt von ihrer Aufbauarbeit erfuhr.

Die "Jewish Agency" geizte nicht mit Informationen. Ihr Hauptquartier glich einer Festung, allerdings mit architektonischen Reizen. Der Informationschef hatte als deutscher Kriegsfreiwilliger im Weltkrieg ein Bein verloren; er war sehr humorvoll und arrangierte jede gewünschte Verabredung. Im Rahmen des Mandats war die "Jewish Agency" eine öffentlich anerkannte Körperschaft, die die Palästinaregierung beraten und die Interessen des Jischuw wahrnehmen sollte. So der amtliche Wortlaut. Aber der Informationschef flüsterte mir zu: "Praktisch ist sie eine Nebenregierung - und keine einflußlose!" Als 1948 der jüdische Staat proklamiert worden war, übernahm die Regierung die wichtigsten Persönlichkeiten aus der "Jewish Agency". Auch waren, wie ich bald bemerkte, die einzelnen Abteilungen praktisch Ministerien, allerdings mit wenig Personal. Ihre langjährigen Erfahrungen kamen dann der jungen Republik zugute.

Mein erster Gesprächspartner in dem Mammut-Komplex der "Jewish Agency" war Moshe Shertok, nach der Hebraisierung seines Namens Moshe Sharett. Wie viele Pioniere kam er aus dem zaristischen Rußland und war bereits 1908 eingewandert. Es gab wenige Weltsprachen, die Sharett nicht beherrschte. Auch sein Deutsch war fehlerfrei. Sein Tick, mit dem er die Angestellten zur Verzweiflung brachte, war ein hochgestochenes Hebräisch. Briefe und Resolutionen mußten immer wieder geändert und neu getippt werden. Vielen, die sich vom biblischen auf das moderne Hebräisch, nun Ivrit genannt, mühsam umstellten, fiel das nicht so leicht. Im Gegensatz zu manchen seiner Kollegen war Sharett aber ein sanfter und konzilianter Mann. Er leitete die Politische Abteilung. Dieser inoffizielle Außenminister mauserte sich 1948 zum offiziellen. Im Jahre 1936, als ich ihn sprach, hoffte er noch, obgleich die Luft schon sehr dick war, auf ein gutes Verhältnis zu den Arabern. Mein nächstes Interview mit ihm sollte in einem für die deutsch-israelischen Beziehungen sehr wichtigen Augenblick erfolgen.

Ein anderer Gesprächspartner war Menachem Ussischkin, der auch zu den Alt-Pionieren aus Rußland gehörte und fast majestätisch wirkte. Er stand an der Spitze des "Keren Kajemet", des Jüdischen Nationalfonds, und erklärte mir, welche Bedeutung diese Organisation für die Entwicklung des Jischuw hatte. Auf seinem Schreibtisch stand eine der berühmten blauen Blechbüchsen. Weltweit gehörten sie zu jedem zionistischen Haushalt. Selbst Kinder warfen ein Scherflein von ihrem Taschengeld hinein. Ussischkin verriet aber, daß der Landkauf ohne zusätzliche größere Spenden begüterter Mäzene nicht möglich gewesen wäre. Der Boden wurde als Nationaleigentum betrachtet und immer nur auf 49 Jahre verpachtet (mit Verlängerungsmöglichkeit und Erbrecht).

Manche arabischen Großgrundbesitzer trieben übrigens ein Doppelspiel. Für teures Geld verkauften sie Land an die "verfluchten Juden" und finanzierten mit einem Teil davon die Propaganda und Terrorakte gegen sie.

Ebenso wichtig wie der "Keren Kajemet" ist der "Keren Hajesod". Immerhin unterhält er Zweigstellen in 54 Ländern. Dieser, wie man mir selbstbewußt erzählte, größte Entwicklungsfonds der Welt finanzierte die Einwanderung, die Errichtung der Siedlungen verschiedensten Typs und die Infrastruktur. All das verschlang viele Milliarden Dollars.

Sehr aktiv war die deutsche Abteilung der "Jewish Agency". Kein geringerer als Professor Chaim Weizmann, der 1948 der erste Präsident des Staates Israel werden sollte, hatte sie begründet und geleitet. Warum nun war diese Abteilung notwendig? Das erklärte mir einer der engsten Mitarbeiter Weizmanns.

Die Juden aus Deutschland waren nicht selten Opfer der levantinischen Mentalität geworden. Einige mit "Kapitalistenzertifikat" verloren durch unfaire Machenschaften ihre tausend Pfund oder doch einen Teil davon. Wer sich an die deutsche Abteilung wandte - und es wurden immer mehr -, den beriet sie, und er investierte richtig oder ließ sich umschulen. Weizmann holte Wissenschaftler aus dem "geistigen Ausverkauf" Hitlers an die Jerusalemer Hebräische Universität und das nach ihm benannte, 1934 eröffnete Weizmann-Institut in Rechowot. Einige Professoren, die das Dritte Reich freiwillig oder unfreiwillig verlassen hatten, wollte Weizmann der reformfreudigen Türkei als ihrem Asylland abspenstig machen, was allerdings mißlang.

Jerusalem, die heilige Stadt für Christen, Moslems und Juden, machte zu jener Zeit einen etwas verschlafenen Eindruck. Damals wurde es in der Einwohnerzahl von Tel Aviv weit überflügelt. Die Mandatsherren pflegten zu sagen: "Jerusalem ist halb so groß wie der Londoner Zentralfriedhof und doppelt so tot."

Ich langweilte mich aber keinen Augenblick. Das Riesenturmhaus des Christlichen Vereins junger Männer veranstaltete bereits Konzerte, und dort wurden Vorträge in englischer Sprache gehalten, die ich, des Ivrit weit weniger mächtig, mühelos verfolgen konnte. Gegenüber liegt das palastähnliche King David-Hotel. Die geschmackvoll eingerichtete, von Säulen getragene Halle mit ihren kostbaren Teppichen machte einen eher orientalischen Eindruck. Im King David-Hotel stieg jeder ab, der einen Namen hatte, und dort fanden auch die Galaempfänge statt. Aus deren Ablauf oder Zusammensetzung konnte ich meine Schlüsse ziehen. Wenn sich Emir Abdullah im weiten Beduinengewand dort mit dem Hohen Kommissar traf, tranken sie zunächst den obligatorischen türkischen Kaffee und verschwanden dann in einem der Salons. Würden sie einen neuen, nach London weitergeleiteten Teilungsplan aushecken? Hatte der Herrscher aber einen der Notablen, womöglich Mitglied des "Arabischen Hohen Komitees", zu Gast, so ließ das eher auf ein ungünstigeres Nachspiel schließen. Die Spekulationen übermittelte ich dann an meine Blätter. Man traf auch Prominente aus dem Völkerbund, deren Auskünfte immerhin schon ziemlich sichere Prognosen zuließen.

Unbestritten war und ist Jerusalem eine Stadt der Kontraste. In meinem Leben sah ich nirgendwo so viele Geistliche, darunter orthodoxe Popen, Mönche, Nonnen, Klöster und Gotteshäuser der verschiedenen Religionen. Da gab es ein armenisches, ein griechisches, ein koptisches, ein äthiopisches und mehrere arabische Viertel und, wie eigentlich fast zu jeder Zeit, eine jüdische Mehrheit. Mitunter fand ich die heilige Stadt ziemlich unheilig. So ähnelte die Grabeskirche, in der mich schon finstere Blicke verfolgten, einem Basar. Die einzelnen Religionsgemeinschaften unterhielten eigene Altäre, waren wegen jeder Ecke eifersüchtig aufeinander. In marktähnlicher Konkurrenz präsentierten sich Messen und Chöre oft durch- und gegeneinander. Man mußte starke Nerven haben.

Obgleich die arabischen Unruhen noch nicht eskaliert waren, konnte ich mich als Jude in die heilige Al Aksa- und Omar-Moschee auf dem Tempelberg nicht hineintrauen. Es wäre lebensgefährlich gewesen. Daher bewunderte ich nur von außen diese Meisterwerke islamischer Architektur. Erst 1973 konnte ich sie auch innen besichtigen. Noch eindrucksvoller war der Jerusalemer Riesenbasar, nur durch die

Tore der einst zu Verteidigungszwecken angelegten trutzigen Mauern der Altstadt erreichbar. Über das Katzenkopfpflaster trabten sogar noch Kamele und Esel als Lasttiere. In den Buden der Händler fehlte nichts. In kleinen Lokalen wurden Fladenbrot, Schaschlik, Humus, Tchina und andere wohlriechende und schmackhafte arabische Gerichte serviert.

Der Mensch ist bekanntlich ein seltsames Geschöpf. Er mag unreligiös wie ich sein und ist doch als Jude ergriffen, wenn er vor der Westmauer, auch Klagemauer genannt, des zweiten Tempels steht. König Herodes hatte ihn errichten lassen. Hier spürte man, wie uralt dieses Jerusalem ist - die erste Hauptstadt der Juden. Streng getrennt beteten Frauen und Männer vor diesen Überresten des einstigen prachtvollen Tempels. Bei ihrem Anblick verstand ich besser als je zuvor die Gebetsformel am Passahfest: "Und nächstes Jahr in Jerusalem". Nach dem Unabhängigkeitskrieg (1948/49) geriet die Altstadt unter jordanische Herrschaft. Entgegen den Waffenstillstandsbedingungen vom 3. April 1949 ließ man keinen Juden mehr an die Westmauer. Gleiches gilt für den ältesten jüdischen Friedhof auf dem Ölberg, dessen Grabsteine zum großen Teil als Straßenpflaster verwendet wurden. Inzwischen wiederhergestellt, liegt dort auch die letzte Ruhestätte der Dichterin Else Lasker-Schüler.

Das Stadtviertel Mea Schearim setzte mich weniger in Erstaunen als andere Jerusalem-Besucher. Ähnliche kuriose Zustände hatte ich schon im tschechoslowakischen Munkacevo - jetzt Sowjetunion - vorgefunden. Dort waren vier unter zehn Einwohnern Juden. Mehrheitlich trugen die Glaubensgenossen schwarze Kaftane, Schläfenlocken, heroldähnliche Kniebundhosen, weiße Strümpfe und breitkrempige, von Fuchsschwänzen umrandete Hüte. Mit ihrem fanatisch antizionistischen Wunderrabbi ließ sich der herbeireisende Beneš vor jeder Wahl fotografieren und gewann dadurch eine Menge Stimmen.

Im Getto Mea Schearim hat sich die Tracht der Männer nicht verändert. Auf Plakaten werden Touristen herzlich willkommen geheißen, aber ermahnt, züchtig gekleidet zu sein.

Frauen in Hosen, auch nur angedeutetem Dekolleté und nackten Armen würde man mit Sicherheit hinausjagen. Die verheirateten Mea Schearim-Damen legen Perücke oder Kopftuch vom kahlgeschorenen Schädel nicht ab. Selbst Kinder tragen zu jeder Jahreszeit lange Strümpfe. Der Wunderrabbi von Munkacevo hätte sich hier wohlgefühlt. Zwar leben diese mittelalterlich wirkenden Menschen in Israel. Sie sind aber antizionistisch, wollen die Staatsbürgerschaft nicht annehmen, und verweigern die Zahlung von Steuern sowie die Einberufung in den obligatorischen Militärdienst.Dieses pittoreske Viertel der "Hundert Tore" war für die Film- und danach auch für die Fernsehproduzenten immer ein gefundenes Fressen. Zahlenmäßig sind diese Fundamentalisten jedoch bedeutungslos.

Der eigentliche Jischuw und der heutige Staat Israel sind politisch bewußt und bilden die einzige parlamentarische Demokratie des Mittleren Ostens mit einem allerdings sehr zersplitterten Mehrparteiensystem. Schon 1936 war die Arbeiterbewegung verschiedener Schattierungen kaum marxistisch ausgerichtet, aber die bei weitem stärkste Kraft, ohne die nichts lief. Daß seit vielen Jahren im heutigen Israel der rechtsgerichtete LIKUD-Block, wenn auch mit knapper Mehrheit, regiert, wäre damals unvorstellbar gewesen.

Unmittelbar nach dem Besuch von Mea Schearim fuhr ich den Scopusberg hinauf. Eine völlig andere Welt! Gekrönt wurde er von den aus weißem Naturstein geschaffenen Gebäuden der 1925 eröffneten Universität. Der Blick reicht fast über die ganze heilige Stadt und bis hin zum Toten Meer. Ein römisch wirkendes Amphitheater gehört dazu. Zwar galt Judaistik als ein wichtiges Fach, aber sie wurde aus lebensnaher Sicht unterrichtet. Alle Fakultäten waren vertreten, ausgenommen einer juristischen, die erst am 28. November 1949 offiziell eröffnet wurde. Koryphäen lehrten und lehren hier, und es gibt auch wieder einen deutschen Lehrstuhl. Bis zum Generationswechsel stammte etwa die Hälfte der Professoren und Dozenten aus Deutschland und Österreich. Der Rektor, Rabbiner Judah Leon Magnes, war jedoch gebürtiger

Amerikaner. Er erträumte wie viele andere Intellektuelle einen binationalen, jüdisch-arabischen Staat Palästina.

Ein Eilauftrag vom "Stavanger Aftenblad" unterbrach den Jerusalemer Aufenthalt. Am 10. Dezember 1936 hätte Carl von Ossietzky in Oslo den Friedensnobelpreis entgegennehmen sollen. Die Reise nach Oslo wurde ihm jedoch von der Naziregierung verwehrt. So konnte der norwegische König Haakon VII. dem durch die KZ-Haft gesundheitlich schwer angeschlagenen Publizisten nicht das Diplom überreichen. Dies erregte weltweite Empörung.

Oftedal wollte, daß ich für seine Zeitung jemanden auftreibe, der Ossietzky persönlich gut kannte, um ihn zu interviewen. Da war Arnold Zweig genau der richtige. Ich mußte nach Haifa zurück; dort wohnte er auf dem West-Karmel in einem abgelegenen Haus. Mich hatte der Autor der "Novellen um Claudia" und vieler Bücher mit jüdischen und pazifistischen Themen schon immer interessiert. Auf die Schulter eines seiner beiden Söhne gestützt, kam mir der bereits fast Erblindete entgegen.

Zweig nannte Ossietzky einen intimen Freund. Tief empört hatte es ihn, daß der unter Mitarbeit Kurt Tucholskys als Herausgeber der linksliberalen "Weltbühne" zeichnende Pazifist wegen "Landesverrats" verurteilt worden war. Die Anklage stützte sich auf den in dieser großartigen Zeitschrift veröffentlichten Artikel von Walter Kreiser über die schwarze Reichswehr.

Zweig gehörte zu den treuen Freunden, die Ossietzky am 10. Mai 1932, als er seine Haftstrafe antrat, bis zum Gefängnistor Geleit haben. Dann folgten Massenpetitionen, in denen eine vorzeitige Entlassung des unschuldig Verurteilten gefordert wurde. Immerhin unterzeichneten 7000 Organisationen und 43.600 Einzelpersonen, darunter selbstverständlich auch Arnold Zweig.

Am 22. Dezember 1932 wurde Ossietzky auf Grund der Weihnachtsamnestie befreit. Zweig und andere Freunde wollten wissen, was er nun zu tun gedenke. Ossietzky schwebte kein Kuraufenthalt vor: "Nur kurz aufatmen und am 1. Januar wieder die Redaktionsleitung der 'Weltbühne' übernehmen." Voller Bitterkeit erwähnte Zweig, daß Ossietzky nach Hitlers Machterschleichung alle Warnungen, auch seine, in den Wind geschlagen hatte. Schon am 28. Februar holte ihn die Gestapo. Laut den Erinnerungen Carl Burckhardts - Juden und deutsche Antifaschisten schulden ihm wahrlich keinen Dank - fand dieser als Delegierter des Internationalen Roten Kreuzes bei der Besichtigung des KZ Esterwegen einen bis zur Unkenntlichkeit gefolterten und halb verkrüppelten Ossietzky vor. Dank dem Druck der internationalen Öffentlichkeit endlich entlassen, durfte der Friedensnobelpreisträger, zwar unter Bewachung, aber immerhin zusammen mit seiner Frau Maud, an deren Unterschrift in den Listen der "Diskussionsgemeinschaft Politisch Andersdenkender" ich zurückdachte, halbwegs menschenwürdig leben. Welch ungebrochenen Charakter er besessen haben muß! In einem Gespräch mit Hermann Göring lehnte es Ossietzky ab, von sich aus auf den Friedensnobelpreis zu verzichten, obgleich ihm das sicherlich manche Vorteile eingetragen hätte. Er starb, ohne sich von den Folgen der Haft erholt zu haben, am 4. Mai 1938.

1950, d.h. vierzehn Jahre nach meiner Haifaer Begegnung mit ihm, wurde Zweig als Präsident - später Ehrenpräsident - der Akademie der Künste nach Ostberlin gerufen. Dort brachte er den Mut auf, nie eine Resolution gegen Israel mit zu unterschreiben. Wie mich das "Lexikon des Judentums" belehrte, hatte das Folgen. Zweig sei 1967 aus seiner Position als Dekan der literarischen Fakultät der Humboldt-Universität wegen "Israel-freundlicher Haltung" entlassen worden. Ein Jahr später starb er.

Aus Deutschland, wo 1933 etwa 500.000 Juden lebten, waren insgesamt 60.000 nach Palästina gelangt. Ohne die britischen Einwanderungsbeschränkungen wären es weit mehr gewesen. Für sehr viele war das Einleben kompliziert. Zweig zum Beispiel, mit der deutschen Sprache existentiell verbunden, konnte keine hebräischen Bücher schreiben. Rechtsanwälte hatten erst ab 1949 die Möglichkeit, ihr Examen nachzuholen. Auch etliche andere Berufe waren nicht gefragt, und man mußte sich je nach Bedarf umstellen. Formvollendet reichten so "Bauarbeiter" aus Deutschland einander die Steine zu mit "Bitte schön, Herr Doktor" - "Danke schön, Herr Doktor" - "Bitte schön, Herr Doktor". Freilich traf ich in neubegründeten Kibbuzim auch junge Leute aus Deutschland, die brachliegenden Boden rodeten und unter Malariagefahr Sümpfe austrockneten. Aber das waren eher Ausnahmen. Solche Pionierarbeit hatten vor allem die Ostjuden geleistet, die schon seit 1882 eintrafen. Viele von ihnen blickten mit scheelen Blicken auf die Neuankömmlinge, wie übrigens in so manchen Ländern die Einwanderung an sich populärer ist als es die Einwanderer sind. Ein geflügeltes Wort lautete: "Kommen Sie aus Überzeugung oder aus Deutschland?" Bei Differenzen zwischen deutschen und polnischen Juden vermittelten sehr oft die russischen.

Mit der Zeit spürte man, daß der Jischuw den deutschen "Jeckes" auch viel zu verdanken hatte. Von den Wissenschaftlern war ja schon die Rede. Aber Leute mit etwas Geld und Unternehmungsgeist brachten Farbe in den zuvor ziemlich grauen und tristen Alltag. Meist betätigten sie sich in ihrer alten Branche unter beibehaltenen Firmennamen. Dank ihrer Initiative wuchsen zum Beispiel in Tel Aviv Cafés, Hotels und Restaurants aus dem Boden und erregten auch das Wohlgefallen eines sich ausdehnenden Tourismus. Neben der deutschen Abteilung der "Jewish Agency" organisierten sich die deutschsprachigen Immigranten auch selbst. Sie schufen die "Hitachdut Olej Germania", scherzeshalber die "ollen Germanen" genannt, mit einem Hilfsfonds aus freiwilligen Beiträgen der etwas Begüterten. Bei manchen ihrer kulturellen Veranstaltungen war ich zugegen und arbeite heute noch gelegentlich für ihr Mitteilungsblatt "MB".

Unter den Jeckes, die nicht erst wegen Hitler nach Palästina ausgewandert waren, traf ich Dr. Arthur Ruppin, einen gebürtigen Rawitscher. Er war als Soziologe, Universitätslehrer und Autor bahnbrechender Bücher hervorgetreten.

Zunächst bekam ich den Eindruck eines kühlen, in sich gekehrten Mannes. Aber sobald das Eis gebrochen war, spürte man das Feuer, das immer noch in diesem Pionier loderte. Er propagierte die Idee der Kibbuzim (Gemeinschaftssiedlungen), durch die die Landwirtschaft des Jischuw zu blühen und Früchte zu tragen begann. In einem Gespräch mit Weizmann regte Ruppin auch die Schaffung einer ausschließlich jüdischen Stadt in Palästina an. Viele fanden den Gedanken utopisch. Nicht so Weizmann! 1909, nur ein Jahr nach Ruppins Einwanderung, wurde mit dem Bau begonnen. Bekanntlich ist aus den mühselig abgetragenen Dünen nördlich von Jaffa die lebenssprühende Großstadt Tel Aviv, zu deutsch "Frühlingshügel", geworden.

Dort konnte ich schon 1936 Kultur "tanken". Das Programm der "Habimah" entsprach noch sehr ihrem Traditionsbewußtsein. 1929 kam das Theaterensemble aus Rußland herüber und hatte dort schon Triumphe gefeiert. Aber es gab auch ganz moderne Bühnen. Leopold Jessner, von 1919 bis 1930 Intendant des Berliner Staatlichen Schauspielhauses und Generaldirektor der Preussischen Staatstheater, mußte in Palästina sehr zurückstecken. Sein klägliches Zimmer in einer Tel Aviver Pension hätte die einstige Prominenz dieses Mannes nicht ahnen lassen. Als Gastspielregisseur inszenierte er Klassiker, an erster Stelle Shakespeare. Die Schwierigkeit auch für ihn war die Sprache; Ivrit beherrschte er nicht und mußte sich auf Dolmetscher verlassen. Ich hatte das Glück, auch schon das Symphonische Orchester genießen zu können. Von Bronislaw Hubermann war es ja erst 1936 begründet worden.

Der Kunsthistoriker Dr. Karl Schwarz, in München geboren, hatte in Berlin das Jüdische Museum geleitet. Als Direktor des Jüdischen Museums in Tel Aviv mußte er nun die üblichen finanziellen Startschwierigkeiten überwinden. Zu den Exponaten des Museums gehörte ein Brief von Max Liebermann. Darin versicherte er den Jischuw aller erdenklichen Sympathien, wollte aber einer Einladung nach Palästina keine Folge leisten. Sinngemäß schrieb er, man dürfe einen so alten Baum nicht mehr verpflanzen. Vereinsamt starb er 1935 in seinem Wannseer Haus. Frau Liebermann beging Selbstmord, als sie deportiert werden sollte. Das Haus des Jüdischen Museums, in dem dann am 14. Mai 1948 der Staat Israel proklamiert wurde, war ein Geschenk Meir Dizengoffs, des Mitbegründers und Bürgermeisters von Tel Aviv. Obgleich in Bessarabien geboren, sprach er fehlerfrei Deutsch. Das Hauptthema unseres Gesprächs: der kleine neugeschaffene Tel Aviver Hafen. Seine Einweihung war eine Art Nationalfeiertag. Wegen der vielen arabischen Streiks wollte man von den Häfen Jaffas und Haifas einigermaßen unabhängig sein. Im Staat Israel dient er später nur noch der Fischerflotte. Dizengoff, der ein Stück Europa im Mittleren Osten schuf, hinterließ bei mir einen unauslöschlichen Eindruck.

Ein respektabler Tel Aviver Gebäudekomplex beherbergt die einzigartige Gewerkschaftsföderation "Histadrut". Sie war nicht nur eine Mitgliederorganistion, der die meisten Arbeiter und Angestellten angehörten, sondern besaß auch eigene Industrien und kontrollierte Einrichtungen auf genossenschaftlicher Basis, unter ihnen landwirtschaftliche Siedlungen.

In Palästina konnte man überall Menschen mit ungewöhnlichen Biographien und ungewöhnlichen Fähigkeiten treffen. Da war z.B. der in Rußland geborene Ingenieur Pinchas Rutenberg. Ganz informell empfing er mich im Wasserkraftwerk Tel Or. Der Herr Direktor begleitete den Journalisten persönlich auf einem langen Rundgang durch die komplizierten technischen Anlagen, die ich ebenso imponierend wie undurchschaubar fand. Bei einem Glas Tee erfuhr ich dann, wie das Ganze geklappt hatte. Nach dem Ersten Weltkrieg, als die jüdischen Rechte in Palästina verbrieft waren, arbeitete er das Projekt einer hydroelektrischen Nutzung der Jordanfälle aus. Anfangs waren die nicht gerade phantasiebegabten Mandatsbehörden skeptisch. Schon 1926 ernannten sie ihn aber zum Regierungskonzessionär. Unter britisch-jüdischer Beteiligung gründete und lenkte Rutenberg die "Palestine Electric Corporation". Also erlangte der Jordan durch diesen Meisteringenieur eine bis heute fortbestehende lebenswichtige Bedeutung.

Der Großindustrielle Moshe Novomeysky - Geburtsort das sibirische Barguzin - hatte an der Berliner Universität studiert. Wieder in Rußland, glückte ihm eine Separierung von Mineralien durch einen Gefrierprozeß. Nach seiner Meinung mußte das genauso bei extremer Hitze glücken. Das Tote Meer, in dem man, ohne schwimmen zu können, nicht untergeht und das von Fachärzten zur Heilung vieler Hautkrankheiten empfohlen wird, hielt Novomeysky für ein erfolgversprechendes Experimentierfeld. Doch der brutale, seinerzeit Palästina beherrschende türkische Sultan Abdul Hamid verweigerte die Genehmigung. Erst 1911, zwei Jahre nach Absetzung des Tyrannen, gestattete man Novomeysky die Entnahme einiger Wasserproben.

Schließlich eröffnete er 1920 die ersten Laboratorien am Toten Meer. Seine eigenen Mittel waren beschränkt, und die zionistische Organisation konnte zu diesem Zweck noch keine aufbringen. Schließlich sprangen zwei Nichtjuden, der britische Industrielle Leslie Urquart und Baron von Ofen, ehemals österreichischer Botschafter in St. Petersburg, als finanzkräftige Geldgeber ein. So konnte 1930 endlich die "Palestine Potash Company Ltd.", gegründet werden. Weltweit waren ihre Produkte, Pottasche, Brom etc., praktisch konkurrenzlos. Zur Gründerzeit ahnte noch niemand, welche Bedeutung sie für die Alliierten im Zweiten Weltkrieg haben würden. 1952 sah ich den erstaunlich rüstigen 79jährigen in Jerusalem wieder.

Meine Runde durch die Kibbuzim, darunter auch einige von Juden aus Deutschland begründeten und geführten, ließ mich erkennen, daß der Lebensstandard noch relativ niedrig war. Andererseits wurden die Mitglieder von der Wiege bis zur Bahre versorgt, was später eingetroffene, nicht mehr arbeitsfähige Eltern mit einschloß. So mag neben Idealismus bei manchen auch Lebensangst ein Grund für den Eintritt in einen Kibbuz gewesen sein. Erstaunlich übrigens, was einige

Gemeinschaftssiedlungen auf kulturellem Gebiet zu leisten vermochten. Ohne die Kibbuzim und Siedlungen anderen Typs hätte der Jischuw die große Bewährungsprobe von 1936 nicht heil überstanden.

Man nahm an, daß die Levante-Messe in Tel Aviv das Ereignis des Jahres sein würde. Tatsächlich aber war es der arabische Generalstreik. Die Araber meinten, daß das britische Versprechen, ihnen als Belohnung für die Revolten gegen die Türken im Ersten Weltkrieg die Selbständigkeit fast aller Territorien dieser Region zu gewähren, auch ganz Palästina einschloß.

1936 stand das "Arabische Hohe Komitee" unter Führung des berüchtigten Mufti von Jerusalem, Amin el-Husseini, der sich selbst zum Großmufti ernannte und später für Hitler bosnische Freiwillige rekrutierte. Er wollte aufs Ganze gehen und den Jischuw aushungern. So wurde der arabische Generalstreik proklamiert. Wer ihm nicht Folge leistete, hatte mit harten Repressalien zu rechnen.

Der schon vorher heftige Terror gegen die jüdischen "Kinder des Todes" wuchs nun noch an. Aber auch die jüdische Hagana (Selbstwehr) trat offensiver in Erscheinung. Zu Beginn ihrer Existenz war es die einzige Aufgabe, abgelegene Siedlungen zu schützen und, wenn sich arabische Überfälle ereigneten, zu verteidigen. Durch die zugespitzte Lage wurde aber aus der Hagana eine reguläre unterirdische Armee mit eigenem Geheimdienst. Daß sie von jüdischen Hilfspolizisten, die von der Mandatsmacht angeworben waren, Nachrichten und Warnungen erhielt, wußte ich, hütete mich jedoch, es zu schreiben.

Turnusmäßig mußte während der Unruhen jeder jüdische Mann auf den meist flachen Dächern Wache stehen. Vom diensthabenden Hagana-Offizier bekam ich ein Gewehr umgehängt. Meine Feststellung, ich könne gar nicht schießen, ließ ihn kalt: "Auf jeden Fall macht eine Waffe auf die Araber Eindruck." Immerhin erlernte ich die Handhabung der Lichtsignale. Mit einer Riesentaschenlampe gab man dem Hauptquartier Blinkzeichen. Es befand sich im

Hotel Teltsch, zu jener Zeit das höchste Haus auf dem West-Karmel.

Was vielleicht viele Juden selbst nicht vorausgeahnt hatten: dank der landwirtschaftlichen Siedlungen waren sie verpflegungsmäßig autark. Ja, es kam nicht mal zu einer Rationierung. Hingegen hatten die streikenden Araber ihre zahlungskräftigsten Kunden verloren. Was tun? Die Briten wollten eine weitere Zerrüttung der arabischen Wirtschaft in ihrem Mandatsgebiet vermeiden. Andererseits wußten sie, daß es für die meisten Orientalen nichts Schlimmeres gibt, als das Gesicht zu verlieren. Daher veranlaßte man die Herrscher von Transjordanien, Irak, Saudi-Arabien und dem Jemen, ihre palästinensischen Brüder zur Beendigung des Generalstreiks zu überreden. Unter diesem Mäntelchen konnte das dann im Oktober 1936 ohne großen Prestigeverlust geschehen. Sofort ließ sich der alte arabische Gemüsehändler mit seiner Karre wieder bei Frau Neumann blicken und verkaufte ihr etliche Kilo Zitrusfrüchte. Mit großer Geste legte er zwei Gratisorangen dazu: "Bakschisch".

Vieles war in die Schwebe geraten. Es gab steigende Tendenzen unter den Juden für einen bi-nationalen Staat mit paritätischer Besetzung der Institutionen. Auch einige Araber sollen dieser Idee nicht negativ gegenüber gestanden haben. Nur verlangten sie, daß der jüdische Bevölkerungsanteil nie 35 oder 40 Prozent übersteigen dürfe - eine für die jüdische Seite unannehmbare Bedingung. Praktisch waren danach alle ohnehin spärlichen Kontakte zwischen Arabern und Juden eingefroren.

1936 begann auch die Arbeit der von der britischen Regierung eingesetzten Peel-Kommission. Sie trat für eine Teilung Palästinas ein. Zwar hätten sich die Juden mit einem Zwergstaat begnügen müssen, aber der Pragmatiker Ben Gurion, ursprünglich Vorkämpfer für ein jüdisches Groß-Palästina, bejahte nun eine solche Mini-Lösung - unter heftiger Opposition seines eigenen Sohnes, Golda Meirs und einer beachtlichen Mehrheit innerhalb der "Jewish Agency".

Im Dezember erwischte mich ein Mitglied des Immigration Office mit meinem längst abgelaufenen Touristenvisum. Freund Erich Wilde, dessen Vater in Deutschland eine Sektfabrik besaß und der jetzt als Träger von Limonadenkisten an schwere Lasten gewöhnt war, schleppte meinen Koffer an Bord des Schiffes. Ich sollte ihn nie wiedersehen. 1948 fiel er der Kugel eines arabischen Heckenschützen zum Opfer. Meine Reise mußte ich diesmal mit mühselig zusammengekratztem Geld selbst bezahlen. Am 24. Dezember 1936 landete ich in Istanbul. Der Kontakt zu Palästina riß aber nicht ab. Ich erfuhr von den unbarmherzigen Maßnahmen der Briten, die die Einwanderung von Juden trotz ihrer Bedrohung durch die Nazis einschränkten; von Schiffen, die nicht landen durften und dann mit unzähligen Opfern im Meer versanken und vom Zweifrontenkrieg der Jischuw gegen Araber *und* Briten.

In der Türkei

In der Türkei von 1937 wehte ein frischer Wind der Reformen. Ich war am Ende jenes Jahres eingetroffen, das die Türken von einer als beschämend empfundenen Souveränitätsfessel befreite. Der Türkei wurde wieder erlaubt, die Dardanellen zu befestigen und im Kriegsfall feindlichen Schiffen die Durchfahrt zu verweigern. Die 65 Kilometer lange Wasserstraße zwischen dem Ägäischen und dem Marmarameer hatte eine eminent strategische Bedeutung. Wieso nun wurde die Türkei 1936 mit der notwendigen Zustimmung von elf Staaten wieder alleinige Schlüsselbewahrerin der Meerenge? Man begann, die Expansionslust der faschistischen Mächte zu erkennen und wollte ihr einen Riegel vorschieben.

Mit dem Embryologen Professor Dr. Karl Löwenthal lebte in Istanbul einer meiner Vetter so und sovielten Grades.

Jedenfalls lernte ich ihn erst jetzt kennen und wir siezten uns. Er brachte mich zu den Bukofzers, deren gutbürgerlich eingerichtete Wohnung der freundliche Beginn eines fünfzehnmonatigen Türkeiaufenthaltes war.

Eigentlich wollte ich schon den nächsten Morgen mit einem Rundgang durch die weltberühmten Sehenswürdigkeiten Istanbuls beginnen. Aber Löwenthal empfahl mir: "Schauen Sie sich doch erst mal die beste deutsche Universität an. Bestimmt wird sie aktuelleren Stoff für Ihre Berichte bieten."

Auf dem Weg zu dieser Institution erfuhr ich von ihm, daß sich dort Revolutionäres ereignet hatte. Professor Albert Malche, ein bekannter Pädagoge und zeitweiliger Erziehungsdirektor des Kantons Genf, war vom türkischen Unterrichtsministerium beauftragt worden, eine radikale Universitätsreform durchzuführen. Treibende Kräfte waren Atatürk und sein Ministerpräsident Ismet Inönü. Mit der Durchführung der Universitätsreform war man keineswegs zimperlich. Die noch stark vom islamischen Geist geprägte "Dar-ül-Fünun" (Tor der Wissenschaft) wurde am 31. Juli 1933 ohne viel Federlesens aufgelöst. An ihre Stelle trat nun die "Istanbul Üniversitesi" mit einem "Rektör" statt einem "Reis". Es gab auch keine "Müderes" mehr, sondern "Professören". Bewußt entsprachen diese Titeländerungen der Anpassung an den Westen. Von 240 türkischen Professoren, Dozenten, Oberassistenten und Assistenten wurden 157 fristlos entlassen. "Klub der Selbstmörder" nannten sich diese Ausgebooteten selbstironisch und nicht ohne Verbitterung.

Aber wie war es nun zu der Bezeichnung "beste deutsche Universität" gekommen? Um das aus erster Hand zu erfahren, brachte mich Löwenthal zu dem in Ungarn geborenen Dr. Philipp Schwartz. Er hatte der Frankfurter Universität sechs Jahre hindurch als Professor für Allgemeine Pathologie und Pathologische Anatomie gedient. Mit sichtlicher Genugtuung berichtete Schwartz über eine geradezu phantastische Erfolgsgeschichte. Zürich war der Ausgangspunkt. Dort hatten einige Universitätslehrer und sonstige namhafte Akademiker aus dem Dritten Reich die "Notgemeinschaft deutscher Wissenschaftler im Ausland" begründet. Schweizer Gönner unterstützten sie und sorgten auch für ein bescheidenes Büro. Die international vielgelesene "Neue Zürcher Zeitung" berichtete darüber. Zwar war die Notiz nicht länger als drei Zeilen, dennoch ließen sich innerhalb nur weniger Tage über tausend emigrierte deutsche Universitätsprofessoren, Dozenten, Assistenten und sonstige Akademiker registrieren. Für diese schändlich Entwürdigten, Entrechteten und ihrer Existenz Beraubten endlich doch ein Hoffnungsschimmer ...

Von Professor Schwartz wollte ich erfahren, aus welchen Gruppen sich die "Notgemeinschaft" zusammensetzte. Vor allem waren es die "Blutsfremden" (Nazijargon). Das im April 1933 erlassene "Gesetz zur Wiederherstellung des Berufsbeamtentums" hatte ihre fristlose Entlassung zur Folge. Ausnahmen waren ehemalige Frontkämpfer und wenige andere, die aber, soweit es sich um Juden handelte, 1935 auch daran glauben mußten ("Nürnberger Gesetze"). Andere entschlossen sich wegen "jüdischer Versippung" zur Auswanderung, vor allem wegen ihrer "belasteten" Ehepartner. Und schließlich verließen "arische" akademische Antifaschisten das Dritte Reich, weil sie entweder politisch nun nicht mehr "lupenrein" waren oder dem Hitlerregime aus Gewissensgründen nicht dienen wollten.

Ende Mai 1933 ereignete sich etwas Mysteriöses. Eine Postkarte mit unleserlicher Unterschrift informierte die "Notgemeinschaft", daß in der Türkei eine Universitätsreform unter Professor Malche vorbereitet würde. Man fragte nach, und die Antwort fiel vielversprechend aus. Ja, es bestünde eine Chance für drei Professoren. Nach einem verhältnismäßig kurzen Briefwechsel entschloß sich die "Notgemeinschaft", Professor Schwartz, ihren Leiter, in die Türkei zu entsenden. Am 6. Juli 1933 begannen dann in Ankara seine Gespräche mit dem Unterrichtsminister Professor Resit Galip, in dessen Reformkommission auch Malche Mitglied war. Schwartz hatte an eine Verhandlung von höchstens anderthalb Stunden gedacht. Es wurden aber sieben - fast ohne Atempause. Immer von neuem stellte Galip dem hochbeglücktem Schwartz die Frage: "Könnten Sie uns wohl einen Professor für ... vorschlagen?"

Um die Verbindlichkeit zu unterstreichen, wurde am Ende der Unterredung ein Dokument aufgesetzt und so feierlich wie ein Staatsvertrag unterzeichnet. Darin waren bereits alle Einzelheiten enthalten, selbst die Höhe der Gehälter und die Übernahme der Reise- und Umzugsspesen durch die türkische Regierung. Ursprünglich hatte Malche an Universitätslehrer aus verschiedenen Ländern gedacht. Jetzt aber, da er durch den Bericht von Schwartz die Not und die Fähigkeiten der deutschen Emigranten realisierte - ab 1938 kamen noch österreichische hinzu -, war der Schweizer Menschenfreund mit einem "Monopol" für sie einverstanden.

Schwartz eilte sofort zum Postamt und telegrafierte nach Zürich: "Nicht drei, sondern dreißig!" Aber auch die Reformer Atatürk und Inönü rieben sich die Hände. Sie hatten geglaubt, daß es mindestens fünf, wenn nicht zehn Jahre dauern würde, bevor man die notwendigen Ordinarien und sonstigen akademischen Lehrkräfte für die Istanbuler und andere Hochschulen zusammentrommeln könnte. Nicht wenige Türken erklärten mir schmunzelnd, Hitler müsse eigentlich ein Denkmal gesetzt werden. Ohne ihn hätten ihre Söhne und Töchter keine so hervorragenden Universitätslehrer bekommen.

Professor Schwartz, der nach einem Züricher Zwischenaufenthalt in die Türkei zurückkehrte und die Verhandlungen weiterführte, konnte schon bis zum Ende des Schicksalsjahres 1933 über 150 Mitglieder der "Notgemeinschaft" unterbringen. Ihnen folgten ein nicht unbeträchtlicher Familienanhang und bewährte Mitarbeiter. Man schöpfte langsam wieder Mut. Nach vielen Selbstmorden waren keine neuen zu beklagen.

Letzten Endes blieben Querschüsse, so des Chirurgen Professor Ferdinand Sauerbruch, der auf Grund alter Beziehungen mehrheitlich nicht gefährdete Lieblinge einschleusen wollte, erfolglos. Auf der anderen Seite förderte Dr. Wilhelm Fabricius, der Istanbuler deutsche Generalkonsul, die "akademischen Gastarbeiter" nach bester Möglichkeit und erteilte ihnen unschätzbare Hinweise. Als späterer Gesandter in Bukarest wurde er vom Auswärtigen Amt wegen "judenfreundlicher Haltung" abberufen.

Nach einigem Bedenken nahm auch Schwartz die Berufung an die Istanbuler Universität an. Sein Nachfolger in der "Notgemeinschaft" wurde der unermüdliche Professor Fritz Demuth. 1935 hatte man das Büro nach London verlegt. Das türkische Beispiel übte Signalwirkung aus. Plötzlich realisierten auch andere Länder, daß man sogar unter Ordinarien in beliebiger Zahl seine Wahl treffen könnte. Bis 1937 konnte die "Notgemeinschaft" global 1600 wissenschaftliche Arbeiter vermitteln. Indirekt waren es weit mehr. Ich versuchte damals, wen immer von diesen "Elite-Emigranten" zu interviewen, und beabsichtigte, in ruhigeren Zeiten ein Buch über sie zu schreiben. Aber auch dieses Material büßte ich 1939 bei der Flucht aus Prag ein.

Professor Rudolf Nissen, vorher an der Berliner Charité tätig, war nicht nur Universitätsprofessor, sondern auch Direktor der ersten Chirurgischen Universitätsklinik in Istanbul. Seine erfolgreichen Operationen machten ihm zum Idol der türkischen Patienten. Aus Dankbarkeit nannten viele ihre Söhne "Nissen" - wahrlich kein türkischer oder auch nur moslemischer Vorname!

Was nicht nur für ihn galt: operiert wurde am laufenden Band. Für die türkischen Assistenten und vor allem die Medizinstudenten brachte das große Vorteile. In einem Vierteljahr erlernten sie mehr als normalerweise während der ganzen Studentenzeit. Aber die Ausbildung neuer Mediziner war auch eine vitale Notwendigkeit. Wie mich die amtliche Statistik von 1932 belehrte, hatte die Türkei bei damals fünfzehn Millionen Einwohnern nur 2500 Ärzte, und die praktizierten hauptsächlich in den wenigen Großstädten. Kein Wunder also, daß Kliniken und Krankenhäuser überlastet waren.

Dr. Wilhelm Liepmanns Name hatte als Professor für Frauenheilkunde und Direktor des Charlottenburger "Cecilienhauses" einen ebenso renommierten Klang wie der Paul Strassmanns. Dort gekündigt, war er dem Ruf nach Istanbul gern gefolgt. Liepmann leistete neben seiner Lehrtätigkeit beinahe Übermenschliches als Direktor der Universitätsfrauenklinik. Zufrieden berichtete er mir von erheblichen Fortschritten. Lange Zeit hätte man drei Frauen in einem Bett behandeln müssen, jetzt nur noch zwei. Auch Erfolge sind relativ ...

Eine besonders große Freude machte mir das Wiedersehen mit dem Professor für Naturphilosophie und Physik Hans Reichenbach. Wir kannten uns recht gut aus Berlin. Von Reichenbach kam der Vorschlag, mich doch einmal mit seinen Studentinnen zu unterhalten. Es wäre schon lohnend, denn die Emanzipation der Frauen sei ja schließlich keine Nebenerscheinung der gesellschaftlichen Reform. 1925 hatte Atatürk den Schleierzwang abgeschafft. Gelegentlich riß er sogar höchst persönlich einer Dame die ihm widerlich erscheinende Vermummung vom Gesicht. Nun, bei den jungen Mädchen, die im Vorlesungssaal der Philosophischen Fakultät auf mich gewartet hatten, war das nicht mehr nötig. Reichenbachs Dolmetscher und der nachmalige "Professör" Nusret Hizir, der auch sein Biograph war, hatte sich als mein Übersetzer zur Verfügung gestellt.

Ausnahmslos wirkten die Studentinnen munter, beantworteten die Fragen ohne jede Scheu und gingen modern gekleidet. Für sie galt Atatürk als Befreier von jener qualvollen "Sklaverei", unter der ihre Mütter gelitten hatten: die Polygamie (bis zu vier Frauen), die Atatürk offiziell verboten hatte, das Schleiertragen und die beschränkten Bildungsmöglichkeiten.

Istanbul war auch die Stadt der großen Buchverlage und aller überregionalen Zeitungen bis auf eine in Ankara. Obgleich autoritär regiert, war in der kemalistischen Türkei die Presse lange nicht so gleichgeschaltet wie die Nazideutschlands. Außenpolitisch herrschte größte Freizügigkeit. Das entsprach auch der Ankaraner Regierungstaktik. Zwar wurden die illegalen türkischen Kommunisten ohne Erbarmen eingesperrt. Aber ein Blatt konnte wohlwollende Reiseberichte über die Sowjetunion bringen. Man wollte sich in den auswärtigen Beziehungen nach allen Seiten hin absichern. Einer der Atatürk am nächsten stehenden Chefredakteure schlug dem italienischen Botschafter während des Aggressionskrieges gegen Abessinien (Äthiopien) vor, Mussolini publizistisch zu unterstützen. Dann aber nannte er seinen Preis. Entsetzt meinte der hohe Diplomat, so viel sei dem Duce ganz Abessinien nicht wert. Woraufhin sich der bewußte Chefredakteur für Kaiser Haile Selassie entschied.

Was die Emigranten-Professoren anbetraf, hatte man sich in Berlin für ein Doppelspiel entschieden. Deutschland wollte mit der strategisch wichtigen Türkei jeden offenen Konflikt vermeiden. Schließlich lieferte sie ja der ständig expandierenden Waffenindustrie auch Eisen und - genau wie nach Großbritannien - Chrom. Daher entschloß man sich, von der Türkei angeforderte Professoren sogar aus KZ's zu entlassen. Das waren Dr. med. dent. Alfred Kantorowicz, Dr. phil. nat. Friedrich Dessauer, einst auch Reichstagsabgeordneter des Zentrums, den die Istanbuler Universität zum Direktor des Radiologischen Instituts machte, und Dr. rer. pol. Gerhard Kessler, Gründer der ersten türkischen Gewerkschaft. So weit, so gut.

Aber hinter den Kulissen wurde deutscherseits, bestimmt nicht ohne finanzielle Draufgabe, die Hetzkampagne einer großen Zeitung angeheizt: Viele Professoren erfüllten angeblich nicht den Vertrag, nach spätestens drei Jahren ihre Vorlesungen auf türkisch zu halten, schrieben zu wenig Lehrbücher etc. Es gab die Gegenstimme des Chefredakteurs eines liberalen Blattes, dem nun von der anderen Seite sogar seine jüdische Abstammung vorgeworfen wurde (etwas spät, man mußte schon auf die Vertreibung aus Spanien von 1492 zurückgehen). Lange rührte sich in Ankara keine Hand. Dann erklärte die Regierung, es gäbe keine berechtigten Vorwürfe gegen die Emigranten-Professoren und sie sei mit ihnen sehr zufrieden. Ohne drohend erhobenen Zeigefinger war es nun aus mit der Pressefehde.

Nachdem ich mich in Istanbul ein wenig umgesehen hatte, wollte ich Ankara, die Hauptstadt der kemalistischen Türkei kennenlernen, von der alle Reformen ausgingen. Yenisehir, der moderne Teil Ankaras, war zur Villen-, Park- und Gartenstadt geworden - ein wahres Wunder in der Steppe. Aber die ländliche Atmosphäre ging nicht ganz verloren. Zwischen Villen und Gärten lagen Weinberge und Geflügelhöfe. Von den "akademischen Gastarbeitern" trauerte mancher seiner weggelaufenen Ente nach. Vielleicht hatte man sie auch gestohlen.

Eine Sehenswürdigkeit war der überdimensionale Jugendpark mit seinen künstlichen Teichen. Es gab auch lohnende Ausflugsziele. Gazi Çiftlik, Atatürks schönes Mustergut, an dem er mit ganzem Herzen hing, wurde der Öffentlichkeit zugänglich gemacht. Mit seinen Gärten, einer Molkerei und Restaurants aller Preiskategorien war das Gut an Sommerabenden und den Wochenenden ein Lieblingsaufenthalt der Hauptstädter. Dort beobachtete ich zum erstenmal, wie man Joghurt, eigentlich eine bulgarische Erfindung, herstellt und genoß ihn auch in flüssiger Form als "Ayran". Viele lockte und lockt die "Baraj" an. Um dieses Wasserreservoir zieht sich ein Wäldchen mit Picknickplätzen und Freiluftlokalen, die ideale Oase in der wasserarmen anatolischen Steppe. Nun war Ankara schon seit dem 23. April 1920 Sitz der Großen Nationalversammlung und ihres Präsidenten Atatürk. Ein Provisorium, dachten die Abgeordneten und Beamten und sehnten sich nach der "Perle am Bosporus" zurück. Am 13. Oktober 1923 wurden sie sich ihres Irrtums bewußt. Da brachte Ismet Inönü in der Großen Nationalversammlung den Gesetzesvorschlag ein, aus Ankara die endgültige Hauptstadt zu machen.

Warum dieser Wechsel? In der damals üblichen schwülstigen Art hatte Inönü dem Parlament Ankara gewissermaßen als Paradies auf Erden dargestellt. Professor Ekrem Akurgal, der nüchtern denkende Archäologe und Historiker, nannte mir die wahren Gründe für den Entschluß Atatürks. Er betrachtete Istanbul als ungeeignet, um von dort aus seine Reformen durchzuführen. Zwar würde Atatürk die Absetzung des Sultan und Kalifen erreichen. Aber der osmanische und islamische Geist hatten der Viel-Moscheen-Stadt ihren Stempel aufgedrückt. Auch die levantinische und merkantile Atmosphäre der "Perle am Bosporus" mit ihren griechischen, armenischen und jüdischen Minderheiten paßte nicht in das Bild einer türkischen Hauptstadt, wie sie Atatürk vorschwebte. Am entscheidensten waren aber wohl strategische Erwägungen.

Mit Schaudern dachte Atatürk daran zurück, daß 1919 in Istanbul vor dem Schloß Dolmabahce, der Sultansresidenz, 22 britische, 12 französische, 17 italienische und 3 griechische Kriegsschiffe ankerten. Hingegen hatte Ankara keinen Zugang zum Meer. Mitten in einem "Ozean aus Steppe" konnte es auch auf dem Landweg kaum erobert werden, und die Luftwaffe spielte damals noch nirgends eine entscheidende Rolle.

Zu einer richtigen Hauptstadt gehören aber diplomatische ausländische Vertretungen, und die wollten ihre Botschafts- und Gesandtschaftspaläste in Istanbul und Umgebung nicht verlassen. Da lockte der listige Pragmatiker Atatürk mit dem (eingehaltenen) Versprechen, kostenlos und unbeschränkt Grund und Boden in der neuen Hauptstadt zur Verfügung zu stellen. Als erste ließen sich die damals wohlwollenden und befreundeten Sowjets überreden. Ihre Botschaft ähnelt einem Kriegsschiff. Der Sowjetunion folgte das Deutsche Reich. 1937 gab es nicht mehr einen wichtigen Staat, der in Ankara keine diplomatische Vertretung unterhielt. Da Atatürk eine repräsentative Hauptstadt wollte, sorgte er für Schlemmerlokale und vertrieb die Bettlerscharen.

Vom Berliner Professor Jansen stammte der Generalbebauungsplan. Obgleich kein Emigrant, war er ohne weiteres bereit, mir jede Auskunft zu erteilen. Alles klang sehr optimistisch. So hatte Jansen den Atatürk-Boulevard, die acht Kilometer lange Hauptverkehrsader, sechsspurig anlegen lassen.

Dort befanden sich auch die Mammutbauten der Banken und etatistischen Industrien, das der Bildung dienende Halk-Evi (Volkshaus) und der großzügig angelegte Ministerienkomplex. Bis 1980 sollte die Hauptstadt, seiner kühnen Voraussage nach, auf 300.000 Einwohner angewachsen sein und sich möglichst nicht viel weiter ausdehnen. Heute zählt die Bevölkerung Ankaras, ohne eine beträchtliche Dunkelziffer, rund drei Millionen, und die winterliche Smogglocke ist gesundheitsgefährdend. Auch die Bettler sind wieder da.

Trotz seiner Neigung für die Moderne wollte der Chefplaner Jansen die malerische Altstadt aus historischen Gründen nach Möglichkeit erhalten. Inner- und unterhalb der Zitadelle angelegt, überragt sie die neuen Viertel. Als steinerne Zeugen der Antike besichtigte ich den römischen Augustustempel, die Julian-Säule, das Hethiter-Museum und ein berühmtes Thermalbad. Im Labyrinth der Gassen und Gäschen mit ihrem Katzenkopfpflaster dominierten unzählige Moscheen. Viele wurden während der Herrschaft Atatürks geschlossen und später wieder eröffnet. Die Häuser, oft mit einem Erker im Obergeschoß, repräsentierten die alte Türkei; Kanalisation und erst recht fließendes Wasser waren unbekannte Begriffe.

Ich wohnte im Hotel "Aydin". Es war wahrlich nicht die vornehmste Bleibe, bot aber zwei Vorteile. Rechnungen wurden nur auf Anforderung präsentiert, bei mir also, wenn gerade gute Honorare eingetroffen waren. Auch hielt der Sohn des Besitzers einen ausländischen Journalisten für sehr interessant. Da er ganz gut deutsch sprach, hatte ich immer einen Dolmetscher zur Hand. Und dann erfolgte beruflich etwas Erfreuliches. Die Gesandten der skandinavischen Staaten rissen sich um mich. Nachdem nur alle Jubeljahre ein Korrespondent aus diesen Ländern eintraf, wollten sie, daß man mehr über die neue Türkei als ihrem diplomatischen Tätigkeitsfeld und auch über die gegenseitigen Beziehungen erfuhr. Da war vor allem der hünenhafte norwegische Gesandte Sigurd Bentzon, ein vorzüglicher Reiter. Mein Interview mit ihm brachte die führende konservative Zeitung "Aftenposten" in Oslo. Daraufhin wurde ich zum "Frühstück" eingeladen. Damals ist mir die Sprache der sogenannten vornehmen Gesellschaft noch fremd gewesen. Ich dachte an Kaffee und Brötchen. Dann stellte sich aber heraus, daß ein mehrgängiges Mittagessen gemeint war. Auch beim schwedischen und dänischen Gesandten, einem kaum zu übertreffenden Gourmet, hatte ich dasselbe Glück.

Als Verbindungsstelle zwischen der Regierung und den Journalisten diente die "Generaldirektion der Presse". Ihr Chef war der mit einer witzigen Berlinerin vermählte Dr. Vedat Nedim Tör. Bentzon beantragte bei ihm ein Interview für mich mit Außenminister Dr. Rüstü Aras.

Aras, hochkultiviert und ein gewiefter Diplomat, betonte die Friedenspolitik der türkischen Regierung und die Wichtigkeit politischer und wirtschaftlicher Gemeinschaften mit den Nachbarstaaten. Da schwebte ihm wohl für die Region etwas ähnliches vor wie später in Europa die EG. Über militärische Kooperation fiel kein Wort. Auch die Großmächte wurden mit einem geschickten Schlenker übergangen. Das Eisen war wohl zu heiß. Bekannt für seine guten Schlußpointen, sagte er, bevor ich mich verabschiedete: "Europa soll nicht balkanisieren, aber der Balkan skandinavisieren." Aras traf ich später noch einige Male in London. Da repräsentierte er die Türkei als recht schweigsamer Botschafter.

Von der "Generaldirektion der Presse" war ein Durchschlag des Manuskripts angefordert worden. Am übernächsten Tag las ich Auszüge daraus in der Istanbuler Tageszeitung "La République". Ihre Schlagzeile: die Schlußpointe. "Agence d'Anatolie" wurde als Quelle genannt. Arglos brachte ich das Blatt zum Gesandten Bentzon mit. Er blickte hinein, und ein Donnerwetter brach los. Er fürchtete wohl, daß das Interview mangels Exklusivität nun nicht mehr in Skandinavien gedruckt würde. Dr. Tör mußte sich einiges über unfaires Verhalten und Plagiate anhören. Bentzon hatte allerdings das Weltecho der Telegrafenagentur "Agence d'Anatolie", die eben doch kein "Reuter-Büro" war, überschätzt. Das Interview erschien mit bewußter Schlagzeile unter meinem Namen in allen vier nordischen Ländern. Aber ich war bei Dr. Vedat Nedim Tör unten durch. An Bentzon konnte er sich nicht rächen. Aber mir machte die Generaldirektion jetzt jede erdenkliche Schwierigkeit.

Statt sich mit dem Erfolg des Außenministerinterviews zu begnügen, erbat Bentzon nun für mich eines mit Ministerpräsidenten Ismet Inönü, dem zweitmächtigsten Mann der Republik. Das daraufhin einsetzende Intrigenspiel konnte ich nie ganz durchschauen. Es gab weder ein "Ja" noch ein "Nein". Genüßlich ließ man mich schmoren. Bentzon beharrte darauf, ich dürfte nicht weiterreisen, das würde den Herren schon so passen, sondern müßte ausharren, koste es, was es wolle. Schließlich stünde ja auch sein Ansehen auf dem Spiel.

Mich trösteten die vielen Zusammenkünfte mit den Ankaraner deutschen "akademischen Gastarbeitern". Genau wie in Istanbul verdienten sie sehr gut. Der Diplomlandwirt Dr. Hans Wilbrandt war einer der ganz Prominenten an dem vom preußischen Finanzminister Otto Klepper begründeten "Institut für landwirtschaftliche Marktforschung". Die Nazis lösten es auf. Danach boten sie Wilbrandt verschiedene führende Positionen an. Nur war jedesmal der Beitritt zur NSDAP die Vorbedingung. So zog er 1934 die türkische Hauptstadt vor und wurde als Berater der Regierung, vor allem in Fragen des Agrarexports, eingesetzt. Wilbrandt förderte auch wesentlich die Gründung landwirtschaftlicher Genossenschaften nach Raiffeisen-Vorbild.

Dr. Max von der Porten traf ich im Vorzimmer des Wirtschaftsministers und nachmaligen Regierungschefs und Staatsoberhauptes Çelal Bayar wieder. Als ich ihn kennenlernte, war er Industrieberater der Regierung Heinrich Brüning. Von der Porten kokettierte gern mit seinem Monokel und war nicht uneitel. Jedermann wußte von seinen engen Kontakten, die ihn mit den meisten angelsächsischen Wirtschaftsgrößen verbanden. Bayar unternahm nichts in der Angleichung der türkischen Wirtschaft an europäische Verhältnisse, ohne seinen Fachmann im Vorzimmer konsultiert zu haben. Von der Porten hatte eine große Verantwortung übernommen: die Organisation und Koordination der rasch expandierenden etatistischen Industrie und ihrer Finanzierungsinstitute.

Warum etatistisch? Von der Porten erklärte es mir in knappen Worten. Türkisches privates Kapital wollte nur höchst zögernd investieren. Andererseits wehrte sich vor allem Ministerpräsident Ismet Inönü gegen die Aufnahme ausländischer Kredite. Er fürchtete, daß sie eine Wiederholung der wirtschaftlichen Vormacht fremder Staaten und Konzerne nach sich ziehen würde - wie unter dem alten osmanischen Regime. Übrigens mußte auch er schließlich seine Ansicht ändern. Mit der Planwirtschaft - und das war der Etatismus ja praktisch - klappt es, wie wir heute genauer wissen, auf die Dauer nirgends.

Zwei der Emigrantenwissenschaftler riskierten etwas ganz Neuartiges. Ohne Rücksicht auf die Strapazen reisten sie - der Verkehr war damals unvergleichlich schlechter organisiert und die Hotels hätten längst nicht mal einen Viertelstern verdient - kreuz und quer bis ins hinterste Anatolien, wo angeblich bereits die Steppenwölfe heulten. Einer war Wilhelm Salomon-Calvi. Bis zur Emeritierung hatte er 33 Jahre hindurch in Heidelberg als ordentlicher Professor gelehrt. Die Türken betrauten ihn mit den verschiedensten hohen Ämtern und Aufgaben. Dank seiner geologischen Studien vor Ort entdeckte und katalogisierte er Erdölvorkommen und kostbare Wasserreserven. Auf Grund seiner Empfehlungen - größtenteils prophylaktischer Natur - verringerten sich die Schäden beim sporadischen Auftreten schwerer Erdbeben.

Ganze Artikelreihen widmete die türkische Presse den Erfolgen Albert Ecksteins, des zweiten "Feldarbeiters". Bis zur Entlassung im Jahre 1935 leitete er die Düsseldorfer Kinderklinik, danach die praktisch aus dem Boden gestampfte in Ankara. Das Resultat seiner anstrengenden, oft wochenlangen Reisen konnte sich sehen lassen. In der Türkei sank die Kindersterblichkeit von 33 auf 12 Prozent. Atatürk belohnte ihn laufend mit Zigarren der "Präsidentenmarke".

Brandneu war das "Nümune Hastanesi" (zu deutsch Musterkrankenhaus) in Ankara. Zu diesem Komplex gehörte Ecksteins Klinik, der als beinahe unfehlbarer Diagnostiker auch das Leben so mancher Erwachsener rettete. Welche Zustände damals herrschten, das erfuhr ich wiederum von dem gebürtigen Königsberger Dermatologen Professor Alfred Marchionini. Er kam aus Freiburg im Breisgau an das Musterkrankenhaus. Mit seiner neuartigen Behandlung der Orientbeule machte Marchionini Schule. Wie ich von ihm hörte, betrug die jährliche Durchschnittszahl seiner ambulanten Patienten 24.000 - vermutlich ein Weltrekord. Daneben verfaßte der nimmermüde Gelehrte noch zahlreiche medizinische Lehrbücher.

Auch die Musik- und Theaterreform hatte in Ankara ihren Ausgang genommen. Schon das Vorspiel ähnelte einem Roman. Atatürks fließend deutsch und französisch sprechender Vertrauter Çevat Dursunoglu war als Inspektor für die türkischen Auslandsstudenten in Berlin tätig. Er wurde nun beauftragt, den besten Initiator und Koordinator für die geplante Reform zu finden. Als Ratgeber dachte Dursunoglu an Wilhelm Furtwängler. Seiner Zähigkeit war es zuzuschreiben, daß er ihn - einen der bestabgeschirmten Männer in Deutschland - schließlich doch ausführlich sprechen konnte. Furtwängler ließ sich das Projekt genau erklären. Dann empfahl er für diese verantwortungsvolle Aufgabe Paul Hindemith. Nur machte dieser große Komponist gerade Ferien. Bei den NS-Größen war der 1933 von der Berliner Hochschule für Musik entlassene Professor unbeliebt. Deswegen wollte die Haushälterin, da sie befürchtete, einem Spitzel in die Hände zu fallen, die Urlaubsadresse sehr lange nicht herausrücken. Nachdem es endlich doch geglückt war, entdeckte Dursunoglu den sportbegeisterten Künstler auf der Skipiste im Schwarzwälder Neustadt. Beim Mittagessen wurde die Angelegenheit durchgesprochen und das Engagement ungewöhnlich schnell perfekt.

Bedenkt man, daß sich Hindemith zwischen April 1935 und November 1937 nur viermal in Ankara aufhielt, so grenzt es an Wunder, was diesem Wirbelwind glückte - u.a. beim Aufbau des Konservatoriums, der Abfassung des entsprechenden Gesetzes bis zur Kammermusikpflege, der Einrichtung von Schulorchestern und Schülerkonzerten.

Während seiner Verpflichtungen in Großbritannien, den USA und der Schweiz lieferte Hindemith der Türkei eine Reihe von schriftlichen Gutachten. Vor allem aber verstand er es, die richtigen Leute heranzuziehen, so auch den ehemaligen Weimarer Generalmusikdirektor Ernst Praetorius. Mit ihm und seiner bildschönen Frau verband mich eine feste Freundschaft. Dr. Käthe Praetorius war eine der ersten Medizinstudentinnen, wenn nicht die erste, in Deutschland. Praetorius gehörte zu den wenigen Prominenten, die schon vor Beginn des Dritten Reiches mit Nationalsozialisten Konflikte austragen mußten. 1930 war der fanatische, 1946 hingerichtete Wilhelm Frick thüringischer Innenminister. Er nahm dem Generalmusikdirektor dessen jüdische Frau übel und schikanierte ihn. Als überzeugter Antinazi legte Praetorius 1933 den Taktstock in Weimar aus der Hand und kehrte in seine Heimatstadt Berlin zurück. Aber das Leben mit Gelegenheitsaufträgen war recht mühsam. So zögerte er mit der Annahme der Berufung nach Ankara keinen Augenblick. Übrigens startete er als Dirigent des "Philharmonischen Orchesters des Präsidenten" nicht gerade alltäglich. Am 29. Oktober 1935 traf Praetorius in Ankara ein. Bereits am gleichen Abend und ohne vorherige Probe fand das Galakonzert zum türkischen Nationalfeiertag statt. Der endlose Applaus belohnte ihn. Kein von Praetorius dirigiertes Konzert, ohne daß der kulturbeflissene, aber schwerhörige Inönü in der ersten Reihe saß. Gern hätte ich ihn während einer Pause wegen des beantragten Interviews angesprochen. Aber das wäre beim strengen türkischen Protokoll ein unverzeihlicher faux pas gewesen.

Wie fast alle Emigranten übte Praetorius mehrere Tätigkeiten aus, so als Mitgestalter des Konservatoriums und Lehrer für Fagott. Vor meinem geistigen Auge sehe ich ihn noch in der Küche riesige Fleischstücke zerschneiden. Die Familie

Praetorius besaß nämlich eine ganze Menagerie aus Hunden und Katzen. Eine ursprünglich zum Schlachten gekaufte Ente überlebte dann, bis sie nach ein paar Jahren "natürlich" verschied, in der Badewanne.

Eine das Kulturleben belebende Zusammenarbeit ergab sich zwischen Carl Ebert und Praetorius. Da hatte Hindemith für die Türkei wieder eine Koryphäe gewonnen. Ebert war ja bis zu seiner Entlassung im Jahre 1933 Intendant der Städtischen Oper Berlin. Besonders interessierte ihn der Nachwuchs. Deswegen begründete er die Ankaraner, dem Konservatorium angeschlossene Opern- und Theaterschule und war der Schwarm der Studentinnen. Sie hatten allen Grund dazu. Während der osmanischen Ära wurden auch sämtliche Frauenrollen von Männern gespielt, was bei Festlichkeiten auf dem Lande heute noch meist der Fall ist. Unter Ebert konnten sich die Mädchen frei entfalten. Einige, was auch für die männlichen Opernsänger gilt, erfreuten sich später Engagements an international renommierten Bühnen. Mit selbstgeschulten türkischen Kräften und fast immer unter musikalischer Leitung von Praetorius hatte Ebert zuerst Mozarts "Bastien und Bastienne" und einen Akt aus der "Madame Butterfly" inszeniert. Dann wurden sie schon mutiger und wagte sich an "Fidelio" heran. Wie enthusiastisch der Publikumserfolg war, ergibt sich daraus, daß in dem doch noch kleinen Ankara die Vorstellung neunmal vor ausverkauftem Haus lief. Praetorius starb am 28. März 1946. Seine Frau blieb der Türkei auch danach treu.

Generationen türkischer Musiklehrer verdanken Eduard Zuckmayer, dem etwas eigenbrödlerischen, aber genialen Pianisten, Komponisten und Pädagogen, ihre Ausbildung. Zu seinen Verdiensten gehörte auch die Wiedererweckung klassischer türkischer Musik. Bruder Carl, der Schriftsteller und Dramatiker, hat ihm in den Büchern "Als wär's ein Stück von mir" und "Horen der Freundschaft" ein wohlverdientes biographisches Denkmal gesetzt. Eduard Zuckmayer starb 1972 als 82jähriger in Ankara.

Mit der Zeit wurde es für mich immer einsamer. Mehr und mehr Bekannte reisten nach Istanbul oder sonstwohin in die Ferien. Auch der Gesandte Bentzon fuhr nun in seine Ferienvilla am Bosporus. Beim Abschied beschwor der Diplomat mich nochmals, Ankara nicht zu verlassen, weil er sich weiter um das Interview mit Inönü bemühe. Wie zum Trost lud mich Ernst Reuter erstmals in sein Haus ein, drei Tage, bevor auch er Richtung Istanbul abreiste. Nichts lag ihm ferner als Wehleidigkeit. Wer auf der Straße an Reuter vorbeiging, der bewunderte, mit welcher Selbstverständlichkeit sich der körperlich wuchtige Mann auf einen Stock stützte - Folge einer nie ganz verheilten schweren Kriegsverletzung. Während des Essens verlief die Unterhaltung lebhaft und abwechslungsreich. Man mußte schon ein ganz guter Beobachter sein, um Reuters leichte Schwerhörigkeit zu bemerken. Schuld daran trug die zweimalige Haft im Konzentrationslager Lichtenburg bei Torgau an der Elbe (9. Juni 1933 bis 7. Januar 1934 und 16. Juni bis 1. September 1934). Welche Demütigungen und Erniedrigungen er dort erdulden mußte, darüber fiel kein Wort. Desto öfter berührte er, was andere, Nichtjuden und Juden, durchzuhalten hätten und beteiligte sich großzügig an Hilfsfonds.

Reuters - die rothaarige Frau Hanna war vor der Heirat Redaktionssekretärin des sozialdemokratischen "Vorwärts" - erkannten dankbar an, welche Liebe und Freundschaft man ihnen während des kurzen britischen Asyls entgegengebracht hatte. Nur mangelte es an Erwerbsmöglichkeiten. Daher empfanden sie den im Juni 1935 erfolgten Ruf nach Ankara als Erlösung. "Hier kann man ja" - strahlte Frau Reuter - "schon beinahe im großbürgerlichen Stil leben." Mit einem Scherz verweigerte sie dem gesundheitlich angeschlagenen Gatten die zweite Tasse Kaffee (was Reuter immer irgendwann und irgendwo voll diebischer Freude nachholte!).Er war ein Bewunderer Atatürks und wollte zu den Reformen nach besten Kräften beitragen. Als sozialdemokratischer Stadtrat hatte Reuter ja den Berliner öffentlichen Verkehr so hervorragend modernisiert, daß ihm sogar politische Gegner

Anerkennung zollten. Die Türken wußten das genau und handelten entsprechend. Erst im Wirtschafts- und dann im neubegründeten Verkehrsministerium wurde er der wohl meistbeschäftigte Ratgeber und Initiator auf seinem Spezialgebiet. U.a. hatte man ihm die vollkommene Neuordnung der Eisenbahntarife und die Regelung der tariflichen Beziehungen zwischen Eisenbahn und Küstenschiffahrt zu danken. Auch sonst tat er viel für die vernachlässigte Infrastruktur seines Asyllandes. Fernerhin bedienten sich die Türken seiner Erfahrungen als Oberbürgermeister von Magdeburg (ab April 1931). Sie ließen ihn am Gesetzentwurf für die Ausbildung von Kommunalbeamten, teilweise federführend, mitarbeiten.

Reuter wurde ans Telefon gerufen. Seine Frau hatte nichts dagegen, wenn man sie über die tragische Vergangenheit ausfragte. Ihr besonderes Lob galt einem Polizeioffizier. Als die SA Reuter brutal aus dem Magdeburger Rathaus zerrte, hatte er tapfer wenigstens schlimmere Greueltaten verhindert. Der katholische Bischof von Meissen, der früher Probst in Magdeburg gewesen war, bemühte sich unermüdlich um Reuter. Weniger tapfer erwies sich Gerhard Hauptmann. Reuter hatte zu Ehren seines siebzigsten Geburtstags den Jubilar nach Magdeburg eingeladen und mit einer tiefempfundenen Rede gefeiert. Als aber Frau Hanna den Olympier wenige Monate später telegrafisch bat, sich für ihren in "Schutzhaft" befindlichen Mann einzusetzen, lautete die Antwort: "Ich bin überzeugt davon, daß auch die heutigen Machthaber die Gerechtigkeit wollen und Ihrem Manne volle Genugtuung zuteil werden lassen."

Das Telefongespräch war beendet. Aus der weiteren Unterhaltung ergaben sich die zahllosen Interessen und Steckenpferde Reuters. Er publizierte viel, so auch das 348 Seiten starke klassische Werk "Komün Bilgisi" (Einführung in die Kommunalwissenschaft). In Emigrantenkreisen waren seine wohlfundierten Vorträge begehrt. Ohne Unterlaß führte er eine Riesenkorrespondenz, trotz politischer Enttäuschungen auch mit Thomas Mann.

1940 mußte die Türkei Reuter, vermutlich auf Druck des Botschafters Franz von Papen, als Regierungsberater entlassen. Aber da war er auch bereits Professor an der Verwaltungshochschule in Ankara, die später als Fakultät für Politische Wissenschaften der Universität angegliedert wurde. Diese Position konnte Reuter behalten und sogar ausbauen. Für die von ihm geschulten Beamten war und blieb er ein Vorbild.

Reuter, Wilbrandt sowie die in Istanbul lebenden Wilhelm Röpke und Alexander Rüstow und einige andere Akademiker hatten einen Kreis gebildet, der sich sorgend und planend mit der Zukunft ihres Heimatlandes beschäftigte. Sie alle glaubten an die Niederlage Hitlers. Man vermittelte Kontakte zwischen den in die Türkei gereisten (und späteren Opfer des 20. Juli) James Graf Moltke und Carl Goerdeler und alliierten Stellen . Jedoch schwanden die Hoffnungen auf eine Zusammenarbeit mit der deutschen Opposition, nachdem Präsident Roosevelt sich für den "unconditional surrender" als "einzig mögliche Lösung" festgelegt hatte.

Bei veränderter Kriegslage holten die Türken Reuter 1944 als Regierungsberater zurück. So pendelte er zwischen beiden Metropolen hin und her. Auch mußte Reuter noch bei der Lösung wichtiger Verkehrsfragen in Istanbul Hilfestellung leisten. Unbedingt wollte die Türkei ihn halten und lockte mit einem Bombengehalt und der Staatsbürgerschaft. Bei aller Liebe für seine zweite Heimat trieb es ihn aber zurück nach Deutschland. Erst im November 1946 war das durch den Einsatz des britischen Ministers Philip J. Noel-Baker möglich. Bei der Abreise aus Ankara sagte Reuter vor einem der farbenprächtigen Obststände etwas wehmütig zu seiner Frau: "Ach, könnte ich ihn doch mitnehmen." Heute würde er allein in Berlin hunderte vorfinden.

Als ich jede Hoffnung aufgegeben hatte und schließlich doch nach Istanbul abgereist war, klappte dann mein erstes Interview mit einem Ministerpräsidenten. In Inönüs Villa auf der zweitgrößten Prinzeninsel Heybeliada begrüßte mich sein Sekretär Vedit, der auch dem Gespräch beiwohnte. Fragen waren vorher nicht angefordert worden. Was mir gleich auffiel, Vedit redete Inönü mit "Ismet Pascha" an, wie überhaupt bis heute Familiennamen fast nur bei Briefadressen und manchmal bei amtlichen Stellen verwendet werden. In der gemütlichen Wohnung entdeckte ich nichts Türkisches, habe aber natürlich nur einige Räume gesehen. Typisch für seine ganze Einstellung war der schon etwas zurückliegende Ausspruch "Alle Ehre dem Gazi, ich will nur ungestört arbeiten." Obgleich kein Antialkoholiker, trank der Regierungschef nur mäßig und nahm, wenn irgend möglich, an Atatürks Nachtgelagen nicht teil.

Da Inönü fast alle Reformen mitgestaltet hatte, lag die Frage nahe, welche er für die wichtigsten hielt. Unerwartet erklärte der "Pascha": "Zunächst mal Atatürks Geduld, bevor er sich an sie heranwagte." Er mußte den gläubigen Moslem mimen, solange das für die Durchführung und das siegreiche Ende des Anatolischen Krieges notwendig war. Auch die Abschaffung des Sultanats und des Kalifats wurde von ihm ohne Eile betrieben und erfolgte erst 1922 bzw. 1924. Laut Inönü hätte man die seit 1288 herrschende osmanische Dynastie ohne gefährliche Reaktion in der eigenen Bevölkerung nicht auf einen Schlag ausschalten können. Auch brauchte Atatürk noch die Unterstützung der Moslems anderer Länder.

Daß der im Innersten bereits atheistische "Vater der Türken" auf die ihm angetragene Kalifenwürde verzichtete, pries Inönü, mochte er auch der Religion nicht ganz so negativ gegenüberstehen, als konsequent. Ein moslemischer "Papst" wäre wieder zum opferreichen "Jihad", dem heiligen Krieg, verpflichtet gewesen. Dann erst ging der Ministerpräsident auf meine Frage direkt ein. Für ihn bedeutete die Abschaffung des Sultanats und Kalifats den Ausgangspunkt des ganzen Reformwerkes. Nur so sei die Verwestlichung der Türkei überhaupt möglich gewesen - die strikte Trennung von Staat und Religion.

Fast feierlich wurde Inönü, als er noch präziser erläuterte: "Bedenken Sie, zum erstenmal wurde in einem, dazu noch beinahe hundertprozentig islamischen Land dieses Prinzip realisiert, während bisher der Koran, das seit dem siebenten Jahrhundert unveränderte "Wort Gottes", die Richtlinien für buchstäblich alles enthielt: Glaube, Gesellschaft, Familie, Politik, Wirtschaft und Rechtsprechung."

Eine Weile dachte Inönü nach, bevor er als eine folgerichtige, sehr bedeutsame Reform die Einführung des deutschen Handelsrechts, des italienischen Strafrechts und anstelle der grausamen Scheria das Schweizer Zivilrecht nannte. Danach war die Scheidung einer Ehe nur nach einem ordentlichen Prozeß möglich. Zuvor reichte der Scheidungsbrief des Mannes vollkommen aus. Inönü war loyal. Deswegen verriet er nicht, daß sich Atatürk einige Zeit vor Inkrafttreten des neuen Gesetzes nach nur zweijähriger Ehe von seiner hochgebildeten und sprachgewandten Frau Latifa per Scheidungsbrief komplikationslos trennte. Zuerst Mitregentin, beging sie dann das "Sakrileg", sich in sein Privatleben einzumischen. Latifa wollte vor allem die nächtlichen Saufgelage des Gazi mit ihr unwürdig erscheinenden Kumpanen unterbinden. So endete eine anfangs leidenschaftliche Liebesromanze.

1934 erfolgte auch die Einführung des aktiven und passiven Wahlrechts der Frauen zur Großen Nationalversammlung. Ich verargte es Inönü nicht, wenn er hervorhob, daß sich sogar verschiedene westliche Staaten, beispielsweise die Schweiz, dieser Errungenschaft damals noch nicht rühmen konnten. Schließlich lobte der "Pascha" die Ablösung der für die türkische Sprache ungeeigneten arabischen Schrift durch ein lateinisches phonetisches Alphabet. Wie alle Regierungsmitglieder mußte auch Inönü ab 1928 mit einer Schiefertafel durch die Lande ziehen und den ABC-Unterricht auf Straßen und offenen Plätzen erteilen.

Mein langes Warten auf diese Begegnung sollte belohnt werden. Was ein Regierungschef selten tut, sein Interviewer wurde zum Mittagessen eingeladen, an dem auch Vedit wieder teilnahm. Als Hauptgang wurde Hummer serviert - und die Champagnerflasche trug die vielversprechende Aufschrift "Veuve Cliquot".

Nun wollte Inönü viel über meine Erfahrungen und Beobachtungen in der Türkei hören und stellte eine ganze Menge Fragen. Ob ich auch Anatolien genauer kenne? Wahrheitsgemäß mußte ich das verneinen. "Was hielten Sie davon, wenn Sie unsere Regierung einlüde, die anatolischen Provinzen sechs Wochen lang näher kennen zu lernen?" Ich hielt sehr viel davon. Abends saß ich im Garten der Bentzon'schen Villa und erkannte erneut, wie einzigartig schön der Bosporus ist. Es gab wieder Hummer und Champagner. Nie mehr in meinem Leben habe ich beides zweimal am gleichen Tag genossen.

Ich mußte noch einmal nach Ankara zurück, um die Modalitäten der Anatolien-Reise mit der "Generaldirektion der Presse" zu besprechen. Dr. Vedat Nedim Tör war nun mit einem Schlag verändert. Dieser loyale Gefolgsmann Inönüs umarmte mich - nicht symbolisch, sondern tatsächlich. Das geschah nun jedesmal, wenn ich ihn - inzwischen pensioniert - nach dem Krieg mit meiner Frau in seiner Istanbuler Wohnung besuchte. Immer wären wir die "besten Freunde" gewesen, beteuerte er.

1937 bat mich Dr. Tör vor dem Antritt der Anatolien-Rundreise um einen Kostenvoranschlag. Nun ja, die Hotels außerhalb der wenigen größeren Städte waren spottbillig und das fast immer schmackhafte Essen kostete nach europäischen Begriffen ein Trinkgeld. Freikarten für Bahn und Schiff erhielt ich sowieso. Taxen besaßen noch Seltenheitswert. Wie ich gehört hatte, mietete man für Ausfahrten eine Arabaçi (Pferdedroschke). Auch die verschlang wahrlich kein Vermögen. Der gewünschte Kostenvoranschlag entsprach dem Maximum dessen, was ich für fair hielt. Aber der Herr Generaldirektor war empört, ob ich denn die Türkei für ein Bettlerland hielte? Was ich, ohne ganz überzeugt zu sein, verneinte. Dann bewilligte er das Dreifache und zahlte die Summe gleich in bar aus.

Inönüs Wahlspruch lautete "Die Kultur reicht so weit wie die Eisenbahnschienen". Was eine ziemlich optimistische Beurteilung war. Während meiner sechs Wochen als Gast der

Regierung reiste ich mit der Bahn, verschiedenen Bussen, Schiffen, Arabaçis und wurde auch von türkischen PKW-Besitzern - es gab eben doch ein paar - mitgenommen. Die Gastfreundschaft fand ich überwältigend. Wohin ich auch kam, hingen, genau wie heute, Bilder von Atatürk. Aber die Mittel-, Kleinstadt- und Landbevölkerung verehrte ihn als großen Gazi (Sieger) und nicht so sehr als weisen Reformer.

Ausgenommen Ankara und Izmir war Anatolien für die Außenwelt noch fast terra incognita. Bald gewann ich einige grundsätzliche Erkenntnisse. Selbst unter Atatürk stand die Bodenreform nur auf dem Papier. Der Großgrundbesitz hatte keine ernsthaften Einbußen erlitten. Je weiter man nach Osten kam, desto ärmer waren die Kleinbauern und Tagelöhner. Die offiziell "Bergtürken" genannten Kurden litten - genau wie heute - unter härtester sozialer und nationaler Unterdrückung. Und die Religion? Mochte Atatürk im neuen Teil Ankaras den Bau keiner einzigen Moschee erlauben, so hatte der Hoça unter der Landbevölkerung weiterhin das Sagen. Bei einer Dorfhochzeit, zu der ich eingeladen wurde, feierten, aßen, tranken, tanzten und sangen die Männer und Frauen strikt getrennt.

Wenn ich es wünschte, standen überall freundliche Begleiter zur Verfügung. Sie ließen nichts aus, weder das Kohlenbergwerk in Zonguldak, noch die Pistazienplantagen in Samsun oder die verschiedenen etatistischen Fabriken, die Ausländer erbaut hatten. Ein wenig übertrieben nannte man das Textilzentrum Kayseri "unser Manchester". Von einigen archäologischen Sehenswürdigkeiten war ich etwas enttäuscht. Der Pergamon-Altar in Berlin ist weit eindrucksvoller als die Steine, die in Pergamon selbst übriggeblieben waren. (Die Briten nahmen ja bei ihren Ausgrabungen oder Eroberungen auch mit, was sich irgend transportieren ließ.)

Nach dem Anatolischen Krieg hatte ein griechisch-türkischer Bevölkerungsaustausch stattgefunden. In Izmir sollen nur etwa tausend Griechen übriggeblieben sein. Aber die Stadt wirkte immer noch sehr europäisch. Man hielt gerade die alljährliche Internationale Messe ab. Alle Hotels waren überfüllt. Am Hafen ankerte jedoch ein Touristenschiff, und man wies mir eine bequeme Kajüte zu. Ein von Juden aus Deutschland geführter Mittagstisch sorgte für das leibliche Wohl. Den vier Kilometer langen Kai säumten die schönsten Häuser der Türkei.

Wieder sollte ich feststellen, was die Emigranten für ihr Exilland zu leisten vermochten. Für Ankara war der sozialdemokratische Reichstags- und spätere Bundestagsabgeordnete Fritz Baade ein guter Griff. Er hatte Ernst Reuter, den Fraktionskollegen bis 1933, herübergeholt. Baade und seine jüdische Frau, die unter ihrem Mädchennamen Edith Wolf als tüchtige Redakteurin des "Berliner Börsenkuriers" bekannt war, führten ein gastliches Haus. Auch ich gehörte zu den "Stammgästen". Der ehemalige Reichsgetreidekommissar hatte gerade, als ich mich in Izmir befand, den türkischen Trockenfrüchteexport organisiert und zeigte mir die sehr modernen Lagerhallen. Nun, das brachte der Türkei heißbegehrte harte Devisen. Nach der nicht ganz freiwilligen Entlassung ausländischer Berater machte er, zusammen mit einem Türken, eine kleine Kistenfabrik für den Obstexport auf. Professor Baade gründete und leitete nach der Heimkehr das Weltwirtschaftsinstitut in Kiel. Seine Frau bemutterte und versorgte nun die externen Studenten.

Nach dieser Rundreise, auf die ich hier natürlich nur Schlaglichter werfen kann - viele der Naturschönheiten sind den Touristenschwärmen der Nachkriegszeit ohnehin vertraut - schrieb ich in Istanbul die Reportagen. Da ereignete sich etwas Sensationelles. Inönü verlor seinen angestammten Posten. Neider und Übelgesinnte behaupteten, Atatürk könne nach dreizehnjähriger engster Zusammenarbeit nicht länger das gleiche Gesicht sehen. Kurz danach berief der Präsident einen internationalen Historikerkongreß nach Istanbul ein. Schauplatz war das ehemalige Sultanschloß Dolmabahçe. Der in Böhmen geborene Professor für Assyriologie und Semitistik Benno Landsberger stellte mich in einer Pause dem größten türkischen Staatsmann des 20. Jahrhunderts vor. Es war kein Interview. Aber Atatürk konnte es doch nicht lassen, sein Lieblingsthema kurz anzuschneiden: "Die Hethiter". Da er seinen Landsleuten eine neue Identität beschaffen wollte, wurden sie zu ihren Ahnen erhoben, eine wissenschaftlich mehr als fadenscheinige Theorie.

Trotz der vielen ausländischen Teilnehmer beherrschte dieser eine Mann die ganze Versammlung. Kleiner Silberblick hin und her - seine Augen bannten die Wissenschaftler aus fünf Kontinenten. In einer Loge neben ihm saß der etwas trübsinnig dreinblickende, noch amtierende Inönü, in der anderen Çelal Bayar, der schon ernannte Nachfolger. Den Hethitern wurden so viele Vorträge gewidmet, als hätte Atatürk doch recht. In der vordersten Reihe erblickte ich die Historikerin Afet Inan. Sie war eine der fünf "Adoptivtöchter" Atatürks. Während er die anderen Hausgenossinnen rasch wechselte, blieb diese geistvolle Frau seine permanente Lebensgefährtin.

Es war beinahe die letzte Gelegenheit, Atatürk noch lebend zu sehen. Am 10. November 1938 starb er in Dolmabahçe, nur 57jährig. Inönü wurde zum Nachfolger gewählt, war also nur sehr kurze Zeit ohne Funktion.

Das gesparte Geld von der Reisesubvention konnte ich an die Credit-Anstalt in Wien überweisen, wohin ich meine Mutter einladen wollte. Das Kapitel Türkei war nun für mich abgeschlossen. Auf dem Weg nach Österreich hielt ich mich für Kurzreportagen noch einige Tage in Athen, Sofia, Belgrad, Bukarest und Budapest auf. Für mich persönlich war Budapest vorteilhaft. Man erwarb eine Menge meiner Artikel, weil Honorare nicht ins Ausland überwiesen werden durften und sie gleich in bar beglichen werden konnten. Aus diesem Grunde wäre ich eigentlich gern noch etwas länger geblieben. Da brachte die "Neue Zürcher Zeitung" eine erschreckende Nachricht. Zum erstenmal wurde auch "unbelasteten" deutschen Juden der Reisepaß beschlagnahmt. Meine Mutter hatte sich gerade mit großer Mühe einen besorgt. Ich wollte die kostbare Chance nicht versäumen und fuhr umgehend weiter nach Wien. So begeistert ich 1935 von der Donaumetropole gewesen war, diesmal lag etwas Unheimliches in der Luft. (Es war wenige Tage vor der Berchtesgadener Begegnung - 12. Februar 1938 - zwischen Hitler und dem österreichischen Bundeskanzler Dr. Kurt von Schuschnigg.) Kurz, ich organisierte alles um, fuhr sofort weiter nach Prag und bestellte meine Mutter telegraphisch dorthin - seit 1933 das erste Wiedersehen. Und es blieb das einzige ...

Unter wachsender Bedrohung
Flucht aus Prag 1939

Also wieder Prag, wieder das Hotel "Flora" und am Stammtisch in der Halle vertraute und neue Gesichter. Durch die verschärften antisemitischen Maßnahmen waren mehr Flüchtlinge aus Deutschland dazugekommen. Die Chancen für Einreisevisa in andere Länder hatten sich noch drastischer verringert.

Das Wiedersehen mit meiner kaum gealterten Mutter war für uns beide aufwühlend. Schließlich lagen fünf Jahre dazwischen. Dank meiner türkischen Reisespesen konnte ich ihr viel bieten. Auch Vorstellungen im Deutschen Theater und Konzerte, die die Musikenthusiastin besonders begeisterten! Viel Freude machten meiner Mutter die Caféhäuser, die Restaurants und die gemütlichen Bier- und Weinstuben. Abgesehen davon, daß es in Deutschland schon an manchem mangelte, konnte sie mit ihrer Rente wahrlich nicht aus dem Vollen schöpfen.

Natürlich wollte ich wissen, wie sie von unseren nichtjüdischen Bekannten behandelt wurde. Manche hatten nie wieder etwas von sich hören lassen. Eine Freundin, mit der sie seit Jaratschewo, also mehr als dreißig Jahre, herzlichsten Kontakt pflegte, schrieb immerhin einen Abschiedsbrief. Wahrscheinlich bangte sie um ihre Pension, und die Töchter hatten auch gehetzt.

Hier wäre es wieder falsch zu verallgemeinern. Einige Nachbarn besuchten sie weiter, und das waren sogenannte "kleine Leute". Hoffmann, der, erstmals parteilos, in der Schokoladenbranche gelandet war, brachte gelegentlich die immer heißer begehrten Süßigkeiten. Am meisten kümmerte sich meine Jugendliebe Käthe K. um sie. Als die Zeiten noch schlimmer wurden, zog das tapfere Mädchen in die Nebenwohnung, und die beiden sahen einander auf unauffällige

Weise fast täglich. Käthe wurde kurz vor Kriegsende mit ihrer Firma nach Goslar verlegt. Selbstverständlich blieben wir eng verbunden.

Meine Mutter erzählte von den Menschen, die ihr und mir nahe waren und von denen ich lange nichts gehört hatte. Wolfgang Gumpert hatte viel durchgemacht. Ausgerechnet nach den "Nürnberger Gesetzen" (1935) wurde er von der ganzen Familie bestürmt. Er, ein evangelisch getaufter "Halbarier", würde bestimmt keine Schwierigkeiten haben. Auch fände man jetzt leichter Arbeit. Schließlich gab er nach und kehrte nach Deutschland zurück. Zwei Vorladungen zur Gestapo - nach der ersten hätte er Deutschland vielleicht wieder unbehelligt verlassen können - erfolgten. Man hielt ihm vor, während seines Auslandsaufenthaltes mit mir und anderen Emigranten verkehrt zu haben. Daher wäre eine "Umerziehung" notwendig. Zwei Jahre lang lernte er die Höllen von Dachau und Buchenwald kennen. Mit Hilfe eines Rechtsanwaltes bemühte sich seine durch nichts zu entmutigende Schwester Lisbeth um die Freilassung ihres jüngeren Bruders. Sie erreichte sogar Roland Freisler persönlich, stieß jedoch auf eiskalte Ablehnung. Schließlich sollte er dank einer Schiffskarte nach Shanghai entlassen werden. Da erfolgte aber wegen des Pariser Attentats auf Botschaftsrat Ernst von Rath eine totale Sperre. Als Wolfgang dann doch endlich Buchenwald verlassen durfte, lautete der Abschiedsgruß der Gestapo: "Halten Sie draußen das Maul, wir haben einen sehr langen Arm!"

Das Schiff hatte Bremerhaven bereits verlassen und der kahlgeschorene, abgemagerte Freund, dessen Zehen durch stundenlanges Appellstehen im eiskalten Winter erfroren waren, mußte nun versuchen, es mit dem Flugzeug in Port Said einzuholen. Am Kairoer Flughafen erwartete ihn ein sehr einflußreicher Freund der Schwester. Statt Wolfgang zum Schiff nach Shanghai zu bringen, setzte er ihn in einen ägyptischen Frachter, der in Richtung England fuhr. Ein entschieden angenehmeres Exil als Shanghai ... Der anglikanische Bischof von Liverpool wurde telegrafisch über Wolfgangs bevorstehende Ankunft informiert. Durch Unterstützung der Kirche und der Quäker erreichte er eine britische Aufenthaltsgenehmigung und die Erlaubnis, in der Landwirtschaft arbeiten.zu dürfen.

Anders lag der Fall meines Halbbruders Wolfgang. Wie so viele Illusionisten hielt er sich als Kriegsinvalide - rechter Arm amputiert - sehr lange für halbwegs sicher. Auch nahmen ihm zwei befreundete Redakteure, natürlich unter einem Pseudonym, Magazin-Artikel ab. Materiell kam er dadurch ganz gut über die Runden. Dann aber holte ihn auf Grund einer Verwechslung, in die auch meine vor Angst zitternde Mutter verwickelt wurde, die Gestapo. Man erkannte den Irrtum und entließ beide. Aber es folgte die Warnung: "Wenn Sie sich doch politisch betätigen sollten, hacken wir Ihnen den linken Arm auch noch ab."

Erst daraufhin wurde er, wahrlich sehr spät, nachdenklich. Meine Mutter hatte ihn angefleht, endlich auszuwandern. Als er sich schweren Herzens dazu entschloß, war für ihn nur noch Shanghai als Emigrationsziel übriggeblieben. Und dort verlangte man seit kurzer Zeit ein "Vorzeigegeld" von 200 amerikanischen Dollar. Damals keine Lappalie! Hundert Dollar beschaffte ich durch Beziehungen zu zwei Komitees, fünfzig Dollar überwies der Schauspieler Conrad Veidt aus London und fünfzig schenkte ihm sein Intimus Max Schmeling, der auch manchen anderen half.

Selbstverständlich erörterten wir, ob meine Mutter überhaupt nach Deutschland zurückkehren sollte. Aber sie wollte letzten Endes die Wohnung und die ihr sicher erscheinende Rente, mochte sie auch minimal sein, nicht verlieren. Nach der "Reichskristallnacht" vom November 1938 sah alles anders aus. Nur ließen da selbst die Tschechoslowaken deutsche Emigranten, die keine außergewöhnlichen Beziehungen hatten, nicht mehr ins Land.

Dr. Jan Zlatnik und Herr Beneš - kein Verwandter des gleichnamigen Präsidenten der Republik - waren die Verbindungsleute der Regierung zur Presse. Sie vermittelten mir ein Interview mit dem Außenminister Professor Camille Krofta im prunkvollen Czernin-Palast, seinem Amtssitz. Meine Mutter wartete auf mich im Kleinen Salon - mit vor Stolz geschwellter Brust. Im Weimarer Deutschland war ihrem Sohn nämlich noch kein Interview mit einem Regierungsmitglied gelungen.

Die verhängnisvolle Begegnung vom 12. Februar 1938 zwischen Hitler und Schuschnigg in Berchtesgaden nahm mein gut deutsch sprechender Interviewpartner merkwürdigerweise auf die leichte Schulter und meinte optimistisch: "Schließlich sind wir ja kein deutscher Staat." Bekanntlich hatte Schuschnigg in der Schlußakte Österreich nochmals als solchen anerkannt. Dann wies Krofta auf die militärische Stärke und hervorragende Rüstung der Tschechoslowakei hin, auf das Bündnis mit Frankreich und den gegenseitigen Beistandspakt von 1935, der die Sowjetunion miteinschloß. Über Großbritannien fiel kein Wort. Eine deutsche Invasion Österreichs erschien ihm durchaus denkbar - "Bitte schreiben Sie das aber nicht" -, eine der Tschechoslowakei für völlig ausgeschlossen.

Vom großen Krofta gingen meine Mutter und ich zum kleinen Krofta, einem Verwandten des Außenministers. Der besaß nicht nur die "Flora", sondern auch das Nobelhotel "Alcron". Dort feierten wir das Ereignis mit einem sehr guten Mittagessen.

Meine Mutter wollte den zu Beginn des vierzehnten Jahrhunderts begründeten weltberühmten jüdischen Friedhof sehen. Mit mir zusammen hatte sie einst Paul Wegener in seiner Glanzrolle als "Golem" bewundert. Nun führte ich sie zum Sarkophag des Hohen Rabbi Löw ben Bezalel. Er war auch ein großer Talmudkommentator, Schriftsteller und Gelehrter und soll ein Berater Kaiser Rudolf II. gewesen sein. Vor allem aber schreibt ihm die Legende die Schöpfung des Golem aus Ton zu. Nach blutigen Folgen der Ritualmordlüge und sonstigen Pogromen sollte er, mindestens in Prag, die Kinder Israels durch mystische Kräfte und seine Tarnkappe vor neuem Unheil warnen und bewahren. Literarisch haben den "Golem" u.a. Gustav Meyrink und Egon Erwin Kisch ausgewertet. Der marmorne Sakrophag des Hohen Rabbi wird vom Relief des Familienwappens, eines Löwen, geziert. In die Ritzen seiner Tumba pflegen die Juden Zettel mit ihren Herzenswünschen zu stecken und hoffen auf baldige Erfüllung. Oft vergeblich! Sonst wäre Adolf Hitler nicht erst 1945 zugrundegegangen!

Nun hatte meine Mutter schon so manchen Friedhof gesehen. Aber dieses Archiv aus Steinen war auch für sie etwas Einmaliges. Dieselbe bedrückende Enge wie einst im Getto! Nach jüdischem Brauch dürfen die Gebeine eines Bestatteten nämlich nicht mehr bewegt werden, und da man bis 1787 keinen anderen "guten Ort" genehmigt bekam, wurden die sterblichen Überreste der Gemeindemitglieder und die Grabsteine übereinander geschichtet. Die eingemeißelten symbolischen Zeichen und Tiere erinnern an den Beruf des Begrabenen - vom Rabbiner über den Apotheker bis zum Schneider. Beispielgebend sind auch die guten Taten nicht vergessen. So lasen wir nach, daß der Schlächter David Katzew jeden Freitag seine Töchter und Söhne gewogen hatte,um die Armen und Bedürftigen mit ebenso vielen Kilo Fleisch zu beschenken.

In der Alt-Neu-Schul (Synagoge), dem ältesten erhalten gebliebenen jüdischen Gotteshaus in Europa, seit das von Worms zerstört wurde, betrachteten wir den Thronsessel des Hohen Rabbi Löw ben Bazalel. Aus Pietätsgründen blieb er nach seinem Tode unbenutzt. Etwas verwundert stand meine Mutter vor dem Jüdischen Rathaus. Auf seinem hölzernen Turm läuft nämlich eine Uhr normal, die andere rückwärts mit hebräischen Ziffern. Dort befindet sich heute der Rat der jüdischen Religionsgemeinden Böhmens und Mährens. (Wenn diese steinernen Zeugen der jüdischen Kultur und noch viele andere, aus Prag und dem ganzen Land zusammengetragene religiöse Monumente und Schätze erhalten geblieben sind, so ist das ausgerechnet Heinrich Himmler zuzuschreiben. Er wollte so etwas wie das "Museum eines ausgestorbenen Volkes" schaffen.)

Drei Wochen Prag vergingen leider wie im Flug. Wir fuhren aber noch eine weitere nach Bodenbach. Schöne Wanderungen in dieser waldreichen, hügeligen Gegend sollten vom nahenden Abschiedsschmerz ablenken, was aber nicht ganz glückte. Nachdem meine Mutter die sich schon in Bodenbach befindende deutsche Zollkontrolle passiert hatte, winkte sie mir noch einmal mit ihrem Paß. Ich wäre noch trauriger gewesen, hätte ich geahnt, daß es kein Wiedersehen geben würde.

Ich entschloß mich, noch ein paar Tage in Bodenbach zu verbringen. Am 12. März 1938 kehrte ich aus der idyllischen Einsamkeit einer Bergwanderung zurück. Schon in der ersten Ortschaft empfing mich karnevalsähnlicher Trubel. Deutsche Militärmärsche und sogar verbotene Nazilieder dröhnten mir aus überfüllten Lokalen entgegen. Wildfremde Menschen fielen einander um den Hals: "Der Anschluß Österreichs ist geglückt. Jetzt wird der Führer auch uns heimholen." Dabei hatte das Sudetengebiet nie zu Deutschland gehört, sondern war bis 1918 jahrhundertelang ein Teil des Habsburgerreiches. Jedes Dorf, durch das ich kam, bot die gleiche, mich anwidernde Szenerie. Nur Bodenbach war stiller. Dort gab es noch eine zahlenmäßig respektable sozialdemokratische deutsche Minderheit.

Als Emigrant, der die Machterschleichung Hitlers in Deutschland miterlebt hatte, mißtrauisch geworden, erschienen mir plötzlich Kroftas optimistische Ansichten nicht mehr so hieb- und stichfest. Da erhielt ich den Auftrag von der angesehenen holländischen Zeitung "Haag'sche Post", einen Artikel zu schreiben "Droht der Tschechoslowakei Österreichs Schicksal?" Da ich wahrlich kein Stratege war und bin, mußte ich eine Informationsquelle auftreiben. Der tschechoslowakische Generalstab gestattete Oberst Emanuel Moravec, mich zu unterrichten. Er gehörte zu der Schule Masaryks, des philosophischen und humanistischen ersten Staatspräsidenten dieser Republik. In der Prager Zeitung "Lidove Noviny" - etwa ebenso liberal wie der "Manchester Guardian" - gehörte seine ständige Rubrik zu den meistgelesenen. Gerade verabschiedete der glatzköpfige Oberst ein paar hochrangige französische Offiziere. Wie mir hatte er ihnen wohl berichtet, daß die Tschechoslowakei jederzeit 400.000 Mann mobilisieren könnte. Dann holte Moravec Karten und Bilder des schon sensationell angelegten unterirdischen Befestigungsgürtels hervor, effektiver als die Maginot-Linie. Wie ich ja bestimmt wüßte, sei die Rüstungsindustrie der CSR für ihre hohe Qualität weltbekannt. Sechs Wochen, so lautete seine Schätzung, würde man allein durchhalten. Aber die CSR könnte sich ja auf den sofortigen Einsatz der französischen und sowjetischen Bündnispartner mit ihren Luftwaffen verlassen. Genau wie bei Krofta blieb Großbritannien unerwähnt.

Masaryk und Beneš hatten trotz einer durchschnittlichen Arbeitslosenquote von neunzehn Prozent im Vergleich zu größeren und reicheren Staaten eine vorbildliche Asylpolitik betrieben. Da aber nach dem "Anschluß" rund 100.000 gefährdete Österreicher, mehrheitlich wieder Juden, die man noch mehr malträtierte als im "Altreich", Einreiseanträge in die CSR stellten, wurden die Grenzen gesperrt. Man machte herzlich wenige Ausnahmen.

Maria Schmolka, immer noch Leiterin der HICEM und Stellvertreterin des Hohen Kommissars für Flüchtlinge, die von meinen Beziehungen zu Blättern auch außerhalb der Tschechoslowakei erfahren hatte, bat mich zu sich. Obgleich an noch viel Schlimmeres gewohnt, berichtete sie sehr erregt über die Tragödie der burgenländischen Juden, deren Vorfahren dort seit dem 13. Jahrhundert gelebt hatten. Die ersten wurden bereits am 8. April 1938 ausgewiesen und zwischen den Grenzen hin- und hergeschoben. Auf einem ausrangierten französischen Schlepper fuhr man sie drei Monate lang, ohne einen rettenden Hafen anzulaufen, auf der Donau hin und her.

Meine SOS-Rufe in der "Neuen Zürcher Zeitung"mit ihrer betuchten Leserschaft und dem liberalen, kompromißlos antifaschistischen schwedischen Blatt "Göteborgs-Handels- och Sjöfarts Tidning" trugen reichliche Geld- und Sachspenden ein. Nur mit Einreisegenehmigungen haperte es ... Ähnliche Erfahrungen machten zwei meiner Kollegen, die sich genauso intensiv für diese "Vogelfreien" einsetzten. Schließlich fanden sie in der Tschechoslowakei und Ungarn ein vorübergehendes Asyl.

Bald nach dem "Anschluß" fiel mir etwas auf. Ziemlich viele Leute aus dem Sudetenland, Sozialdemokraten, Mitglieder der dort kleinen Kommunistischen Partei, Tschechen und Juden, trafen in Prag, aber auch anderen Orten Böhmens und Mährens ein. Gewissermaßen befanden sie sich im Wartestand. Ihr Hauptdiskussionsthema war: Dableiben oder zurückkehren? Mich machte das stutzig. Daher wählte ich Bodenbach zu meinem zweiten "Hauptquartier" und pendelte nun ständig zwischen der Moldaumetropole und dem Sudetenland hin und her. Überall fanden Massenversammlungen der "Sudetendeutschen Partei" statt. Wo auch immer begann es mit dem gleichen Ritual: Vor seiner Wohnung in Reichenberg oder dem Hotel, wo der Parteivorsitzende gerade abgestiegen war, stauten sich die Massen und skandierten "Ach lieber Konrad, sei so nett / Und zeig' dich mal am Fensterbrett." Aber jeder wußte, daß die folgenden Heilrufe nicht diesem farblosen "Stellvertreter" galten, sondern dem weit entfernten "Führer".

Aus dessen Sicht hatte Henlein erstklassige Arbeit geleistet. Bescheiden genug begann der kleine Bankbeamte aus Malfersdorf 1931 seine Laufbahn als Verbandsturnwart des "Deutschen Turnerverbandes in der CSR". Dann aber gründete er bereits am 1. Oktober 1933 die "Sudetendeutsche Heimatfront", aus der zwei Jahre später die "Sudetendeutsche Partei" wurde. Nach Einverleibung der "Ostmark" hatten sich ihr alle anderen deutschen Parteien, ausgenommen die Sozialdemokraten, angeschlossen. Was Hitler nie legal erreichte, fiel ihm nun zu: Insgesamt 84 Prozent aller deutschen Stimmen bei den Gemeindewahlen.

Da stand Henlein also auf dem Rednerpodium. Anfangs lautete die Parole noch "Volle Autonomie für meine unterdrückten deutschen Landsleute". Danach aber folgte die unmißverständliche "Heim ins Reich"-Parole. Nur wenn die Lage gelegentlich brenzlig wurde, hörte ich wieder das alte bescheidenere Schlagwort von der "vollen Autonomie". Sowohl Henlein als auch alle anderen Redner seiner Partei kopierten die erfolgreichen Methoden des im österreichischen Braunau geborenen "Meisters". Wo er den "Schandvertrag von Versailles" heraufbeschwor, war es hier der "Schandvertrag von Saint Germain". Nach diesen Eindrücken riet ich allen Halb-Emigranten aus dem Sudetengebiet, mindestens abzuwarten und auch für den Fall der Fälle zu überlegen, wie man sein bewegliches Eigentum abtransportieren könnte. Die meisten reagierten vernünftig. Wenn sie in ihren Heimatorten geschäftlich oder privat etwas Dringendes zu tun hatten, blieben es nur Stippvisiten.

Nervöser wirkten die Alt-Emigranten. Auch ihre materielle Lage verschlechterte sich weiter. Erfahrungsgemäß ist es schwer, die Spendenfreudigkeit sehr lange zu strapazieren. Auf den Appell, bei Beerdigungen statt Blumen und Kränzen Hilfsgelder für die Flüchtlinge zu spenden, kamen immerhin kleine Summen zusammen. Von Woche zu Woche verdüsterte sich die politische Situation. Daß Hitler auf seiner Seite der Grenze "zum Schutz der Sudetendeutschen" Freikorps aufstellen ließ, betrachtete ich als schwere Provokation. Henlein und dessen Anhang gebärdeten sich noch unverschämter. Offen führten sie SA-ähnliche terroristische Aktionen durch.

Hier möchte ich nun das "Hohe Lied" der aus 7000 sudetendeutschen Männern bestehenden "Republikanischen Wehr" anstimmen, deren große Zahl, als sie bekannt wurde, selbst viele Tschechen überraschte. Schon bei früheren Gelegenheiten war ich zu einigen sozialdemokratischen Parteitagen eingeladen worden. 1920 hatten die Sozialdemokraten bei den Nationalratswahlen 44 Prozent aller deutschen Stimmen errungen. Mehr als ihre tschechische Schwesterpartei! Auch international betrachtet war das ein großartiges Resultat! Die Zahlen schwankten aber ständig. Schließlich blieben magere zwölf Prozent übrig. Seit 1929 beteiligten sich mehrere deutsche Parteien an der Regierungsverantwortung, 1938 nur noch die sozialdemokratische.

Freilich hatte sie einen sehr schweren Stand. Nach der Volkszählung von 1935 gab es immerhin 3,1 Millionen Sudetendeutsche oder 23 Prozent der Gesamtbevölkerung (Slowaken 22 Prozent). Jedoch blieb ihnen die echte Autonomie verwehrt. Im Staatsdienst wurden sie benachteiligt, genau wie übrigens die jüdischen Landpächter bei der Bodenreform. Bereits 1933 war die Zahl der Beschäftigungslosen in der ganzen Republik auf 920.000 angewachsen. Im Sudetengebiet überstieg sie den Durchschnitt um das doppelte. Auch das renommierte Handwerk litt besonders schwer unter der Wirtschaftskrise. Kein Deutscher wurde von den Pilsener Skoda-Werken angestellt. Daß man ausgerechnet im Sudetengebiet tschechische Notstandsarbeiter einstellte, mußte verbittern. Dennoch betrachteten Wenzel Jaksch und die übrigen führenden Sozialdemokraten das Regime in Prag als das bei weitem geringere Übel. Unentwegt suchten sie nach Kompromissen und erreichten auch kleinere Zugeständnisse. Ihnen war klar: Trotz aller Mängel gab es keine andere funktionierende parlamentarische Demokratie in der ganzen Region. Auch wußten sie, was die Briten und Franzosen noch nicht erkennen wollten, daß Hitlers Sieg über die Arbeitslosigkeit tatsächlich an erster Stelle seiner fieberhaft vorbereiteten Kriegs- und Expansionspolitik diente. Schließlich war jeder sudetendeutsche Sozialdemokrat über das Martyrium der Genossen im "Altreich" und der "Ostmark" genau informiert und realisierte, was ihm bevorstünde ...

Wenn ich nochmals zurückdenke, dann war der Mai 1938 ein Markstein. Hitler erhob unmißverständlich den Anspruch Deutschlands auf das Sudetengebiet. Mit grünem Licht der Westmächte und vermutlich auch der Sowjetunion, durfte nun die Tschechoslowakei die erste ihrer zwei Teilmobilisierungen durchführen. Beide beobachtete ich in Prag. Auf den Dächern postierte man Soldaten mit Maschinengewehren. Straßen und Häuser waren verdunkelt, oft auf primitive Art.

Die Henlein-Leute reagierten opportunistisch. Während der Mobilmachungen im Mai und eine ganze Weile danach sah ich im Sudetengebiet keine Aufmärsche und Protestkundgebungen und hörte auch keine Heilrufe mehr. Bald aber witterten sie wieder Morgenluft. Aus Berlin erfuhr Henlein, daß Großbritannien, unter Neville Chamberlain, mehr und mehr der Appeasement-Politik zuneigte. Wenig glaubhaft versicherte Frankreich seine Bündnistreue. Als dann am 3. August 1938 Lord Walter Runciman - Spitzname "Runzelmann" - in einer sogenannten Friedensmission eintraf, war es kein Geheimnis, daß er der vorbestimmten prodeutschen Marschroute seines Premierministers folgen würde. Meine letzten Illusionen einer friedlichen Lösung schwanden, als nach Hitlers Hetz- und Drohrede vom 12.September 1938 Chamberlain nur drei Tage später den unersättlichen "Führer" wieder in Berchtesgaden aufsuchte. Ohne, wie es hieß, Paris vorher konsultiert zu haben, sagte er ihm seine Unterstützung bei der "Eingliederung" des Sudetengebietes zu. Mir war klar, daß Pariser Proteste nur noch symbolischen Wert hatten. Während der schicksalhaften Münchener Konferenz vom 29. September 1938, an der u.a. Benito Mussolini, Neville Chamberlain und, bestimmt mit schlechtem Gewissen, Edouard Deladier teilnahmen, erzwang Hitler die sofortige Annexion des Sudetengebietes. Die Sowjetunion hatte man vollkommen übergangen. Von einem empörten Mitglied der tschechoslowakischen Delegation erfuhr ich, daß die Konferenz ohne ihre Beteiligung stattfand. Den Wortlaut des Diktats las diesen schamlos Ausgeschlossenen ein kleinkarätiger britischer Diplomat vor. Chamberlain, der ein ständiges Gähnen nicht mal zu unterdrücken versuchte, empfing sie hinterher. Im Café "Parlament" las ich die Zeitungen sehr gewissenhaft durch. Groß aufgemacht zitierten sie Chamberlains skandalösen Ausspruch, es hätte sich ja nur um Teile eines unbekannten, entlegenen Landes gehandelt, das gar nicht wert sei, verteidigt zu werden.

Der Rückzug der Tschechen aus dem Sudetengebiet und der Einmarsch der deutschen Truppen, von einer Massenflucht begleitet, begann am 30. September, und mußte nach einer Woche beendet sein. Henlein - er hatte sich, sicher ist sicher, feige nach Deutschland zurückgezogen - war mit Siegermiene heimgekehrt.

Laut dem Historiker Golo Mann äußerte Beneš im Zusammenhang mit Österreich einmal: "Lieber Hitler als Habsburg", was ich als nicht sehr weise betrachtete. Nun mußte er selber diesem Hitler weichen, am 5. Oktober zurücktreten und exilieren. Die meisten der über die Gesamtlage tief bestürzten Tschechen nahmen das apathisch hin. Hingegen weinten wir Asylanten unserem Gönner so manche Träne nach. Von den Flüchtlingen waren im Oktober 1938 immer noch 1180 politische und 4000 jüdische übriggeblieben. Manche fielen unter beide Kategorien. Hinzu kamen ihre statistisch nicht erfaßten Leidensgenossen aus dem Sudetengebiet.

In seiner Prager Wohnung besuchte ich Wenzel Jaksch, der mir, nach einem Autounfall am Stock hinkend, entgegenkam. Mit zwei SOS-Aufrufen hatte er noch im letzten Augenblick sein Bestes versucht. Einer trug die Schlagzeile "Rettet den Frieden". Außer ihm und seinen Parteifreunden hatten diesen Appell auch vereinzelt bäuerliche, katholische - darunter ein Geistlicher - und deutsch-demokratische Nazigegner unterzeichnet.

Wieder wandte sich die "Haag'sche Post" an mich. Diesmal bestellte sie einen Artikel "Der Krieg, der nicht stattfand"Also suchte ich nach Oberst Moravec, vergeblich. Aus seinem Büro blieb er spurlos verschwunden, und die Privatadresse, die auch nicht im Telefonbuch stand, schien ein Staatsgeheimnis zu sein. Es dauerte sehr lange, bis ich sie schließlich doch herausbekam und empfangen wurde. Sein Sohn arbeitete gerade an einem Aufsatz für die Deutschstunde (meines Wissens wurde er später der einzige tschechische SS-Offizier).

Moravec selbst durfte nur noch militärwissenschaftliche Bücher schreiben. Seine Auskünfte waren jetzt präziser. Die Tschechoslowakei hätte nicht nur über die unterirdischen

Befestigungen verfügt, die ja sogar Hitlers Erstaunen und Bewunderung erregten. Vielmehr besaß sie, hervorragend bewaffnet, neben der jederzeit möglichen Einberufungsstärke von 44 Divisionen, darunter vier Eliteregimentern, sogar mehr Panzer als die Deutschen. was einige Generäle, darunter Ludwig Beck und Franz Halder, zu Warnungen vor einem kriegerischen Abenteuer veranlaßt hatte ...

Nur mit der Luftwaffe haperte es. Aber da erwartete man eben, bis alle Hoffnungen schwanden, den Einsatz der Franzosen und der Sowjets. Wie Moravec meinte, hätte eine Totalinvasion den moralischen Widerstand mehr angefeuert als die Münchner Amputationen, so schmerzhaft sie auch waren. Warum der Oberst nach dem Fall Prags ein Erzquisling wurde, der Protektoratsregierung als Erziehungsminister diente und sich vom Masaryk-Jünger zum wütenden Antisemiten entwickelte, entzieht sich meiner Kenntnis. 1945 entging er der Verhaftung durch Selbstmord. "Reichsstatthalter" Konrad Henlein starb in einem alliierten Lager, nachdem man ihn zum Tode verurteilt hatte.

Äußerlich blieb Prag eine "goldene Stadt". Nachdem aber jeder die Garantie der neuen tschechoslowakischen Grenzen durch Großbritannien und Frankreich und Hitlers Versicherung, "er wolle gar keine Tschechen", nur als Farce betrachtete, bangte ich vor seinem nächsten Schritt. Er sollte abertausende Märtyrer kosten und gefährdete mindestens ebensoviele Menschenleben, auch meines. Nun liegt die Frage nahe, warum ich anderen zur Weiter-, bzw. Auswanderung riet, aber selbst in der Mausefalle hängenblieb. Es gab mehrere Gründe: Meine skandinavischen und Schweizer Blätter wollten, daß ich nach dem Münchener Diktat vom 29. September 1938 weiter die politische und wirtschaftliche Entwicklung in der Rest-Tschechoslowakei beobachte. Für einen Emigranten war das eine Existenzfrage. Auch glaubte ich, daß mich mindestens eine der Redaktionen im Falle akuter Gefahr herausholen würde. Schließlich hatte ich das Tempo des Hitlerischen Appetits unterschätzt und angenommen, er würde mit Rücksicht auf die - ihm tatsächlich gleichgültige - Weltmeinung vor neuen Forderungen eine längere Verschnaufpause einlegen.

Odd Nansen war nach Prag gekommen, um aus eigenem Augenschein die Nöte der Flüchtlinge kennenzulernen. Da sie seine Eindrücke vor Ort übermitteln wollte, bestellte die größte und sehr liberale norwegische Zeitung "Dagbladet" bei mir ein Interview mit ihm. Odd war der Sohn des großen Polarforschers Fridtjof Nansen, der nach dem Ersten Weltkrieg Wunderdinge für Hungernde, Verfolgte und den Austausch der Gefangenen vollbrachte. Er erfand den nach ihm benannten Staatenlosenpaß. 1922 wurde Nansen senior der Friedensnobelpreis verliehen. Architekt Odd trat in die Fußstapfen seines Vaters. Er begründete und leitete die "Nansen-Hjelp". Jedes Visum für Flüchtlinge mußte der nie zu entmutigende Mann dem Chef der Fremdenpolizei abringen, der, wie sich später herausstellte, ausgerechnet Vidkun Quisling nahestand. Warum sollte Nansen im äußersten Notfall nicht auch mir beistehen können? Persönlich munterte er einen auf, politisch erschien ihm die Lage aber sehr kritisch.

Dann traf mich im deutschen Generalkonsulat ein Keulenschlag. Da die Gültigkeit meines Passes ablief, wollte ich ihn verlängern lassen. Ganz routinemäßig fragte die zuständige Beamtin: "Arier oder Nichtarier?" Ich antwortete: "Nichtarier". Daraufhin wurde die Verlängerung um ein Jahr gewährt, statt der üblichen fünf. Was aber ungleich tragischer war: Man stempelte links oben auf die erste Seite ein knallrotes "J" hinein. Für zehntausende, eher hunderttausende Juden sollte es bei der Aufnahmeunwilligkeit fast aller Länder die "Endlösung" bedeuten. Das norwegische "Stavanger Aftenblad" brachte über diese düstere Vision einen ganzseitigen Aufsatz von mir. Quer darüber wurde ein großes rotes "J" gedruckt.

Heute weiß ich, daß die Schweiz damals für deutsche Staatsbürger wieder den Visumzwang einführen wollte. Dadurch sollte eine "Überflutung" durch Juden aus dem Großdeutschen Reich vermieden werden ("Das Boot ist voll").

Schließlich einigte man sich akkurat am 29. September 1938 (Münchener Diktat) auf das rote "J". Miteingefädelt hatte diesen schauerlichen Kompromiß der eidgenössische Gesandte in Berlin, Hans Frölicher. Nach dem Kriege, als der Hintergrund bekannt wurde, lautete ein geflügeltes Wort der Eidgenossen: "Manch Schweizer wär' fröhlicher, wenn Frölicher kein Schweizer wär'."

Das Leben in Prag wurde schwerer und trister. Ich spürte das Damoklesschwert, das über uns allen hing. Auch meine Blätter zeigten eine gewisse Ängstlichkeit. So hatte beispielsweise "Stockholms Tidningen", damals im Besitz der Zündholzdynastie Kreuger, das Interview mit Krofta noch sehr groß herausgebracht. Aber jetzt stand die auflagenstarke Zeitung unter Goebbels'schem Einfluß, erhielt mutmaßlich hohe deutsche Subventionen und nahm höchstens noch harmlose Feuilletons. Dennoch ging es mir finanziell nicht schlecht. Die ausländischen Honorarschecks fanden schwarz reißenden Absatz. Wer fremde Devisen noch legal einwechselte, galt als unbelehrbarer Narr.

Und dann war das Ende plötzlich da. Als ich am Morgen des 15. März 1939 die Hotelhalle betrat, herrschte so etwas wie Weltuntergangsstimmung. "Nur noch wenige Stunden, dann werden die Deutschen hier einmarschieren. Hitler hat Böhmen und Mähren zum von ihm kontrollierten Protektorat gemacht", rief man mir zu. Nun war die "Flora" eine wahrlich unzuverlässige Gerüchteküche. Schon wollte ich abwinken. Da fiel mein Blick auf das verzweifelte Gesicht des tschechischen Hoteldirektors, und ich wußte genau, diesmal stimmt es ...

Was macht ein jüdischer, antifaschistischer Journalist als erstes in einer solchen Situation? Schnell klaubte ich meine mich belastenden Artikel und sonstiges antinazistisches Material zusammen. Wortlos trug das Zimmermädchen die prall gefüllten Papierkörbe in den Heizungskeller, wo der Inhalt zu Asche wurde. Bedrückt verkündete der Hoteldirektor, er müßte einen großen Teil der Zimmer für hohe Wehrmachtsoffiziere, Gestapoleute und SS-Bonzen räumen. So führte mein erster Weg zu Dr. Jan Zlatnik im noch amtierenden tschechoslowakischen Außenministerium. Meine erfüllte Bitte, durchzusetzen, daß ich das Hotel nicht verlassen mußte, dürfte eigenartig anmuten. Aber ich kalkulierte richtig. Wer könnte schon annehmen, daß jemand wie ich es wagen würde, womöglich Tür an Tür mit potentiellen Verfolgern zu wohnen? Dadurch entging ich fürs erste den sofort einsetzenden Razzien. Leute, die wohl oder übel dem Räumungsbefehl gefolgt waren, irrten fassungslos herum. Manche fielen sehr schnell den Spitzeln und Häschern in die Hände.

Noch waren die Besatzer in der "Flora" nicht eingetroffen. Etliche Sudetendeutsche saßen mit meinem Freund Hans Schlesinger zusammen. Er war ein Kauz mit vierfachem Doktor, der von der Verpachtung seines ererbten Landgutes unweit Bratislava lebte. Über den Rundfunk hatte er am Abend zuvor der Erklärung der Slowakei zum selbständigen Staat mit Monsignore Jozef Tiso als Präsidenten vernommen (praktisch von Hitlers Gnaden; er wurde 1947 als Hochverräter hingerichtet). Schlesinger frotzelte seine Gesprächspartner: "Ihr habt jetzt das Protektorat und keinen Staat mehr. Ich habe noch einen Staat." Gerade in dieser tragischen Stunde fand ich Schlesingers schwarzen Humor weder passend noch taktvoll. Leider ist er dem Holocaust nicht entgangen.

Selbst der Himmel über dem gar nicht mehr goldenen Prag schien zu weinen, es goß ununterbrochen. Fast ausnahmslos hatten die Menschen, die mir begegneten, verheulte Augen. Eine aggressive Abwehrstimmung (wie nach der noch größeren Enttäuschung, als die Warschauer-Pakt-Staaten, ausgenommen Rumänien, 1968 einmarschierten) bemerkte ich nicht.

Am Grabmahl des Unbekannten Soldaten und vor den Statuen des Jan Hus und des Schutzpatrons St. Wenzel legten tausende Passanten kleine Blumensträuße nieder. Truppen Hitlers prägten nun das Stadtbild. Sie waren gut aufgelegt, denn hier gab es noch alles, wovon man in dem schon auf Kriegswirtschaft eingestellten Großdeutschen Reich höchstens träumen konnte. Natürlich wurde auch für die Familien daheim tüchtig eingekauft als sei es schon Weihnachten. Was ich mir nie gewünscht hatte - ich sollte das erste und erfreulicherweise einzige Mal Hitler persönlich sehen. In einer schwer bewachten Autokolonne rollte er im offenen Wagen vorbei, als Triumphator mit hocherhobenem Arm. Der "Führer" befand sich auf dem Weg zum Hradschin. Diesmal säumten den Weg keine hysterisch jubelnden Menschenmassen wie beim Einzug in Österreich und das Sudetengebiet. Tschechische Passanten wandten sich ab. Dünn klangen die "Heil Hitler"-Rufe einiger Prager Deutschen.

Jetzt begann auch für mich die allzu lange aufgeschobene, nervenaufreibende Jagd nach einem Visum. Ich will mich hier nur auf wenige Etappen dieser verzweifelten Versuche beschränken. Im polnischen Konsulat war ich voller Hoffnung. Dort konnte ich sogar einen Brief des Gesandten in Ankara vorweisen, ich solle Polen doch mal als Journalist besuchen. Man stellte viele Fragen, füllte mehrere Bogen aus und sagte dann nur zwei Worte: "Nicht genehmigt". Die Dänen und Schweden, die mich als Mitarbeiter von Blättern in ihren Ländern kannten, machten es mit ihrer Ablehnung kürzer, warnten aber vor illegalen Versuchen. Mit "Viel Glück" verabschiedete sich die dänische Beamtin. Das klang wie Hohn. Hingegen wollte der norwegische Ehrenkonsul auf diplomatischem Weg meine Bitte an die "Nansen-Hjelp" weiterleiten. Nur wußte ich schon, wie langsam damals auch in Oslo die bürokratischen Mühlen mahlten. An Staatspräsident Ismet Inönü - "meinen Freund fürs Leben" - wandte ich mich telegraphisch. Vergeblich wartete ich auf eine Antwort.

Die Lehre des 15. März 1939: Man darf nicht aufgeben. In Bulgarien war ich öfters gewesen, hatte viel darüber geschrieben, und der Kontakt zum bulgarischen Presseattaché entwickelte sich beinahe freundschaftlich. "Auf einen J-Paß", erklärte er mir - "ist ein Visum nur mit Genehmigung aus Sofia möglich." Nun ja, man würde dort anrufen. Am selben Nachmittag erfuhr ich: "Viertägiger Aufenthalt gestattet."

Lächelnd fügte der Presseattaché hinzu: "Sie kennen ja den Balkan. Letzten Endes könnten Sie dann auch vier Jahre bleiben." Nachdem ich alte und prominente Belgrader Beziehungen erwähnt hatte, erteilten die Jugoslawen sogar ein mit vierzehntägiger Aufenthaltsdauer verbundenes Transitvisum. Wer nach Jugoslawien und Bulgarien durfte, den ließen die Ungarn ohne Formalitäten durchreisen.

War ich nun über den Berg? Mit den zwei kostbaren Visa suchte ich die Wehrmachtsstelle auf, die Ausreisegenehmigungen erteilte. Man behandelte mich korrekt, und ich wurde auf den nächsten Tag vertröstet. Da war aber die Zuständigkeit bereits an die Gestapo übergegangen.

Auf Goebbels' "Schwarzer Liste" bin auch ich vertreten gewesen. Als er angeordnet hatte, die Namen der jüdischen Gefallenen des Ersten Weltkrieges aus den Denkmälern zu entfernen, hatte ich geschrieben: "Diese Verordnung stammt von einem Mann, der wegen seines bedauerlichen Krüppeltums nie an einer Front gedient hatte." Jedoch war ich kein Starjournalist und hegte die Hoffnung, daß während des ganzen Wirrwarrs meine Akte noch in Berlin schmorte.

Wenn ich mich an diese Tage erinnere, so ist das ein Alptraum. Aberhundert Menschen standen vor einer alten Riesenkaserne, die nun der Gestapo diente. Die Mehrheit bildeten glückliche Besitzer amerikanischer Affidavits oder palästinensischer Zertifikate. Wer Glück hatte, erhielt die blaue "Exitkarte". Nur, wie konnte man überhaupt an den Kopf der Schlange gelangen? Hier und da ertönte der Ruf "Arier", und dann wurde die Eingangstür sofort geöffnet. Erfreulicherweise realisierte die Gestapo schließlich, daß es so nicht weiterging. Wir wurden aufgefordert, unsere Päße bei dem auch heute noch funktionierenden offiziellen Reisebüro "Cedok" abzugeben. Während ihrer Rückerstattung und der Verteilung der "Exitkarten" harrte ich vergeblich und schließlich immer verzweifelter darauf, daß auch mein Name aufgerufen wurde.

Nach vier Tagen klopfte es zu später Stunde an der Zimmertür. Eine mir fremde junge Dame, vermutlich Angestellte des Reisebüros, flüsterte: "Die Gestapo hat Ihren Paß beschlagnahmt. Tauchen Sie sofort unter." Und sie verschwand im gleichen Augenblick. Bis auf den Inhalt einer Aktentasche ließ ich, um nicht aufzufallen, alles liegen. Zum letztenmal (bis 1976) ging ich durch die Drehtür des mir liebgewordenen Hotel "Flora". Nun war ich dieses Schutzes beraubt. Ziellos irrte ich durch die Straßen und landete oft ermüdet in den Wartesälen der Bahnhöfe. Selbstredend konnte ich auch nicht mehr journalistisch tätig sein.

Erfreulicherweise traf "poste restante" eine gar nicht so geringe Geldanweisung ein. Statt des beschlagnahmten Passes zeigte ich, wie einst in Sarajewo, den abgelaufenen Ausweis des Berliner Presseverlags Dr. Dammert vor. Verständnisvoll sah mich der Beamte an. Gegen alle Vorschriften zahlte er die Summe aus. Sie kam aus Holland, stammte vom Verlagshaus der "Steyler Missionare" und sollte mir noch sehr nützen. Mal schlief ich bei auch irgendwie gefährdeten Freunden und oft unter falschem Namen in Stundenhotels. Auch Damen des ältesten Gewerbes der Welt versteckten mich. Bert Brecht irrte. Die "Huren" werden Mackie Messer genauso wenig verraten haben, wie mich und andere Vogelfreie, denen sie auch ohne Entgelt Unterschlupf gewährten.

Towe Filseth - später die Frau Max Taus - war als Sekretärin und Mitarbeiterin Odd Nansens in Prag eingetroffen. Sicherlich nicht ohne Mühe fand sie heraus, wo ich gerade steckte. Ja, ich könnte ein norwegisches Einreisevisa haben. Dann folgte wieder eine bittere Enttäuschung. Ohne Einstempelung in einen gültigen Paß sei das aber noch nicht möglich. Den Briten - sie hatten wahrlich allen Grund zu einem schlechten Gewissen - war es gelungen, mit Erlaubnis der Gestapo einen plombierten Zug voller Flüchtlinge herauszuschleusen. Botschaftsrat Shaw, der mich bei dicker Luft einmal stundenlang verbarg, hoffte auf eine zweite Chance. Jedoch klappte es nicht mehr. "Wir Engländer", erklärte er mir, "sind sonst für die Legalität. Ihnen bleibt jedoch nur noch der illegale Weg übrig."

Über eine Deckadresse erhielt ich ein verschlüsseltes Telegramm, in Mährisch-Ostrau gäbe es Möglichkeiten zur Überschreitung der grünen Grenze nach Polen. Am Reiseziel wurde ich von dem mir persönlich unbekannten Absender des Telegramms mit einem Kennwort angesprochen. Eine tapfere Handwerkerfamilie nahm mich auf. Ihr Haus stand an der Brücke zum Hultschiner Ländchen. Im Parterre befand sich die deutsche Zollwache. Ich fühlte mich "gut beschützt". Schon am nächsten Morgen besuchte ich einen Rechtsanwalt, der sich als Fluchthelfer bewährt haben sollte. Mit verweinten Augen öffnete die Sekretärin die Tür. Ihr Chef war vor zwei Stunden verhaftet worden. Jetzt setzte für mich ein unvermeidlicher Stubenarrest ein. Gute Lokale in dieser lebhaften Industriestadt führten bereits das Schild "Juden unerwünscht". Weniger "noble" mußten mit ständigen Razzien rechnen.

Die eigentliche "grüne Grenze" war unsicherer geworden. Beinahe ohne Unterlaß wurden Fluchtpläne geschmiedet und wieder verworfen. Einmal wäre ich beinahe mit einem Toten im Leichenwagen hinübergeschmuggelt worden. Dann fand mein Vertrauensmann solidere Kontakte zu Eisenbahnern. Die Bestechungssumme war etwas geringer als das Geld der deutschen Missionare, das ich noch am Prager Postschalter kassiert hatte.

Auf einem freien Feld, zwischen den Schienensträngen, harrte ich des vereinbarten Blinkzeichens zum Aufspringen. Es gelang. In die Ecke eines Güterwaggons geduckt, sah ich dann vor der Grenze einen deutschen Stahlhelm nach dem anderen. Schätzungsweise zehn Minuten Herzklopfen, bis der tschechische Begleiter das Zauberwort sprach: "Rzeczpospolita Polska" - Republik Polen. Ich fühlte mich wie neugeboren. Durch die Sperre in Oderberg gelangte ich ohne Fahrkarte. Vermutlich war der polnische Beamte mitbestochen worden.

Oderberg gehörte zu jenen vorher tschechischen Orten des Teschener Gebietes, die Hitler in Zusammenhang mit dem Münchener Diktat Polen großzügig "zum Geschenk" gemacht hatte. Bei einer bestimmten Adresse sollte ich mich melden und dort den Rest der Nacht verbringen. Irgendetwas mußte schief gegangen sein, die Haustür war verschlossen, ohne Klingelknopf, und ich wagte nicht, laut zu klopfen oder zu rufen. Meist kommt ein Unglück selten allein. Zwei Gendarmen radelten herbei und brachten mich aufs nächste Polizeirevier. Ich hatte einen Mann nach der Straße gefragt, und er dürfte einer der zu jener Zeit zahllosen Spitzel gewesen sein. Man behandelte mich nicht unhöflich. Zwar würde ich wegen illegalen Grenzübertritts bestraft, aber den Deutschen bestimmt nicht ausgeliefert werden. Trotz dieser Versicherung schlief ich schlecht.

Am nächsten Morgen hatte ein anderer Kommissar Dienst. Daß ich Mitarbeiter skandinavischer und Schweizer Blätter war, beeindruckte den Hüter des Gesetzes wenig. Stattdessen meinte er: "Wenn Sie Skandinavier oder Schweizer wären, würde Ihnen unser Land", - wozu dann eigentlich? - "Asyl gewähren. Juden haben wir mehr als genug." Zwei baumlange Polizisten eskortierten mich zum Bahnhof. Dann wurde ich in ein Abteil des Zuges nach Mährisch-Ostrau gesetzt. Meine uniformierte Eskorte stieg wieder aus, vermutlich weil Mährisch-Ostrau, die nächste Station, schon im Protektorat lag und man annahm, ich würde die sehr kurze Strecke auf meinem Platz brav hocken bleiben.

Aber ich wußte, was ein KZ war. Ich rechnete mir eine Stelle aus, an der ich abspringen wollte. Ich wagte es. Mein Körper war übel zugerichtet, und ein mir damals zugezogenes Händezittern ließ sich später nicht wieder heilen. Eine schwerere Verletzung war mir aber nicht "vergönnt" - dann hätte ich nämlich vom Krankenhaus aus mit dem "Britischen Komitee" in Kattowitz oder Krakau Verbindung aufnehmen können. Schon im Oktober 1938 hatte nämlich der britische Verteidigungsminister Duff Cooper aus Protest seinen Rücktritt erklärt und Winston Churchills Stimme ertönte immer warnender. Auch der bis dahin strikt pazifistischen Labour Party schlug endlich das Gewissen. So wurde ziemlich kurz nach dem Münchener Diktat ein Komitee begründet, und man trieb die nötigen Mittel dafür auf. Es sollte allen politischen Flüchtlingen, gleich welcher Nationalität, aus der Rest-CSR, später dem "Protektorat" und der Slowakei die Einreisevisa nach Großbritannien beschaffen und die Kosten der Überfahrt und Unterbringung tragen.

Nach dem Absprung folgten abermals die Verhaftung durch die polnische Gendarmerie und stundenlanges Eingesperrtsein. Schließlich bluffte ich erfolgreich: "Meine Zeitungen werden vergeblich nach mir suchen, und ich glaube nicht, daß das für Polen günstig wäre." Tatsächlich wußte natürlich niemand etwas von meiner Flucht. Aber es wirkte. Ich wurde entlassen und gelangte nach Kattowitz. Botschaftsrat Shaw hatte mich sicherheitshalber angekündigt.

Kattowitz mit seinen ertragreichen Kohlebergwerken, anderen Industrien und gemütlichen Caféhäusern, war mit Flüchtlingen jeder Art überfüllt. Eine ihrer demokratischen Gruppen wählte mich zum Vorsitzenden. Wen ich neu aufnahm und dem Komitee mit seinen klar umrissenen Bestimmungen empfahl, wurde in der Regel registriert und genoß seinen Schutz. Letzten Endes konnte es um Leben oder Tod gehen - eine entsetzliche Verantwortung! Über die letzten Wochen in Prag und die Flucht vor der Gestapo schrieb ich einige Berichte - die beste Art der inneren Aufarbeitung.

Das Jüdische Gemeindehaus hatte den verschiedenen Flüchtlingsorganisationen Büroräume zur Verfügung gestellt. Auch den politischen. Mich nahm eine gastfreundliche polnisch-jüdische Familie auf. Mehr und mehr verbreitete sich die Furcht, daß der unersättliche Hitler nun auch sehr bald Polen besetzen würde. Dennoch hatten die Kattowitzer keine anderen Sorgen als die einer Straßendemonstration mit der Parole "Kauft nicht bei Juden".

Kurz darauf wurde ich vor eine schwierige Entscheidung gestellt. Am gleichen Tag waren ein britisches und über die "Nansen-Hjelp" ein norwegisches Visum eingetroffen. Norwegen hatte endlich doch auf die Einstempelung in einen gültigen Paß verzichtet. Alle rieten mir, Großbritannien nicht zu wählen. Bestimmt sei der Krieg nahe, und es würden dort mindestens Bomben fallen. Dem neutralen Norwegen drohe das nicht. Instinkt oder Abenteuerlust? Norwegen kannte ich, das Vereinigte Königreich überhaupt nicht. Ich entschied mich für das britische Visum. (Nach der Besetzung Norwegens - begonnen am 9. April 1940 - gehörte Odd Nansen zu den KZ-Häftlingen in Sachsenhausen. Später veröffentlichte er sein seitenweise herausgeschmuggeltes Tagebuch "Fra dag til dag" über diese Zeit als dreibändiges Buch.)

Endlich kam die Nachricht "Morgen geht es los". Schätzungsweise hundert "Auserwählte" trafen auf dem Perron des Kattowitzer Bahnhofs ein, nur um zu erfahren, der Transport sei verschoben. Die Schiffahrtsgesellschaft hatte pro Kopf ein Pfund mehr verlangt als vordisponiert war. Manche haben das sicherlich mit dem Leben bezahlt. Etwa zehn Tage später ging es dann wirklich los. Zu unserem Mißvergnügen passierte der Zug die nur noch nominell Freie Stadt Danzig. Ein Meer aus Hakenkreuzfahnen empfing gerade Goebbels, der dort eine den Zweiten Weltkrieg psychologisch vorbereitende Hetzrede hielt. Im benachbarten Gdingen bestiegen wir am 20. Juni das nach dem polnischen König Sobieski benannte Schiff - eine Jungfernfahrt mit entsprechend guter Verpflegung.

Von Dover aus ging es nach London. Die nervöse Wartezeit bis zur Abfahrt des Zuges verkürzte uns der gute Psychologe Löwinger, der eine Gruppe des "Czech Refugee Trust Fund" leitete, mit einem ausführlichen Bericht über die politischen Ereignisse der letzten Tage. Per Autobus gelangten wir dann in die Westbourne-School, während der Ferien ein Flüchtlingslager. Schon am nächsten Morgen erfolgte ein Telefonanruf. Durch Vermittlung der "Keystone-Agentur", deren Feature-Redakteur mein alter Bekannter Ehrenzweig war, wollte nun auch eines der vielen Wochenblätter des Kemsley-Großverlagshauses meinen Artikel über die Ereignisse in der Tschechoslowakei nach dem 15. März 1939 bringen. Ich möge hinkommen und mich fotografieren lassen. Der Beitrag erschien, ohne das Bild. Wahrscheinlich war ich nicht schön genug

Im britischen Exil
Deportation auf der Dunera
nach Australien

London mit seinem Riesenverkehr wirkte auf mich, da ich eben zeitlebens an schlechtem Orientierungssinn litt, zunächst sehr verwirrend. Einer meiner ersten Wege führte mich ins Mammutgebäude der Lloyds Bank. Von Polen aus hatte ich dort mit ein paar Honoraren aus Skandinavien und der Schweiz - es waren stolze sechzehn Pfund - ein Konto eröffnet. Der Direktor eilte herbei, begrüßte mich und notierte persönlich meine Personalien. In London galt selbst der kleine Kunde etwas ...

Zunächst beschäftigte mich angesichts des bevorstehenden Krieges, ob man aus Polen noch Flüchtlinge retten könnte. Solche Versuche liefen über den "Czech Refugee Trust Fund". Er war in verschiedene Abteilungen gegliedert, deren Anerkennung eine Voraussetzung zur Visaerteilung war. Bei mir hatte das die HICEM getan, mit der ich ja während der Prager Zeit journalistisch zusammenarbeitete. Ich wechselte aber zur "Thomas-Mann-Gruppe" über, der vor allem Schriftsteller, Journalisten, Künstler und Intellektuelle aller Art angehörten. Leiter war Bernhard Menne, erst Chefredakteur des kommunistischen Zentralorgans "Rote Fahne", dann Mitglied der ultra-deutschfeindlichen Vansittart-Gruppe und schließlich, nach dem Krieg, Chefredakteur der noch von den Briten herausgegebenen antimarxistischen "Welt am Sonntag".

Vom "Czech Refugee Trust Fund" wurde uns freie Unterkunft und Verpflegung geboten, und das Taschengeld war gar nicht so schlecht. Aber eine Schreibmaschine wäre mir lieber gewesen. Beantragen konnte ich sie nicht, denn laut Einreisestempel war es Emigranten verboten, eine berufliche Tätigkeit auszuüben. Zusammen mit etwa einem Dutzend

Schicksalsgefährten wurde ich im Bezirk Hammersmith bei der alten Mrs. Sutton, einer absoluten Herrscherin, untergebracht.

Mein verzweifelter Rundgang zu den Abteilungschefs des "Czech Refugee Trust Fund" hatte kein großes Echo. Manche schätzten es, wenn sich jemand um seine Schutzbefohlenen weiter kümmerte, nachdem er selbst gerettet worden war. Andere hielten die Situation bereits für aussichtslos und wollten nicht mehr ständig bedrängt werden. Immerhin hatte ich den Verantwortlichen für die "Sudetendeutsche Demokratische Flüchtlingsgruppe" auf den tschechoslowakischen Staatsbürger Oskar Neruda aufmerksam gemacht. Eine Minute vor zwölf war es ihm noch gelungen, nach Wilna zu entkommen. Dieser Verleger von Theaterstücken gelangte tatsächlich nach London, und es ergab sich eine enge Freundschaft.

Maria Schmolka, begleitet vom Prager jüdischen Gemeindepräsidenten Kafka, befand sich auch in London. Am Russell Square war sie in einem der vielen kleinen Hotels abgestiegen. Wie wohl alle Komiteeprominenten, außer dem rechtzeitig entkommenen Kurt Grossmann, war sie sofort nach der Naziinvasion eingesperrt worden. Zu ihrer eigenen Überraschung entließ man sie aber ziemlich bald aus dem berüchtigten Pankratz-Gefängnis. Adolf Eichmann, der zum Buchhalter des Todes werden sollte, hatte sogleich sein Büro eröffnet, wußte aber offenbar nicht, was mit den ca. 4000 jüdischen Emigranten geschehen solle. Bei der Vorladung mußte sie, wie üblich, drei Schritte von seinem Schreibtisch entfernt stehen. Eichmann befahl Frau Schmolka, sich möglichst rasch mit einem Begleiter nach London zu begeben und dort Immigrationsvisa zu erpressen. Nur begann wenige Tage später der Krieg. Ein Termin, über den Eichmann anscheinend nicht informiert worden war! Kafka kehrte nach Prag zurück und soll mit seiner Familie umgekommen sein. Maria Schmolka blieb und arbeitete für das Komitee, den "Czech Refugee Trust Fund". Während meiner Internierungszeit fand man sie tot in der Badewanne. Angeblich soll es Selbstmord gewesen sein, als sie erfuhr, daß die Gestapo ihren Schwiegersohn verhaftet hatte.

Ohne daß man von den Geheimklauseln schon etwas Genaueres wußte, war für fast alle der 23. August 1939, an dem der Deutsch-Sowjetische Nichtangriffspakt unterzeichnet wurde, ein Fanal. Die nach "München" umjubelte Appeasement-Politik wurde nicht mehr als realistisch betrachtet. Wohl oder übel hatte selbst Chamberlain dem Britisch-Polnischen Beistandsvertrag vom 25. August 1939 zugestimmt. Ohne Hysterie harrte man der Dinge, die da kommen würden. Nur die "Peace Pledge Union" (Friedens-Union) warnte noch lautstark. Dann, am 3. September - zwei Tage zuvor hatte Hitler Polen angegriffen, - erfolgten ein Ultimatum und die Kriegserklärung Frankreichs und Großbritanniens an Deutschland. Über den Rundfunk hörten wir die erregte Stimme Chamberlains, der endlich auch härteste Worte gegen Hitler nicht mehr scheute. Gleich darauf Luftalarm. Mrs. Sutton trieb uns in den Keller, einen mehr als improvisierten "Airraid shelter". Es war blinder Alarm; der deutsche "Blitz" gegen Großbritannien begann erst im Herbst 1940. Die Gasmasken, die jeder Einwohner der Insel ausgehändigt erhielt, konnten während dieses Krieges glücklicherweise unbenutzt in ihren braunen Kartons liegen bleiben.

Als Emigrant hatte ich den 3. September 1939 zwiespältig empfunden. Einerseits war mir bewußt, daß sich das Hitlerregime nun den Juden und anderen "inneren Feinden" gegenüber noch brutaler verhalten würde. Andererseits hätte ein endloses "Appeasement" Hitler die Möglichkeit geboten, auf kaltem Weg halb Europa zu schlucken. (Was ihm dann leider auch so fast gelang.) Über Angehörige in Holland korrespondierte ich auf diskrete Weise weiter mit meiner Mutter. Dank kleiner Honorare der jüdischen Zeitschrift "Joodsche Middenstander" übermittelten sie auch gelegentlich Geschenke nach Berlin. Nach der Besetzung Hollands war es auch damit aus, und ich konnte mit meinen Angehörigen dort nur noch kurzgefaßte Nachrichten über das Rote Kreuz austauschen.

Bei Mrs. Sutton teilte ich mit vier anderen Emigranten einen Raum. Nur zwei ältere Herren hatten ein Zimmer für sich. Von Mrs. Sutton und ihrem Freund, einem Bierkutscher, wurden wir als eine Art Untergebene betrachtet, die erzogen werden müssen. Mit Ausnahme der beiden Alten redete sie uns mit Vornamen an. Eisernes Hausgesetz: den Kamin durfte nur die allmächtige "Landlady" schüren, und sie tat es höchst selten. Auch die Küche war viel schlechter, als es dem ihr zustehenden Kostgeld entsprochen hätte. Einmal beschwerte ich mich, zusammen mit einem Freund, beim "Czech Refugee Trust Fund" - allerdings ohne bemerkenswertes Resultat. Wie gut sie kochen konnte, wenn es ihr doch einmal paßte, bewies das opulente Weihnachtsmahl.

Wohngemeinschaften sind international üblich geworden. Aber bei uns handelte es sich ja um eine "Zwangskommunität". Wenn da ein, zwei Leute im "Sittingroom", darunter meistens der lautstarke, lebenslustige, kugelrunde "Österreich-Ungar" Jaques Bachrach, das Radio bis in die Nacht auf vollen Touren laufen ließen und dazu Melodien oder Liedertexte schmetterten, blieben verzweifelte Proteste erfolglos. Aber man fand auch gute Freunde. Außerhalb der "Konzertveranstaltungen" zählte Bachrach dazu, schon weil ich seinen Humor schätzte. Er lud mich sogar zu meinem ersten chinesischen Essen ein. Noch durfte Reis ja serviert werden. Später war das bei Gefängnisstrafe mit Rücksicht auf das hungernde Indien verboten. Graupen ersetzten den Reis.

Erich Auerbachs Bilder gehörten kürzlich zu den Glanzstücken einer Ausstellung bekannter Emigranten-Fotografen in Berlin. Während eines Gesprächs hielt er die wechselnden Gesichtszüge des Porträtierten fest und machte sich dadurch einen Namen (seine erste Frau hatte er in Prag zurücklassen müssen; beim dritten mißglückten Fluchtversuch wurde sie festgenommen und nie mehr gesehen). Als Dr. Duchacek, der persönliche Referent Eduard Beneš', für mich ein Interview mit seinem Chef arrangierte, bat ich Auerbach, die interessantesten Momente fotografisch festzuhalten. Das kleine Haus im Londoner Bezirk Putney war nicht sonderlich repräsentativ - wirklich kein Hradschin. Beneš, der bereits eine Exilregierung vorbereitete, wurde schon wieder als "Herr Präsident" angeredet und spielte in der Politik auch de facto diese Rolle.

T.G. Masaryks Nachfolger wirkte wie ein Oberstudienrat. Nach allem, was er durchgemacht hatte, erstaunte mich sein Optimismus. Er glaubte an einen raschen Sieg der Alliierten, obgleich sie ja den Fall und die neue Teilung Polens ohne militärische Hilfe zugelassen hatten. Noch war nicht einmal ein britisches Expeditionskorps nach Frankreich unterwegs. Doch Beneš hielt es für gar nicht ausgeschlossen, daß die deutsche Wehrmacht bis Weihnachten 1939 besiegt sein würde. Trotz der Erlebnisse mit Henlein und seiner nazistischen Partei glaubte er an eine Versöhnung mit den Sudetendeutschen. Als ich die Rede auf das Münchener Diktat brachte, fiel kein Vorwurf gegen Großbritannien und Frankreich. Im Exil wäre das vielleicht auch taktisch falsch gewesen. Ein langwährendes Bündnis zwischen Hitler und Stalin erschien ihm unwahrscheinlich. Diese Bemerkung deutete daraufhin, daß er im tiefsten Inneren doch an keine so schnelle Niederlage des braunen Diktators glaubte. Dann wäre ja die braun-rote Zusammenarbeit automatisch beendet gewesen.

Es fällt schwer, sich ein ausgewogenes Bild von Beneš zu machen. T.G. Masaryk, er und die Italiener hatten bei der Aushandlung des Friedensvertrags von Saint Germain das Fortbestehen des österreich-ungarischen Wirtschaftskörpers verhindert. Das wäre ja in föderativer Form und gewiß ohne Habsburg denkbar gewesen. Auch seine frühere Haltung den Sudetendeutschen und bis zu einem gewissen Grade den Slowaken gegenüber fand ich nicht vorbildlich. Schließlich bleibt es ja umstritten, ob 1938 eine Verteidigung der Tschechoslowakei nicht die bessere Lösung gewesen wäre. Andererseits ist vom jüdischen Standpunkt aus kein wohlwollenderer Staatsmann denkbar. Damit meine ich nicht nur seine Asylpolitik. 1935, nach Verkündigung der "Nürnberger Gesetze", bat er Nachum Goldmann in den Ecksalon des Genfer Hotels "Beau Rivage" zu sich. Er flehte ihn, manchmal fast schreiend, an, eine effektive jüdische Gegenwehr zustandezubringen, die seine Unterstützung und die anderer maßgeblicher internationaler Größen finden würde. Sie war nicht durchführbar. Auch wurde ja der "Jüdische Weltkongreß" erst ein Jahr später begründet. Im März 1945 war es wieder Beneš, der auf Bitten Goldmanns bei Josef Stalin die Palästinafrage anschnitt und die scheinheilige Antwort bekam: "Wir wissen, daß dem jüdischen Volk in diesen Jahren schweres Unrecht widerfahren ist, und wir werden alles tun, um es wiedergutzumachen." Während eines 1957 in Jerusalem gegebenen Interviews hatte mir Goldmann als Präsident des Jüdischen Weltkongresses das alles berichtet. Beneš' Tod als halbverbannter, nochmaliger Expräsident kurz nach dem kommunistischen Putsch von 1948 war das tragische Ende eines großherzigen Menschen.

"Çumhuriyet", die führende Istanbuler Tageszeitung, bot mir an, ihr Londoner Korrespondent zu werden, zahlte allerdings nur Zeilenhonorar und auch das erst nach diversen Mahnungen. Aber ihr Ausweis mit Bild war vorteilhaft. Er öffnete gelegentliche Absperrungen, und man konnte ungehindert an Pressekonferenzen teilnehmen. Außerdem ist ein gewisser Status in einem auf Formen Wert legenden Land nicht zu verachten.

Nach Kriegsbeginn wurden 112 Sondertribunale gegen Ausländer von den Briten einberufen. Sie sollten die Spreu vom Weizen trennen und "feindliche" Ausländer in drei Kategorien einteilen: "C" bedeutete unbehelligt, "B" minimale Restriktionen und "A" sofortige Internierung. Von Frau Schmolka, die die entsprechende Abteilung des "Czech Refugee Trust Fund" leitete, erhielt ich einen bona-fide-Brief mit auf den Weg. In diesen Tribunalen entschieden sehr reaktionäre pensionierte Beamte und Militärs über 73.533 Personen bzw. deren Status. Ein Geschäftsmann, womöglich noch mit Kapital zum Investieren, wäre von ihnen ohne Bedenken als "C"-Fall eingestuft worden. Ein Journalist galt dagegen von vornherein als anrüchig! Man erkundigte sich, in wievielen Ländern ich nach dem Verlassen Deutschlands gewesen sei. Als ich nur vier nannte, schien ihnen das schon höchst abenteuerlich. Hätte ich alle zwanzig angegeben, wäre mir wohl das "A" beschieden worden. So kam ich immerhin noch mit dem "B" davon, was mich als "refugee from Nazi oppression" dennoch leicht deprimierte.

Rein äußerlich hatte sich in London nicht viel verändert. Auf das Einhalten des "Black-out", der Verdunkelung, wurde strikt geachtet. Irgendwann erwartete man eine deutsche Luftoffensive über Großbritannien. Bestmögliche Schutzmaßnahmen wurden getroffen. Später schoben die Londoner dann ohne Unterschied des Geschlechts turnusmäßigen zweistündigen Dienst als "Airraid-Warden" (Luftschutzwart). In der City sah ich mehr und mehr Uniformen. Zu den britischen kamen die der Streitkräfte aller Exilregierungen und aus Übersee. Besonders eindrucksvoll erschienen mir die nepalesischen Gurkhas und die indischen Sikhs mit ihren langen Bärten und Turbanen.

Bei Mrs. Sutton wurden hier und da auch Emigrantinnen einquartiert. Aber sie verschwanden schnell wieder. Anscheinend hatte die Kriegswirtschaft für Frauen bereits mehr Verwendung als für Männer. Dann bescherte mir das Schicksal die Familie G., Tochter Eva, Mutter und Stiefvater, die in Karlsbad ein Papierwarengeschäft gehabt hatten. Der erste geschiedene Ehemann und Evas leiblicher Papa, Herr S., lebte in einer Art landwirtschaftlichen Kollektiv, etwa zwei Eisenbahnstunden von London entfernt. Eva trug Männerhosen, was den Mißfallen der Mrs. Sutton erregte. Sie hatte ein deutsches Gymnasium besucht, sprach jedoch genauso fließend Tschechisch und erlernte Englisch beneidenswert schnell. Auch las sie viele Bücher, Zeitungen und Zeitschriften und war über die politische Lage bestens informiert. Damals gab es außer ihr gerade keine andere junge Dame im Hause Sutton. Nun, sie hatte einen ausgeprägten Gerechtigkeitssinn. Abgesehen von den alten Herren wurde mit jedem hübsch der Reihe nach geflirtet. Obwohl wir ganz gut standen, war ich noch ausgeklammert. Überheblich nahm ich an, sie wollte den "besten Happen" erst am Schluß anbeißen. Und damit behielt ich recht.

Das Komitee siedelte einige von uns - darunter die Familie G. und mich - nach Brixton um. In jeder Hinsicht war der Wechsel vorteilhaft. Eine der beiden Hausbesitzerinnen stammte nämlich aus Belgien und kochte "unbritisch" gut. Außerdem bekam ich ein Zimmerchen für mich allein. Aber der eifersüchtige Stiefvater Evas - er haßte es, daß "Töchterchen" mich wegen meines Händezitterns während der Mahlzeiten bediente - wurde immer unleidlicher. Daher schlug ich Eva eine Reise zum leiblichen Papa vor. Leiblich im doppelten Sinn. Er war in der Küche beschäftigt, und selbst ein Schmeichler hätte seine Figur nicht asketisch nennen können. Er fuhr nach London und brachte alles ins Lot. Zwischen Eva und mir war die Harmonie so ungetrübt, daß wir uns als Verlobte betrachteten, und auch die Familie erteilte nun ihren Segen.

Einer der wichtigsten tschechoslowakischen Politiker, der Botschafter Jan Masaryk - London hatte ja das Ende der CSR diplomatisch nie anerkannt -, sagte mir ein Interview zu. Eva besaß eine kleine Kamera. Ich schlug ihr vor, daß sie mitkommen und knipsen sollte. Wenngleich Masaryk kein Philosoph war wie sein Vater, ist er doch ein durch und durch gebildeter Mann und sehr begabter Diplomat gewesen. Seine Bonmots machten in der Londoner Gesellschaft die Runde. "Mit trockenen Lippen kann ich nicht sprechen", versicherte er mir gleich nach der Begrüßung. Wir hielten gern mit. Ganz im Gegensatz zu Beneš sagte Masaryk einen langen und harten Krieg voraus. Komme aber was da wolle, ein Endsieg der Alliierten gegen das Monstrum Hitler sei absolut sicher. Mit ihren bescheidenen Kräften würden die exilierten Tschechen und Slowaken dazu beitragen. Auch prophezeite er eine tschechische Widerstandsbewegung. (In der Slowakei war sie dann weit effektiver.)

Masaryk glaubte damals noch an eine Versöhnung mit den Sudetendeutschen. Seine freundschaftlichen Gefühle für die Juden standen hinter denen des Vaters nicht zurück. Aber eines müsse sich ändern. Unter den 375.000 jüdischen Staatsbürgern der Tschechoslowakei hätten sich 48.000 als "deutsch" bekannt. Für noch viele mehr war es die Umgangssprache. Das müßte aufhören. Auch nach dem Krieg vertrat er gegenüber dem spärlichen Rest der dem Holocaust entkommenen Juden seines Landes diesen Standpunkt (zwei Drittel der 50.000 Überlebenden wanderten aus, nach Israel und in andere Länder).

Nach dem kommunistischen Putsch war Masaryk, wohl aus Anhänglichkeit zu Beneš, Außenminister geblieben. Daß sein nie geklärter tödlicher Fenstersturz am 10. März 1948 - der dritte in der langen Prager Geschichte - freiwillig erfolgte, halte ich für ausgeschlossen. Ministerpräsident Klement Gottwald schämte sich nicht, eine schwülstige Grabrede zu halten.

Wir warteten darauf, daß der First Lord of the Admirality Winston Churchill endlich Chamberlain als Prime Minister ablösen würde. Auch der Krieg, der nach der Kapitulation Polens sozusagen geruht hatte, sollte nun eskalieren. Die britischen Medien bereiteten ihre Leser psychologisch darauf vor. Bis zur Besetzung Dänemarks, Norwegens und auch der Beneluxländer durch die deutsche Armee spürte man als Emigrant in London noch keine besonderen Unannehmlichkeiten. Es empfahl sich, auf der Straße, wenn überhaupt, dann nur leise Deutsch zu sprechen. Mit dem am 10. Mai 1940 begonnenen Feldzug gegen Frankreich, den Hitlers Armee im Eiltempo durchführte, änderte sich die Situation aber drastisch.

Zwar betrachteten die Briten den geordneten Rückzug ihres Expeditionskorps aus Dünkirchen im Frühsommer 1940 als eine Art Sieg. Aber die schon vorher bekannt gewordene Tatsache einer "Fünften Kolonne" in Frankreich hatte Mißtrauen erregt. Entladen konnte es sich nur gegen die Emigranten aus Deutschland und Österreich sowie die Staatenlosen. Hierbei kam es zu einer absurden Statusfrage. Zwar waren die Emigranten aus dem "Großdeutschen Reich" namentlich oder generell ausgebürgert worden. Aber die britische Regierung erkannte das, "weil unmoralisch", nicht an - d.h., wir galten als "deutsche Staatsbürger".

So wurde aus mir, sozusagen über Nacht, ein "enemy alien", während ich bis dahin eben ein "refugee from Nazi oppression" gewesen war. Anderen erging es nicht besser. Ein großer Teil der britischen Presse, vor allem die Boulevardblätter mit ihren Massenauflagen, schrieen Zeter und Mordio: "Intern the lot" (Interniert sie alle). Vielleicht wollte die Regierung dem Volk auch einen "Happen" hinwerfen. Mit echten Siegen und Kriegsgefangenen, ausgenommen verhältnismäßig wenigen Seeleuten, konnte sie ja nicht aufwarten. Dann erfand man noch einen passenden Vorwand. Wer von den Einwanderern Deutschland legal verlassen durfte, konnte das ja nur mit Einverständnis der Gestapo tun. Also hätte sie durchaus ein paar Spitzel miteinschleusen können.

Bei den Leuten, die wie ich aus dem Protektorat nach Polen als erstem Zufluchtsland und Zwischenstation entkommen waren, gab es jedoch keinerlei Zweifel. Ausnahmslos mußten sie den Weg über grüne Grenzen nehmen oder auf andere abenteuerliche Art ihr Leben retten. Dann hieß es: Im Falle einer geglückten Invasion würde sich die Gestapo vornehmlich an leicht einzuschüchternde, gut deutsch sprechende Asylanten wenden, um Informationen zu erhalten. Journalisten wüßten meist eine ganze Menge. Also hätte man sie wohl mit als erste "vernommen". Aber auch diese britische Theorie war recht fadenscheinig.

Thomas Mann verfügte über eine kostbare Liste. Sie enthielt zehn Namen, darunter meinen. Im Falle einer akuten Gefahr für Großbritannien hätten wir ohne bürokratische Verzögerung in die USA gedurft. Aber eine solche Situation war zu dieser Zeit glücklicherweise nicht gegeben. Ich rechnete mit der Internierung. Wenige Tage bevor sie erfolgte, machte Eva den täglichen Besuch bei mir in Brixton. "Als tschechoslowakische Staatsbürgerin", erläuterte ich ihr, "bist du ein 'friendly alien' und man wird dich auf keinen Fall internieren. Ich bin weniger glücklich dran. Sobald man mich abholt, versuche meine baldige Befreiung zu erreichen.

Schreib dir ein paar Namen auf. Falls der erste nichts unternehmen will, wende dich an den zweiten usw.."

Es war Ende Mai, als ich mitten in der Nacht geweckt wurde. Zwei Polizisten verlangten, daß ich sofort aufstehen und mich ankleiden solle. Selbst auf dem Weg zum WC begleitete mich einer. Dann begann eine pedantische Zimmerdurchsuchung. Ich durfte nur wenige Sachen mitnehmen, darunter einen persönlichen Brief Winston Churchills. Beide Pensionswirtinnen sahen uns entsetzt nach. Politisch wenig interessiert und informiert, hielten sie mich wohl, gerade in Brixton mit seinem stadtbekannten Gefängnis, für einen Schwerverbrecher. Eva dürfte das später aufgeklärt haben. Zu treuen Händen nahm sie meine zurückgelassenen Habseligkeiten entgegen; es kam nichts abhanden.

Man brachte mich in eine Kaserne, die schon mit Leidensgenossen gefüllt war. Zweimal ertönte der Ruf "Fischer". Ich wandte mich um und erkannte den Journalisten Johannes F. Reinholz und den Maler Baruch, der für viele Nachkriegsberliner unter seinem Künstlernamen "Bilbo" ein Begriff wurde. Vorerst war mir jedoch nicht nach einem Gespräch zumute. Die Verbitterung saß tief. Was mir die Nazis angetan hatten, fand ich aus ihrer perversen Sicht noch irgendwie logisch. Ich, ein Jude, war ihr Feind. Ich hatte offen gegen sie geschrieben und in einem meiner Artikel sogar Goebbels persönlich angegriffen. Hingegen konnte es keinen loyaleren Freund der Briten geben als mich. Von ihnen als "enemy alien" eingesperrt zu werden, widersprach, wenn ich auch die Gegenargumente kannte, jeder Logik.

Während der Internierung in Großbritannien wurden wir, von "Ammen mit dem Bajonett" eskortiert und durch Straßen mehrerer Orte geführt. Was mögen sich wohl die Passanten gedacht haben? Uniformen trugen wir nicht, konnten also keine Kriegsgefangenen sein. Sicherlich ist sich durchaus nicht jeder der seltsamen Internierungswelle bewußt gewesen.

Unser erstes Lager war Kempton Park, ein sattgrüner Sportplatz, meiner Schätzung nach dreißig Minuten von der

Londoner City entfernt. Noch waren nur "B"-Fälle erfaßt. Aber die als "C" Eingestuften kamen im Juni an die Reihe. Interniert wurden fast alle Männer zwischen 16 und 60, jedoch nur wenige Frauen. Wieder herausgeholt hatte man einen einzigen - den Journalisten Edgar Stern-Rubarth. Wahrscheinlich hielt eine britische Behörde, aus welchem Grunde auch immer, diesen einstigen Mitarbeiter des "Wolff'schen Telegrafenbüros" für unentbehrlich. In Decken eingehüllt, schliefen wir auf dem Rasen. Noch kam keine Psychose auf. Auch war Churchill am 10. Mai zum Prime Minister gewählt worden. Daher glaubten wir, daß die ganze Aktion sein Vorgänger Neville Chamberlain eingefädelt hätte. Churchill würde sie schon rückgängig machen - wozu er, was sich hinterher herausstellen sollte, zunächst keinerlei Neigung verspürte; erst später bezeichnete er die Masseninternierung als bedauerlichen Irrtum.

Lager Nummer Zwei war die bereits mehrere Jahre stillgelegte Baumwollspinnerei "Wharf Mills". Mir ist entfallen, wo sie genau lag, aber der Branche nach zu schließen wohl unweit von Manchester. Unser Entsetzen war kaum zu beschreiben. Es handelte sich um ein verwahrlostes, ölverschmiertes Rattenloch. Etwa zwei Dutzend Leute verlangten, im Freien schlafen zu dürfen. Daraufhin wurden uns über einen Lautsprecher hohe Strafen angedroht, falls wir uns nicht fügen würden. Als das niemand tat, erfolgte eine typisch britische Lösung. Wieder über Lautsprecher verkündete man, alle Mitglieder der "open air group" möchten sich eine dritte Decke - für die anderen gab es nur zwei - abholen. Dadurch ermutigt, brachten wir weithin sichtbare Riesenplakate an mit dem kurzen Text: "We are refugees from Nazi oppression." Lobenswerterweise waren die Ortsbewohner und bald auch die Soldaten auf unserer Seite. London reagierte prompt. Es vergingen nur drei, vier Tage, dann wurden wir weiterbefördert. Von Liverpool aus ging es per Schiff auf die Isle of Man.

Etwas verstört bemerkten wir, daß die Küste völlig unbefestigt war, was eine Invasion erleichtert hätte. Konnte das dem deutschen Spionagedienst verborgen geblieben sein? Oder war Hitlers Kriegsmarine einer solchen Aktion noch nicht gewachsen? Möglicherweise hoffte er auch weiterhin auf einen Kurswechsel der Briten und, Molotow-Ribbentrop-Abkommen hin oder her, ein gemeinsames militärisches Vorgehen gegen die Sowjetunion.

Von der Isle of Man wußte ich nur, daß sie begrenzte Souveränität genoß, männliche Jugendliche für kriminelle Taten noch mit Stockhieben bestraft wurden und die Katzen keine Schwänze hätten. Desto begeisterter war ich dann beim Anblick dieser unübertrieben paradiesischen Insel. Das Onchan Camp, in das man mich einwies, lag hoch oben mit einem herrlichen Blick auf das klare Meer und die südlich wirkende Landschaft. Viele Blumen, Wälder und sogar vereinzelte Palmen gehörten zu diesem - in normalen Zeiten - Ferienparadies. Von der Regierung waren die schmucken Familienpensionen requiriert worden. Touristen fielen ja sowieso aus. Gewiß machte es keinen Spaß, mit einem anderen Internierten das Bett zu teilen, aber der Komfort war doch weit höher als in Kempton Park oder gar "Wharf Mills".

Langsam, viel zu langsam, lief auch die Korrespondenz an. Für die Internierten war sie strikt kontingentiert. Die entsprechenden Bogen wurden verteilt, und man durfte 24 Zeilen nicht überschreiten. Nur ergab es sich - und das galt für die ganze Internierungszeit - daß manche keinen Briefpartner hatten. Solche Bedauernswerten überließen einem anderen ihr "Kontingent". Eva erhielt beispielsweise von einem ihr völlig unbekannten "Herbert Wagner" als Absender Grüße und Küsse. Aus ihren Antworten ersah ich, daß auch meine "Befreiungsaktion" zu laufen begonnen hatte.

Unser Baruch-Bilbo war, was seine ihn überlebenden Berliner Freunde bestätigen können, ein genialer Künstler. Die Wände der von ihm mitbewohnten Familienpension bemalte er mit ebenso geglückten wie obszönen Bildern. Ich stellte mir das Entsetzen der Besitzerin vor, sobald sie zurückkehren würde ...

Mit dem Militär verlief alles problemlos. Ein Leutnant führte Schwimmer gruppenweise zum Strand. Jeden Morgen vergewisserten wir uns, daß die Wache noch aus Briten und nicht aus SS-Leuten bestand. Für den Ernstfall hatte der Kommandant versprochen, seine "internees from Nazi oppression" freizulassen. Aber wo hätte man sich auf dieser Insel verbergen können?

Kulturelle Aktivitäten hatten schon in Kempton Park begonnen. Zu den Vortragenden gehörte auch ich. Dort produzierte man sich im Freien. Onchan Camp bot immerhin schon ein Dach über dem Kopf. Jedesmal, wenn ich mein Referat beendet hatte, belohnte mich Freund Nagel mit einem Leckerbissen. Er hatte zu den Köchen des Berliner Hotels "Adlon" gehört. Sogar aus Dörrfisch zauberte er ein lukullisches Gericht. Er wurde später nach Kanada deportiert.

Diese Deportationen brachten viel Unruhe. Ehemänner waren ausgenommen, es sei denn, sie meldeten sich freiwillig. Dann versprach man ihnen, daß ihre Frauen nachkommen würden. Unter keinen Umständen wollte ich Großbritannien verlassen. Zwei- oder dreimal konnte ich mich um Kanada herumdrücken. Jedenfalls schlug ich Eva eine Ehe in proxy vor, was sich aber nicht so schnell durchführen ließ. Leider erreichte ich die Streichung von der Deportationsliste nicht mehr. Hätte ich gewußt, daß es vier Leuten, die sich unter dem Bett verkrochen, gelang, einfach vergessen zu werden, wäre ich der fünfte gewesen. Es handelte sich um die letzte Deportation nach Übersee.

Besonders schwer fiel mir der Abschied von zwei verheirateten Mitbewohnern, denen also keine zwangsweise Deportation drohte. J.F. Reinholz, der mich in der Londoner Kaserne wiedererkannt hatte, wurde ein guter Freund. Er war ein Mitarbeiter Edgar Jungs, als dieser als Sekretär des Herrn von Papen die Marburger Rede vom 17. Juni 1934 aufsetzte. Dem Vizekanzler trug sie ein paar Tage Hausarrest ein, beendete aber seine vielschichtige und düstere Karriere nicht. Jung wurde ermordet. Daher hatte Reinholz allen Grund, das Weite zu suchen. Seine jüdische Frau wohnte als junges

Mädchen im Hause meiner Großeltern, war mir aber nie bewußt begegnet. Der andere war Dr. Wilhelm Wolfgang Schütz. Oft hielten wir Vorträge direkt hintereinander. Manchmal sprang auch der eine für den anderen ein. Schütz wurde später Londoner Korrespondent der "Neuen Zürcher Zeitung". 1948 kehrte er nach Deutschland zurück und trat neben seiner publizistischen Tätigkeit als langjähriger Geschäftsführer des "Kuratoriums Unteilbares Deutschland" hervor. Als ich in London dem "International PEN" beitrat, war Schütz einer der beiden erforderlichen Bürgen.

Bis zum Hafen von Liverpool lief unsere Deportation wie üblich. Schon ein bißchen mißtrauisch, hatten wir uns von den britischen Offizieren ehrenwörtlich versichern lassen, es ginge wieder nach Kanada. Beim Betreten des 1937 erbauten 12.815 Tonnen großen Transportschiffes "Dunera" am 10. Juli 1940 wurden wir mit Kolbenschlägen vom Ober- in die Unterdecks getrieben. Später hieß es, die Wachmannschaft sei eine Strafkompanie des Pionierkorps gewesen, was ich für durchaus möglich halte. Zwar betrug die Kapazität der "Dunera" offiziell nur 1600 Mann. Jedoch wurden 2542 hineingepfercht. Ich konnte noch eine der 1500 Hängematten "erobern". Wer weniger Glück hatte, mußte mit den nackten Planken vorliebnehmen. Jeder erhielt zwei Decken. Was sich bald herausstellte: es gab wenige Rettungsboote und nicht einen einzigen Schwimmgürtel.

Über die Zusammensetzung der unfreiwilligen Passagiere sind die Statistiken, die ich nach dem Kriege verfolgte, nicht einheitlich. Etwa stimmen dürfte: 1865 jüdische Flüchtlinge, 251 politisch verdächtige Deutsche (zumeist Seeleute), 200 Italiener und 226 nichtjüdische deutsche und österreichische Antinazis.

Verbindungsmann zu den Sprechern der Internierten war Leutnant O'Neill, ein irischer Teufel in Menschengestalt. Nur zwanzig bis fünfundzwanzig Minuten durften wir täglich auf dem Oberdeck frische Luft schnappen. Diese Zeit benutzten der Leutnant und seine Mannen zur Durchsuchung des Handgepäcks und der Koffer. Alles, was nicht niet- und nagelfest war, wurde gestohlen. Wie nicht anders zu erwarten, filzte man auch unsere Jacken und Mäntel, deren Futter aufzuschlitzen ihnen besonderen Spaß zu machen schien. Nachts wurden den Schlafenden sogar Uhren und Ringe entwendet. Die Willkür ging noch weiter. Jüdische Gebetbücher, Fotos, Briefe, Dokumente, Pässe, Einreisepermits und sogar Medikamente und medizinische Instrumente, obwohl das Schiffshospital sonst kaum welche besaß, wurden über Bord geworfen. Der erste Selbstmord schien vorgeplant. Der 58jährige Herr Weiss sah seinen Paß mit einem argentinischen Visum davonschwimmen, sprang ihm nach und ertrank. Leutnant O'Neills Kommentar gegenüber unseren Sprechern: "Sagen Sie Ihren Leuten, sie sollen sich einen anderen Spaß aussuchen. Das nächstemal lasse ich hinterherschießen."

Die Verhältnisse waren unerträglich. Die Decks hatte man mit Stacheldraht umzäunt. Wer vorbeiging, konnte sich bei hohem Seegang leicht verletzen. Für je tausend "Passagiere" gab es nur 14 Duschen, 41 Waschbecken und 21 Latrinen. Durchfälle und Stuhlverstopfungen wechselten durch die ständigen "Kloschlangen" - Toilettenpapier gab es zwei Blatt pro Person und Tag - miteinander ab. Seife und Zahnpasta waren Mangelware und bald gänzlich verbraucht. Ein "Rasierverbot" machte uns zu "Muselmanen", wie jene KZ-Insassen genannt wurden, die sich selbst aufgegeben hatten.

Zwei Ereignisse möchte ich herausstreichen. Am zehnten Tag begann der gesundheitlich so gefährliche Trinkwassermangel. Aber es geschah noch etwas anderes. Die Mannschaft hatte plötzlich Tropenuniform angezogen. "Dann kann es doch unmöglich nach Kanada gehen", räsonierten die Realisten. Die meisten waren aber trotzdem nicht zu überzeugen. "Wenn britische Offiziere uns ehrenwörtlich versprechen, das Ziel der Reise sei Kanada, so ist es eben Kanada." Als daran bald niemand mehr glaubte, setzte einer unserer Juristen ein Protesttelegramm an das Home Office auf, in dem gefordert wurde, die Route der "Dunera" zu ändern. Da selbst Leutnant O'Neill eine Revolte vermeiden wollte, log er, der Funkspruch sei gleich abgeschickt worden. Es ging aber immer weiter südwärts.

Wie konnte man der durch die endlose Reise und das unzureichende Essen und Trinken sich ständig steigernden Verzweiflung entgegenwirken und vor allem Selbstmorde verhindern? Plötzlich fiel mir ein, daß ich als Jugendlicher so gern ein Kabarett konferiert hätte, sich jedoch nie die Gelegenheit dazu geboten hatte. Nun, Schauspieler gab es genug an Deck: Leo Biber, Hugo Schuster, der (erst kürzlich verstorbene) Michael Rittermann und Seppl Almas, ein gebürtiger Izmirer, den ich 1948 noch in Berlin wiedersah, kurz bevor er dort starb. Auf der "Dunera" ließ sich also eine hochqualifizierte Kabarett-Truppe zusammenstellen. Mit mir als Conferencier gastierten wir von Deck zu Deck. Der Situation entsprechend hätten geistvolle Witze, Aperçus und Anekdoten à la Werner Finck wenig gezogen. Da mußte man schon mit gröberem Holz aufwarten. Lachsalven ertönten, als ich ansagte: "Jetzt geben wir 'Die Räuber' von Schiller. Die ganze Wachmannschaft spielt mit."

Die Decks konnte man nur zu einem kleinen Teil überblicken. Ich erhielt plötzlich einen Zettel zugesteckt: Offiziere anwesend! Ich schöpfte tief Atem und meinte dann so nebenbei: "Gewiß haben die Briten auch Fehler. Aber in einem sind sie Meister - in der Selbstpersiflage." Gleich darauf bekam ich die Nachricht: Offiziere wieder verschwunden.

Am 12. August wurde die "Dunera" von zwei deutschen Torpedos gestreift. Rasch beorderte man Soldaten der Wachmannschaft auf die verschiedenen Decks: "Wir machen Schießübungen", erklärten sie. Aber die Italiener trauten ihnen nicht. Etwa an derselben Stelle war die deutsche Torpedierung der "Arandora Star" gelungen, und sie gehörten zu den wenigen Geretteten. Mit lautem Schreien liefen die meisten hysterisch gegen den Stacheldraht. Einige stießen Flüche aus, andere beteten zur Madonna. Schauerliche Szenen.

Erstaunlich spät sahen wir den Kommandanten Oberstleutnant Scott zum erstenmal. Sein verlogener offizieller Bericht, in dem er Beschwerden entgegenwirken und sich reinwaschen wollte, wurde später veröffentlicht. Die 251 Deutschen, die die Briten als politisch sehr gefährlich eingestuft hatten, nannte Scott "feine Typen, ehrlich, geradeaus und besonders gut diszipliniert. Man kann sie nur loben ...", die 200 Italiener bezeichnete er als "schmutzig, ohne jegliche Disziplin und unglaubliche Feiglinge ...". Unsere 1865 Juden waren für ihn "gemeingefährliche Lügner, frech, herausfordernd und arrogant. ... Ich werde es schon zustandebringen, sie zu erziehen, Sie nennen jeden vom Prime Minister bis zum Präsidenten der Vereinigten Staaten als persönliche Referenz, und man kann ihnen keinen Schritt trauen ...".

In Fremantle betrat am 27. August der erste australische Offizier die "Dunera". Sein knappes, aber treffendes Urteil lautete: "Ein Wunder, daß diese Menschen die sieben Wochen überlebt haben." Um nicht mißverstanden zu werden: Für britische Verhältnisse war Ungeheuerliches geschehen. Jedoch handelte es sich um einen Einzelfall. Auch deutsche Kriegsgefangene der Briten bestätigten, daß sie korrekt behandelt wurden und ihre kargen Rationen, die aber zum Überleben ausreichten, pünktlich erhalten hätten. (Was bei den übrigen Alliierten durchaus nicht immer der Fall war.) Niemand wird an die "Dunera" ohne Schaudern zurückdenken. Im Vergleich zu einem deutschen KZ oder Getto war sie aber immer noch ein Sanatorium. Auch wurde den Hauptschuldigen der Prozeß gemacht und sie erhielten hohe Gefängnisstrafen ohne Bewährung. Unsere materiellen Verluste ersetzte die zuständige britische Behörde.

Im "Darling-Hafen" von Sydney empfing uns am 6. September australisches Militär. Der Ton war höflich und korrekt. Zunächst wurde jedem ein Eßkörbchen mit belegten Broten, kaltem Huhn und als Sensation einem Pfirsich in die Hand gedrückt. Autobusse brachten uns zur Eisenbahnstation. Auf der Fahrt dorthin sahen wir ein Stück der Großstadt und die vielgepriesene Brücke.

Man verteilte uns in bequeme Personenwaggons, und die "Ammen mit dem Bajonett" hielten sich diskret in den Gängen auf. Noch erfreute eine grüne Landschaft das Auge. Als wir aber am nächsten Morgen aufwachten, gab es nichts zu sehen als graubraune, waldlose Steppe: den Busch. Unser Ziel war Hay, zu deutsch Heu, die letzte Bahnstation von New South Wales.

Zur Abwechslung begleitete uns nun berittenes Militär. Tröstend rief man den Internierten zu: "You will stay for the duration", dem Sinne nach: "Hier werdet ihr bis zum Frieden bleiben." Auch im Ersten Weltkrieg hatten die Dominien Großbritannien einen beträchtlichen Teil der Kriegsgefangenen und Internierten abgenommen. Diesmal weigerten sich Neuseeland und Südafrika. Australien war von London aus informiert worden, daß ein beträchtlicher Teil der "Dunera"-Passagiere aus echten "refugees from Nazi oppression" bestand. Nachdem die Vorfälle auf der "Dunera" bekannt geworden waren, ließ Canberra wissen, es würde "bona-fida-Internierte" nicht mehr aufnehmen. Sie gehörten ja auch wahrlich nicht hinter Stacheldraht.

Hay machte den Eindruck eines Wild-West-Nestes, mit immerhin einem Kino, an dem wir vorbeimarschierten. Zwei Lager für rund je tausend Mann waren vorbereitet worden. Alle Wohnhütten sahen gleich aus und enthielten zwölf doppelstöckige Betten. Nazis, sofern sich keine unerkannt eingeschlichen haben, gab es in unserem und dem benachbarten Camp nicht. Bevor wir uns noch richtig besinnen konnten, wurde zum Essen aufgerufen. Wegen der vielen aus Sicherheitsgründen bedingten Umwege war die "Dunera" etliche Wochen später eingetroffen als sie erwartet worden war. Das bedeutete Überschuß an Lebensmitteln. Um der Gefahr, daß sie verderben würden, zu entgehen, hatte der australische Lagerkommandant, wenn es sich auch nicht so nannte, ein Galawillkommensmahl angeordnet. Ein opulenter Gang folgte dem anderen. Neben mir saß ein älterer Mann. Er hatte wohl schon lange keine guten Tage mehr gesehen. "Hier entlassen zu werden", raunte er mir zu, "wäre eine Härte." Mit dieser Ansicht war er aber ziemlich allein. Wohl fast alle hatte, hier am Ende der Welt, der Zuruf: "You will stay for the duration" erschreckt und deprimiert.

Wir erhielten ständig den australischen "Daily Telegraph" aus Sydney. Wer es sich leisten konnte, durfte auch noch ein anderes Blatt abonnieren. So waren wir von den Nachrichten über die Kriegs- und sonstigen Weltereignisse nicht abgeschnitten. Aber mit der eigentlichen Post sah es bitter aus. Ein Brief von uns nach Großbritannien ging sechs Wochen. Bis wir die Antwort in den Händen hielten, waren es zwölf. Korrespondenz außerhalb des Empire oder Commonwealth wurde nicht gern gesehen, aber der zahlungsunlustige "Çumhuriyet" war mir noch Honorare schuldig und ich pleite. So schrieb ich an Max Brod in Tel Aviv und bat ihn, das Blatt in meinem Namen zu mahnen. Er muß sich bei den Türken großer Hochachtung erfreut haben, denn das Geld wurde sofort telegraphisch überwiesen und die gut ausgestattete Lagerkantine hatte einen Kunden mehr.

Am heißesten war es um die Weihnachtszeit. Verglichen mit den stickigen Wüstenwinden dieser Gegend sind die Chamsine in Israel beinahe ein Vergnügen gewesen. Der Sand drang durch die Ritzen der Hütten in Augen, Nasen und Ohren. Manche waren zunächst so erschrocken, daß sie heulten. Je länger der Aufenthalt in Australien andauerte, desto stärker wuchs der Lagerkoller: Obgleich zwangsweise deportiert, hatte man ein schlechtes Gewissen, daß die Zurückgebliebenen unter dem deutschen "Blitz" litten und ständiger Lebensgefahr ausgesetzt waren. Es gab Todesfälle unter unseren Angehörigen in Großbritannien.

Auch von den immer schlimmeren Diskriminierungen der Juden im Dritten Reich und den ersten Deportationen in osteuropäische Gettos erfuhren wir. War meine Mutter noch halbwegs sicher? Wohl sehr viele verspürten die gleichen Ängste. Der Vatikan erlaubte auch jedem Nichtkatholiken, durch seine Vermittlung Angehörige zu benachrichtigen, von wo auch immer. Von meiner Jugendfreundin Käthe erfuhr ich später, wie überglücklich meine Mutter diese Nachrichten aufnahm. Wolfgang in Shanghai, ich in Australien - da gab es doch nichts mehr zu befürchten!

Im Camp Hay, Australien, 1940.
Zeichnung von F. Kämmerer

Besuche von außen waren selten. Einmal kam der Präsident der australischen jüdischen Wohlfahrtsorganisation. Nur fehlte ihm wohl das richtige Verständnis für unsere schwierige seelische Situation. Die Schweizer diplomatische Vertretung wollte ihre Dienste zur Verfügung stellen. Jedoch lehnten wir das beinahe ausnahmslos ab. Die Schweiz als neutraler Staat vertrat nämlich in Australien die Interessen des Dritten Reiches.

Bestes Heilmittel gegen die Depressionen waren gute Kameradschaft und Beschäftigungstherapie. Innerhalb des mit dreifachem Stacheldraht umzäunten Camps konnten wir ziemlich lange Spaziergänge unternehmen. Dabei blieb es nicht aus, daß man sich gegenseitig die gleichen Geschichten x-mal erzählte. Die Brüder Abel, beide Gärtner, verliehen dem Camp landschaftlichen Reiz. Vom Lagerkommandanten erhielten sie den Setzling eines Eukalyptusbaumes geschenkt. Er sparte auch nicht mit guten Ratschlägen: "Nach fünf Jahren muß der Baum zum ersten Mal umgepflanzt werden, nach zehn Jahren ..." - schöne Aussichten. Harte Arbeit leistete die Rechtsabteilung unter dem sympathischen Dr. K.J. Joseph. Da drehte es sich um Vollmachten und Beglaubigungen aller Art, das richtige Ausfüllen der aus London eingetroffenen Formulare, in die wir die Verluste, die wir auf der "Dunera" erlitten hatten, eintragen sollten, etc.

Unter Leitung von Max Kassner wurde eine "Camp School" eröffnet. Man konnte sich, und viele Jugendliche machten davon Gebrauch, auf das Abitur vorbereiten.Es gab auch eine Lageruniversität, Englisch, Französisch, Hebräisch, Latein und Griechisch wurde geboten, auch Mathematik, Physik, Geschichte und Geographie kamen nicht zu kurz. Auf keinem Gebiet fehlte es an Lehrern. Viel Wert wurde auf politische, wissenschaftliche und populäre Vorträge gelegt. In beiden Lagern gab es neben "Durchschnitts"-Menschen beinahe ebensoviele Kapazitäten wie unter den deutschen "Gastarbeitern" von Ankara und Istanbul, gerade auch auf technischem Gebiet. Den britischen Institutionen gingen sie durch diese Internierung lange oder gänzlich verloren.

Wenn ich oder andere über ein Land sprachen , lieferten Fachleute pünktlich die dazugehörige Karte oder Graphik. Beliebt war auch der Schachklub. Lesungen - Klassik oder moderne Literatur - fanden immer regen Zuspruch. Musikdarbietungen variierten von "klassisch" bis zu Jazzrevuen. Es gab Chöre, auch einen katholischen Kirchenchor, und "Solostars" auf Instrumenten oder als Sänger. Unser Kabarett hatte ein entschieden höheres Niveau als das auf der "Dunera". Auch das Camp-Theater konnte sich sehen lassen. Bachrach inszenierte Goethes "Faust". Weibliche Mitwirkende fehlten natürlich, aber Frau Martha und das Gretchen wurden so diskret gesprochen, daß man sie nicht allzusehr vermißte. Aquarelle und Holzschnitzereien, "made in Camp Hay", gehörten zu den beliebtesten Exponaten unserer Ausstellungen.

Verschiedene Jugendorganisationen, darunter eine zionistische, waren recht aktiv. Viele besuchten auch das Jüdische Seminar. Da wurde u.a. Ben Gurions Idee, eine "Jewish militäry force" aufzustellen, eifrig diskutiert. Ohne Teilnahme des Autors fand in seiner Hütte am Freitag Abend der jüdische Gottesdienst statt.

Ich war "Propagandachef", ein Titel ohne Mittel. So gehörte es zu meinen Aufgaben, glühende Appelle an das Home Office und Gott und die Welt zu richten, um uns als "refugees from Nazi oppression" endlich wieder anzuerkennen und rasch zurückzuholen. In Großbritannien hatte man sich inzwischen eines Besseren besonnen. Die Presse verlangte nun mehrfach unsere Entlassung, und der begnadete Low lieferte die Karikaturen dazu. So setzte schubweise die Befreiung aus britischen und kanadischen Lagern ein. Nur, wir waren auf der anderen Seite des Globus und schienen vergessen zu sein.

Mein zweiter Hauptposten war der des "Chefredakteurs", nochmals ein Titel ohne Mittel. Es gab - Konkurrenz macht munter - zwei Blätter. Eines brachte vor allem kurze Tagesnachrichten. Die Wochenzeitschrift "Der Lagerspiegel" redigierte ich. Mitarbeiter gab es in jeder Menge, so den Dichter und Chinaspezialisten Dr. Richard Ullmann, den Tschechoslowakei-Kenner Stein, Judaisten, Mediziner, Rechts- und Wirtschaftsexperten, Meister für eine Schachecke etc.. Ich schrieb hauptsächlich über Skandinavien, den Balkan, Palästina und die Türkei. Aktuellen Beiträgen, darunter Analysen der Kriegslage, wurden wieder farbige Landkarten beigefügt. Auch brauchte ich den vorzüglichen Karikaturisten Rothe (der, was eigentlich unstatthaft war, ein hinkendes Känguruh betreute) nicht lange zu animieren. Seine zeichnerischen Beiträge wurden später gestohlen. Eigentlich gehörten sie in ein Museum. Die besten Kurzgeschichten - finanziert von namentlich genannten "Mäzenen" - wurden preisgekrönt. Der erfolgreichste Autor kassierte sechs Schillinge. Wegen des Papiermangels und oft auf einer Schreibmaschine mit verblaßtem Farbband getippt, kam der "Lagerspiegel" nur mit einem Exemplar heraus. Es wurde eingerahmt und an eine Hüttenwand angenagelt - mit dem Vermerk "Fortsetzung nächste Baracke".

Ich hielt oft sehr kritische Vorträge, und die Briefe an Eva, die selbstredend der Zensur unterlagen, waren keine Lobeshymnen auf die Lagerverhältnisse. Da wurde ich - die erste und einzige Begegnung - zum Lagerkommandanten gerufen. Nun war ich öfters gewarnt worden, mein allzu loses Mundwerk würde mich noch in den Bunker bringen - wogegen ich nichts gehabt hätte. Erstens war ich sowieso schon eingesperrt. Zweitens wäre mir das Essen hereingetragen worden. Drittens herrschte dort die gleiche Stille wie in der Hütte, wenn es ein Fußballmatch gab, und ich allein übrigblieb. Also endlich doch der Bunker, dachte ich, als ich das Kommandantenbüro betrat. Stattdessen umarmte mich der joviale Herrscher über die Internierten. Seine Alkoholfahne erweckte meinen Neid, da ich ja kein Abstinenzler bin und "geistige" Getränke in der Kantine nicht geführt werden durften.

Es war gerade Dezember und so seine Frage sehr angebracht, ob ich einen Weihnachtswunsch hätte. Wie sich herausstellte, war es der erste "Release" in diesem Lager, den der britische Minister und spätere Nobelpreisträger Philip J. Noel-Baker - Nummer drei auf Eva's Liste - erwirkt hatte. Hochbeglückt wollte ich gleich meine Sachen packen. Aber es folgte der Dämpfer: "Moralisch, mein guter Freund, sind Sie entlassen. Praktisch haben wir keinen Schiffsraum." Eben diese Anomalität machte die Internierten so mutlos. Wochenlang war uns ein Besuch von Oberstleutnant Julian Layton als Abgesandtem des Home Office versprochen, aber dann immer wieder verschoben worden. An ihn knüpften sich kühnste Erwartungen. Endlich, am 28. Januar 1941, war der Oberstleutnant tatsächlich eingetroffen. In Großbritannien hatte er viel für die Emigranten erreichen können. Diesmal ging es kaum über die Rekrutierung für das Pionier-Korps hinaus. Jedoch kamen auch die von ihm Angeworbenen vorläufig nicht weg. Trotz Bitten und Garantie der Journalistengewerkschaft, daß ich die erste Rückkehrmöglichkeit ausnützen könne, durfte ich mich bis zu diesem Zeitpunkt nicht frei in Australien bewegen. (Erst nach Pearl Harbour wendete sich das Blatt. Die australischen Behörden warben sogar um "His Majesty's loyal internees", die dann in ihren Labour Corps dienten oder teils lohnende zivile Arbeitsmöglichkeiten fanden. 913 der Internierten haben übrigens Australien nicht verlassen und zum Wohl ihrer endgültigen Heimat viel beigetragen.)

Endlich ein Silberstreifen am Horizont! Hay brauchte man nun für die Kriegsgefangenen. Der größere Teil der Internierten wurde in das Lager Tatura evakuiert, der kleinere, darunter auch ich, mit der sicheren Aussicht auf baldige Rückkehr nach Camp Orange. Der Ort hieß nicht zufällig so. Dort gab es viele Orangenhaine, und es war überhaupt eine ansprechende Landschaft.

Kaum hatte ich mich halbwegs eingerichtet, hieß es "auf ins nächste Lager". Bachrach brachte mich zum Tor. Als ich ihm sagte, "Jetzt verläßt dich die Stütze deines Alters", konnte er ein leises Schluchzen nicht unterdrücken. Wir wurden in der Nähe von Sydney einquartiert, und ich traf zwei alte Freunde, die auf ihren Abtransport nach Palästina warteten.

Nun mußte ich noch ein Formular unterschreiben, daß ich auf eigenen Wunsch zurückreise. Ob das nicht gleichgültig wäre, falls mich ein Hai auffräße oder ein Torpedo tötete? Ungerührt erwiderte der diensthabende Offizier: "Just a formality."

Bestimmt ist niemandem unter uns etwa vierzig Rückkehrern der Abschied von Sydney schwergefallen. Das 12.000 Tonnen-Schiff "Themistokles" war recht bequem, jeder verfügte über eine eigene Kabine.In der Bar saßen wir neben australischen Expeditionstruppen. Aber ich gehörte aus Geldmangel zu den seltenen Gästen. Der Kommandant hatte nun eine originelle Idee. Die Gelehrten unserer Gruppe bat er, daß sie seinen Soldaten wissenschaftliche Vorträge halten sollten. Die vielen Schafscherer und Holzfäller unter ihnen wirkten nicht gerade hingerissen.

Im Gegensatz zur "Dunera" war das Oberdeck keine "Sperrzone". Jedoch durften wir die "Themistokles" nicht verlassen, wenn sie anlegte. Aber man sah doch die Häfen und oft in die Orte hinein. "Join the refugees - to see the world." Kurz vor Auckland klagte einer unserer Rückkehrer über heftige Zahnschmerzen. Von einem Offizier begleitet, durfte der Leidende in die Hafenstadt. Nach der Behandlung ließ man ihn noch sight-seeing machen - das einzige Mal in meinem Leben, daß ich jemanden beneidete, der zum Zahnarzt mußte!

Die "Themistokles" befand sich in einem langen Konvoi. Als das Schiff etliche unerwartete Reparaturen brauchte, bildete es eine Weile das Schlußlicht - kein sonderlich angenehmes Gefühl angesichts der möglichen Bedrohung durch deutsche Schiffe.

Während wir den Panama-Kanal durchquerten, verzichtete ich auf die Nachtruhe. Die etwa neunstündige Fahrt zwischen dem Pazifischen und dem Atlantischen Ozean war abenteuerlich schön, und die strahlende Beleuchtung eine Augenweide. In Großbritannien erwartete uns ja wieder strikte Verdunkelung. Einigen Panamesen war wohl zu Ohren gekommen, wir seien Nazis. Unfreundliche Anti-Hitlerrufe waren die Reaktion. Die Bedürfnisanstalten an den Kais trugen verschiedene Aufschriften "Silver" für Schwarze, "Gold" für Weiße. In Jamaika standen eingeborene Schönheiten am Hafen. Ihre Körbe wurden hinaufgehievt. Wir legten Münzen hinein und bekamen im Austausch dafür köstliche tropische Früchte. Am 22. Juni 1941 teilte man uns über Schiffslautsprecher mit, daß die deutsche Armee in die Sowjetunion einmarschiert sei. Ich atmete auf, jetzt schien mir ein deutscher Sieg undenkbar. Zwei der vierzig Rückkehrer waren Kommunisten. Bis dahin hatten sie von einem imperialistischen Krieg geredet und sich fast indifferent verhalten. Mit einem Schlag wurde jetzt Hitler der schändliche Feind, der die Sowjetunion "mit ihrem großem Führer Stalin" attackierte.

Erst nach neun Wochen erreichten wir Liverpool. Der Hafen war voller zerstörter britischer Schiffe. Noch eine Nacht mußten wir aber auf der "Themistokles" ausharren. Würde sich da nach dieser neunwöchigen Odyssee womöglich ein folgenschwerer Angriff ereignen? Die Deutschen hatten aber gerade andere Bombenziele. Am nächsten Morgen fragte ich die Hafenwache, wohin ich gehen dürfe und erhielt den Bescheid "Wohin Sie wollen". Nach so langer Internierung fühlte ich mich etwas unsicher. Dann erfuhr ich von einem besser Informierten, wir sollten uns auf einer bestimmten Polizeiwache melden. Dort erhielt ich eine Fahrkarte nach London. Auf dem Bahnsteig standen Kousine Hilde und Papa S. Eva war gerade beim tschechoslowakischen Programm der BBC, um sich vorzustellen. Ihre Abwesenheit - auch die letzten Briefe waren schon nicht mehr ganz so liebevoll - empfand ich als schlechtes Omen.

Wieder in London 1941
Der Neubeginn

Diesmal mußte ich mich zunächst in der Canterbury Hall einquartieren lassen. Auf der "Themistokles" hatte ich ein Manuskript über die "Dunera" und die ganze Internierungszeit geschrieben. Ein Feigling flehte mich an, das zu unterlassen, denn es könnte für alle schlimme Folgen haben.

Vermutlich bin ich denunziert worden, jedenfalls nahm mir der "Immigration Officer" an Bord das corpus delicti ab. Daran dachte ich, als schon nach der ersten in London unruhig verbrachten Nacht der ältliche Portier auftauchte: "Es möchte Sie ein Herr von Scotland Yard sprechen." Neue Internierung wegen des Manuskripts? Der Beamte bedeckte mit seinen Händen ein Formular, so daß nur meine Unterschrift sichtbar war. Ob das seine Richtigkeit hätte? Nach meinem "Ja" händigte er mir einen Scheck über zwanzig Pfund aus - als Ersatz für meine Verluste durch die "Dunera-Bewacher" und verabschiedete sich mit guten Wünschen. Diese schnelle Erledigung bewies mir, welch gute Psychologen die Briten doch sind.

Der Vertrauensarzt des "Czech Refugee Trust Fund" bewilligte mir ein sogenanntes "Apfelgeld". Wohlwollend meinte er: "Obst werden Sie ja in Australien genug bekommen haben. Theater oder irgendein anderes Amüsement würde ich als bessere Medizin empfehlen." Hier hatte sich nun auf Grund des Krieges eine besondere Methode entwickelt. Da die deutschen Luftbombardements fast nur abends und nachts stattfanden, wurden um die Mittagszeit zu zwei Sandwiches und einer Tasse Tee Einakter vorgeführt. Auch ins Kino ging man nur tagsüber. Übrigens kam kurze Zeit später mein Buchmanuskript "With compliments" zurück. Aus Loyalität zu Großbritannien habe ich es nie veröffentlicht. Immerhin blätterte ich die vergilbten, zerfledderten Seiten nochmals durch, bevor ich diese Periode jetzt, nach fast fünfzig Jahren, schilderte.

Als ersten Freund traf ich den Gablonzer Juristen Fritz Hoffer. Aus Kattowitz hatte ich ihm herausgeholfen. Seine Begrüßung war nicht gerade ermutigend: "Bist du total wahnsinnig, aus dem friedlichen Australien zurückzukehren, wenn hier die Bomben fallen?" Dann ging er in den Jüdischen Nationalfonds, wo Eva Haas, eine gute Bekannte von ihm, arbeitete und berichtete kopfschüttelnd über die Begegnung mit mir. Kurz darauf hielt ich in einer zionistischen Organisation einen Vortrag. Hoffer hatte ihn arrangiert und auch Eva eingeladen. Sie stellte während der Diskussion ein paar intelligente Fragen, aber dann verlor ich die junge Wienerin aus den Augen.

Mit Eva S. erlebte ich eine bittere Enttäuschung. Ihr richtiger Vater hatte mir mehrmals nach Hay geschrieben: "Selbstverständlich kannst du meine Tochter heiraten." Er nahm wohl an, daß ich in Australien sehr bald aus der Internierung entlassen werden würde und dann dort bleiben könnte. Sollte in Großbritannien etwas schief gehen, würde ich ihn und die geliebte Tochter bestimmt nach Australien nachholen. Jetzt aber sah alles anders aus. Die sudetendeutschen Flüchtlinge hatten sich in zwei Gruppen gespalten, eine hielt dem verdienstvollen Sozialdemokraten Wenzel Jaksch die Treue, die andere fühlte sich plötzlich nationaltschechisch bis in die Knochen. Dadurch gab es Risse, sogar innerhalb der Familien. Evas Onkel, einstiger sozialdemokratischer Redakteur in Karlsbad, blieb ein überzeugter Jaksch-Anhänger. Ihre Mutter und die beiden Väter hatten sich auf die national-tschechische Seite geschlagen. Man grüßte einander kaum mehr, obgleich alle, abgesehen vom richtigen Papa, in der Canterbury Hall wohnten. Ausnahmslos hatten sie im Sudetengebiet das Licht der Welt erblickt, und die wirkliche Muttersprache war deutsch.

Wenngleich er mich in London mitabgeholt hatte, hetzte der leibliche Vater, das gute Kind solle um Himmelswillen keinen "Deutschen" zum Mann nehmen. Für Evas Mutter und deren zweiten Mann schien das wahrscheinlich auch kein Herzenswunsch zu sein. Eva, die nun als Sekretärin des tschechoslowakischen Programms im Londoner Rundfunk fest angestellt war, fühlte sich mir hoch überlegen. "Çumhuriyet" hatte jetzt einen jungen türkischen Korrespondenten, und ich mußte erst eine neue Existenz aufbauen, während sie gar nicht schlecht verdiente.

Nun bin ich kein Kind von Traurigkeit. Gegen einen Freund während meiner Abwesenheit hätte ich nach unserer kurzen Bekanntschaft und trotz der Verlobung keinen ernstlichen Einwand gehabt. Aber daß sie sich von ihrer Familie unter Druck setzen ließ, traf mich schwer. Auch den plötzlichen tschechoslowakischen Hurrapatriotismus fand ich lächerlich. Selbst mein unverschuldetes Händezittern störte sie plötzlich. Die vor der Internierung ungetrübt innige Freundschaft war nach unschönen Auseinandersetzungen schnell beendet. Mein Gemütszustand ließ lange zu wünschen übrig; mir fehlte die notwendige Energie. Kousine Hilde besaß eine "antike" Schreibmaschine. Ich durfte sie mitnehmen und schrieb den ersten Artikel über die Schiffsreise von Australien nach Liverpool. Die Briten - wie ich annehme, das Information Office - hatten ein Blatt begründet, das einfach "Die Zeitung" hieß und vor allem auch für die deutschen Kriegsgefangenen bestimmt war. Sebastian Haffner diente der "Zeitung" als politischer Redakteur. Mein Thema war kein alltägliches. Also erschien der Beitrag sehr schnell - eine erste große Ermutigung.

Edgar Stern-Rubarth, der erste entlassene Internierte, stellte mich Kazimir Smogorszewski vor. Er war Chefredakteur der von der polnischen Exilregierung finanzierten Wochenschrift "Free Europe". Smogorszewski litt seelisch unter einem früheren Interview mit Hitler. Desto entgegenkommender war er jetzt zu jüdischen Emigranten, und ich konnte öfters eine Veröffentlichung bei ihm unterbringen. Im "Czech Refugee Trust Fund" betreute mich Miss Fowler, deren Charme trotz Überlastung keine Grenzen kannte. Eines Tages wurde ich von ihr zu einem meiner früheren Redakteure aus Berlin geschickt. Vorwand: er wollte etwas über die Internierungszeit erfahren. Tatsächlich verfügte der Alt-Journalist über einen Fonds für Emigranten-Publizisten und ließ mich ein wenig daran teilhaben. Nun war ich also nicht mehr ganz bargeldlos. In der Canterbury Hall mußte ich mein bequem eingerichtetes Zimmer mit einem netten jüngeren Mann teilen. Aber selbst ihn konnte ich nach den Erfahrungen während der Internierung nur schwer ertragen. Daher zog ich unweit der Canterbury Hall in ein nicht gerade renommiertes Hotel. Böswillige behaupteten, dort tanzten die Wanzen auf den Köpfen der Mäuse. Aber ich wohnte endlich wieder allein, und das war für mich die Hauptsache.

Eva Haas konnte mich von ihrem Bürofenster aus während meines täglichen Spaziergangs beobachten. Ich hielt den Kopf tief gesenkt, und die junge Dame grübelte, welche philosophischen Gedanken mich wohl bewegten. Tatsächlich waren es viel banalere. Ich zerbrach mir den Schädel, ob ich für einige der 24 "Punkte" außerhalb des eigentlichen Rationsbuches Ölsardinen oder Pfirsiche in der Büchse erstehen sollte. Auf der Straße erkannte ich sie bei meinem schlechten Personengedächtnis nie. Dann aber saß Eva mit einem Herrn im gleichen Lokal. Plötzlich fiel mir ein, daß ich dieser Eva doch schon irgendwo begegnet war. Meine Frage, ob ich mich dazu setzen dürfe, wurde freundlich bejaht. Am nächsten Tag erschien sie wieder im selben Restaurant, diesmal mit ihrer Freundin Vera, einem Rotschopf, und das war immer mein Typ. Außerdem hielt ich Eva für vergeben. Kurz, es bandelte sich zu ihrem Mißvergnügen etwas zwischen der "besten Freundin" und mir an. Vera, die Tochter eines der "Endlösung" zum Opfer gefallenen Wiener Arztes, war Krankenschwester. Da sie meist die Nachtschicht übernahm, hatte ich nun eine Partnerin für meine Spaziergänge.

Auch allein essen mußte ich nun nicht mehr. Eva - Vera wurde ja im Krankenhaus beköstigt - kam "zufällig" immer zur gleichen Zeit wie ich in mein Stammlokal, und wir aßen zusammen. In Großbritannien waren während des ganzen Krieges Restaurantsmahlzeiten unrationiert. Der Preis mußte sich allerdings auf fünf Schillinge beschränken. In Luxusrestaurants durfte er auf sieben Schillinge und sechs Pence hochgehen. Auch waren nicht mehr als drei Gänge erlaubt, wobei man zwischen Suppe und Brot wählen konnte. Ich erzähle gern, und Eva war auf Geschichten aus meinem Leben neugierig. Als ich über die Flucht aus der Tschechoslowakei berichtete, schmolz ihr Herz wohl endgültig dahin. An meinem 33. Geburtstag unternahmen Eva und ich einen Spaziergang durch den Regents Park - der Geburtstag bot einen großartigen Vorwand für ihren ersten Kuß. Nach fast einem halben Jahrhundert necke ich sie immer noch damit, daß nicht ich derjenige war, der die Initiative ergriffen hatte. Abends kam Vera gratulieren.

Drei harmonische Monate nach dem Geburtstagskuß fragte ich Eva, wann wir eigentlich heiraten würden. Ob sie es überhaupt wollte, danach erkundigte ich mich nicht. Am 27. März 1943 war es dann so weit. Man stand im Standesamt Schlange, da viele der Kriegsurlauber die kurze Frist zum Heiraten nutzen wollten. Kousine Hilde, unsere Trauzeugin, hatte in einer Schuhschachtel ihre gesamte Wochenration mitgebracht, damals das wohl willkommenste Geschenk. Unser zweiter Trauzeuge Reinholz fand Eva zwar nett, aber bei zwölfjährigem Altersunterschied zu jung für mich. Er scherzte mehrmals: “Fischer, Sie können es sich immer noch überlegen.” Er war der Sohn der Soubrette Käthe Erlholz und der Stiefsohn des großen Komponisten Rudolf Nelson. Dann wurde in einem Schweizer Lokal gegessen. Abends folgte ein Theaterbesuch im österreichischen “Laterndl”. Meine australischen Mitinternierten, inzwischen nach London als freie Männer zurückgekehrt, spielten die Hauptrollen. Das Stück hieß “Thunder Rock”. Schuster besuchten wir während der Pause in seiner Garderobe, und er beehrte die neugebackene Frau Fischer mit dem ersten formellen Handkuß ihres Lebens.

Everl, wie sie im Wiener Elternhaus genannt wurde, hatte und hat viel Humor, ist lebhaft, kontaktfreudig und mit sicherem Orientierungssinn begabt, der dem Ehemann völlig abgeht. Als Kind einer Metropole fehlen ihr die Eindrücke, die mich bis zum vierzehnten Lebensjahr auf dem Land und in der Kleinstadt mitgeprägt hatten. Vater Edmund Haas war ein von der "Arbeiter-Zeitung" angestellter Pressemann, ihre Mutter hatte sich bis zur Prokuristin einer großen Schuhfabrik hochgearbeitet. Da für sozialistische Journalisten nach dem Februaraufstand von 1934 keine beruflichen Chancen mehr bestanden und er froh sein mußte, nicht eingesperrt zu bleiben, verlegten sich die Eltern auf die Herstellung von Turn-, Haus- und Babyschuhen. Fachkenntnisse besaß nur die Mutter.

Die Schuhherstellung wurde von der Weltwirtschaftskrise, die in Österreich ja noch viel mehr zu spüren war als in Deutschland, hart betroffen. Daß die Familie nie Hunger leiden mußte und die Arbeiter, wenn auch gelegentlich verspätet, ihren Lohn ausgezahlt erhielten, ist angesichts der damaligen Zustände schon ein Wunder gewesen. Eva schloß sich einer zionistischen Jugendorganisation an, der sie mit Leib und Seele verbunden war. Man diskutierte und philosophierte viel und sang hebräische Lieder mit dem Hauptrefrain, eine jüdische Heimat in Palästina aufbauen zu helfen. Nicht zuletzt waren lange Wanderungen durch den Wienerwald und die Sommer- und Winterlager Höhepunkte dieser Aktivität. Georg Überall, später in Ehud Avriel umbenannt, brachte den Mitgliedern seiner Gruppe illegal auch viel über den Sozialismus bei.

Ich kenne etliche Wienerinnen. Jede behauptete, daß ihre Schule die beste gewesen sei, aber es war fast immer eine andere. Auch Eva bildete da keine Ausnahme. Ihre Mädchenoberschule hieß nach der Gründerin Dr. Eugenie Schwarzwald, einer Pädagogin mit beinahe revolutionären modernen Ideen. Da machte das Lernen richtig Spaß. Auch Evas Schule veranstaltete Skikurse, entschieden noblere als ihr finanzschwacher zionistischer "Bund". Der letzte begann Anfang Februar 1938 unweit von Schladming. Am 12. Februar hatte der Fuchs Franz von Papen unter falschen Versprechungen das verhängnisvolle Treffen Hitlers mit dem österreichischen

Bundeskanzler Dr. Kurt von Schuschnigg auf dem Berghof zustande gebrachte. Eva realisierte noch nicht, welch düstere Wolken sich da zusammenballten. Aber das ständige und eigentlich strafbare "Heil" und "Heil Hitler"-Gebrüll auf den Pisten irritierte sie. Vater Haas las in seinem Stammcafé täglich die "Neue Zürcher Zeitung" und das "Prager Tagblatt". So hätte er eigentlich etwas pessimistischer sein müssen. Aber sein Schlagwort lautete: "Bei uns kann so etwas nie passieren wie in Deutschland." Es passierte doch ...

Am 11. März 1938 saß die Familie vor dem Radioapparat. Schuschniggs Plebiszit war abgesagt worden. Der Anschluß stand unmittelbar bevor, und der Bundeskanzler hielt seine Abschiedsrede. Noch klingen Eva die letzten Worte im Ohr: "Gott schütze Österreich". Ihr Vater sollte noch erfahren, was in Österreich mit seinem schon durch den Einfluß der katholischen Kirche und dem politischen Erbe Karl Luegers tief verwurzelten Antisemitismus möglich war. Wer "prononciert" aussah, denn noch gab es ja keinen Gelben Stern, mußte unter dem Gejohle der Passanten die Straßen aufwischen - eine Wiener Erfindung. Sonst lief alles nach deutschem Vorbild: Gettobänke für die jüdischen Schülerinnen, dann Schließung dieser liberalen Schule ein Jahr, bevor Eva ihr Abitur machen konnte. Dank finanzieller Hilfe des "Joint", der großen amerikanisch-jüdischen Hilfsorganisation, arbeitete sie in einer von der Israelitischen Kultusgemeinde gepachteten Gärtnerei. Das war als Vorbereitung für Palästina gedacht.

Am verhängnisvollen 10. November 1938 (die österreichische "Kristallnacht" erfolgte einen Tag später als die deutsche) kam die telefonische Warnung, die Gärtnerei solle alle Mädchen sofort nach Hause schicken, da es bereits judenfeindliche Ausschreitungen in der Stadt gebe und ein Überfall zu befürchten sei. Einzeln, und nicht wie sonst in Gruppen, zogen sie los und mieden die Hauptstraßen. Heimgekommen, erfuhr sie, daß Parteigenosse Stöffl, der Blockwart, nach ihrem abwesenden Vater gefragt hatte. Er sollte sich sofort bei ihm melden. Eva schwante nichts Gutes.

Von einer Telefonzelle aus rief sie die Eltern in der kleinen Fabrik an, die erst einige Tage später geschlossen und amtlich versiegelt wurde. Flehentlich bat sie ihren Vater, bei einer befreundeten "arischen" Familie zu übernachten. "Dann könnte man ja annehmen, ich hätte etwas auf dem Kerbholz!", lautete seine Antwort.

Daß in einem Unrechtsstaat auch das beste Gewissen nichts nützt, wollten ja damals so viele, was auch für das "Altreich" galt, nicht wahrhaben. Ohne Verzug trat also Evas Vater den schweren Gang zu Stöffl an, der eine SA-Uniform trug. Unter Bewachung ging es weiter von Haus zu Haus, bis sich ein langer Zug verängstigter Juden formiert hatte, der fast die ganze Breite der Straße ausfüllte. Gleich anderen Frauen und Mädchen lief Eva am Bürgersteig mit, um zu sehen, wohin ihr Vater gebracht wurde.

Die große Rossauer Kaserne war der vorläufige Sammelpunkt. Wie Eva erfuhr, wurden sie dort immerhin von regulärer Wiener Polizei bewacht und nicht von SA-Leuten, unter deren Sadismus in den meisten "Auffangstellen" anderswo viele bitter leiden mußten. In dieser Nacht schlossen ihre schwer zuckerkranke Mutter und sie selbst kein Auge. Welche Bedeutung die Rossauer Kaserne 1916 für die Eltern Haas gehabt hatte! Damals nutzten sie den kurzen Fronturlaub des Bräutigams aus und ließen sich dort von einem Feldrabbiner trauen.

Am 3. Januar 1939, nach sechs Wochen, kehrte Häftling 28056 mit kahlgeschorenem Kopf und ausgezehrt aus Dachau zurück. Dank einer Schiffskarte nach Shanghai, die seine Schwester gerade noch bezahlen konnte, war er entlassen worden, mußte sich aber täglich bei der Polizei melden. Um es gleich vorwegzunehmen: Die Reise nach dem rettenden fernöstlichen Hafen wurde nie angetreten. Keinesfalls wollte er seine Frau ihrem Schicksal überlassen, und das Geld für eine zweite Schiffskarte ließ sich nicht auftreiben.

In Dachau hatte Evas Vater - unter den damaligen Bedingungen betrachtet - noch "Glück" gehabt. In der Baracke - die Anschrift hat Eva nie vergessen: Block 24 Stube 1 - war

Typhus ausgebrochen. Aus Angst vor Ansteckung traute sich keiner der Nazischergen mehr hinein. Vielmehr wurde das karge Essen in Eimern vor die Tür gestellt. Der sonst wahrlich nicht religiöse Vater nannte diesen Typhus einen "Schutzengel", denn die stundenlangen Appelle und das kollektive Strafestehen bei schneidender Kälte in dünnen Baumwollanzügen entfiel für die "24er". Wöchentlich durfte Evas Mutter ihrem Mann fünfzehn Reichsmark nach Dachau überweisen. Vor Ausbruch des Typhus machte er dafür in der Kantine bescheidene Einkäufe. Das beste seien wunderbar schmeckende Kekse gewesen, erzählte er. Vergeblich suchte seine Frau die verschiedenen Bäckereien danach ab. Später, auf einem Spaziergang, entdeckten die Eltern besagte "Delikatesskekse" in einem Spezialgeschäft unter der Markenbezeichnung "Das gesunde Futter für den Hund".

Anfang Februar 1939 traf der heißersehnte Bescheid ein, Evas "Trainee"-Visum nach Großbritannien sei bewilligt worden. Sie sollte es im britischen Generalkonsulat abholen. Vorher aber war der Gang zum Rothschild-Palais, das die Gestapo beschlagnahmt hatte, unvermeidlich. Da mit siebzehn noch nicht mündig, wurde sie von ihrer Mutter begleitet, deren Unterschrift verlangt wurde. Morgens um vier standen sie schon in der Schlange. Zehn Stunden später wurde ihr nach Vorlage vieler notwendiger Bescheinigungen der lebensrettende Pass mit dem roten "J" ausgehändigt. Der Abschied auf Wiens Westbahnhof am 22. Februar 1939 von den Eltern, einem Onkel und sechs Tanten verlief tränenreich. Niemand von ihnen überlebte den Holocaust.

Nach einem kurzen Zwischenaufenthalt in London ging es weiter nach Kent. Dort wurde sie Mitglied der "David Eder Farm", die Jugendliche auf eine landwirtschaftliche Arbeit in Palästina vorbereiten sollte. Kurz nach Ausbruch des Krieges mußten sich alle "enemy aliens" und Staatenlose dem Tribunal in der Kreisstadt Maidstone stellen. Sie hatten es leichter als ich. Die einzige Frage, die gestellt wurde, war: "Do you like England?", und "Yes, I love it!" genügte für die vorteilhafte "C"-Einstufung. 1940, nach dem Fall Frankreichs, sollten sich die "trainees", ausgenommen natürlich die wenigen Briten und Tschechoslowaken, täglich bei der nächsten Polizeistelle melden. Der nette Gendarm meinte aber: "Statt daß sechzig Leute nach der schweren Arbeit zu mir pilgern, radle ich zu ihnen." Dann wurden erstmals die männlichen Jugendlichen interniert. Den britischen Lagern folgte ihre Deportation nach Kanada. Als Küstengebiet wurde die Grafschaft Kent zur "protected area". Daher mußten auch alle anderen, außer den Briten, die Farm verlassen und kamen wieder nach London.

Eva brachte man in einem Heim des "Agricultural Comittee" unter. Heute kann sie nicht schlafen, wenn eine Mücke drei Häuser entfernt hustet. Damals fiel eine deutsche Landmine in den Garten, die Fensterscheiben zersplitterten, aber sie wachte erst am nächsten Morgen auf und schüttelte die Scherben von der Bettdecke. Luftschutzkeller waren nicht nach ihrem Geschmack. Während des "Blitz" ignorierte Eva den ohrenbetäubenden Lärm der Detonationen und lernte eifrig englische Stenographie. Die deutsche beherrschte sie bereits. Eines Tages kam ein junger Funktionär in das Heim. Er suchte für die zionistische Jugendbewegung "Habonim" eine Schreibkraft. Er könne aber nur zwei Schillinge pro Arbeitstag bezahlen, einen für die Fahrt, einen fürs Essen. Sie meldete sich sofort. Was Busse und Untergrundbahn betraf, war Eva Meisterin im Schwarzfahren. So konnte sie etwas Geld zurücklegen.

Bis Kriegsbeginn schrieben Eva und die Eltern einander täglich. Dann lief die Korrespondenz über einen Wahlonkel in Bosnien. Man konnte ihr nicht verschweigen, daß die Eltern nach über zwei Jahrzehnten das Mietshaus in der Albertgasse verlassen mußten und nur einen Raum in einer "Judenwohnung" zugewiesen bekamen. Pg. Stöffl kaufte für 600 Mark die Eßzimmereinrichtung, ein Hochzeitsgeschenk der Besitzer und Arbeiter jener Fabrik, in der die Mutter tätig gewesen war.

Am 26. Februar 1941 deportierte man die Eheleute Haas - der dritte Wiener Transport - in das berüchtigte Getto Lublin. Bis zu Pearl Harbour konnten Evas Eltern noch vier Briefe aus dem Getto, Adresse Koje 11, Marktplatz, Opole, Lublin, später "Arbeitsamt", schmuggeln. Über amerikanische Freunde gelenkt, trafen sie sehr verspätet in London ein. Diese Lebenszeichen waren auf hauchdünnem Papier geschrieben, wie es zum Drehen von Zigaretten verwendet wird. Ich möchte ein paar Stellen zitieren, aber hinzufügen, daß ich viel Zweckoptimismus herauslese, vermutlich, um die Tochter nicht zu beunruhigen:

"9.3.1941. Wie Du siehst, haben wir übersiedeln müssen. Wir wollen Dir gleich sagen, daß wir im großen und ganzen zufrieden sind. ... Es ist hier eine furchtbar trostlos arme Gegend, aber mit der Unterstützung der Verwandten und guter Freunde hoffen wir, die Zeit durchzuhalten. Da wir Gott sei Dank über fünfzig sind, werden wir nicht zur Arbeit herangezogen und hätten wir auch mit dieser kein Einkommen. Selbstverständlich ist dies hier kein Paradies, aber so weit es möglich war, haben wir es verhältnismäßig ganz gut getroffen ... Wir schreiben nur die Wahrheit. Du kannst ganz beruhigt sein ...

19.4.1941. Wir bekommen Päckchen und sind für alles so dankbar, was aus Wien und Prag kommt. Papa hat seit einigen Wochen eine leitende Stelle in einer Schuhfabrik bekommen. Er hat viel zu tun und ist glücklich darüber. Du brauchst Dir keine Sorgen um uns zu machen ...

5.8.1941. Wir sind so dankbar für die Päckchen. Tante Gisela aus Prag schickt die schönsten. Papa ist jetzt bei der Arbeitsvermittlung für österreichische Juden beschäftigt. Es bringt ihm zwar nichts ein, aber es ist eine sehr verantwortungsvolle Tätigkeit.

19.10.1941. Wir können den Tanten nicht genug für die Päckchen danken, wir können alles gebrauchen. Papa leitet jetzt das Arbeitsamt für Wiener. Das füllt ihn aus, wenn es auch materiell nichts einbringt. Es ist eine sehr verantwortungsvolle Stellung ... Wir haben Dich ja so unendlich lieb, und nur der Gedanke, Dich einmal wiederzusehen, hält uns aufrecht."

Nach dem Kriegseintritt der USA traf keine Zeile mehr aus Lublin ein.

Abgesehen von der ständigen Sorge um die Familie, ging es Eva verhältnismäßig gut. In ihrer neuen Stellung als Sekretärin der Erziehungsabteilung des Keren Kajemet brachte sie es bereits auf zweieinhalb Pfund wöchentliches Gehalt, konnte sich sogar ein einfaches Restaurantessen leisten und ein Sparbuch eröffnen. Scherzeshalber nannte ich es ihre "Mitgift". Eva wohnte bei dem in Jerusalem geborenen Rechtsanwalt Janus Cohen, dessen humorvolle Artikel in der "Zionist Review" viel Anklang fanden. Für Kost und Quartier spielte sie an zwei Abenden und an einem Tag am Wochenende den Babysitter. Statt mich armen Schlucker zu heiraten, hätten sie ihr gern, nach altem jüdischen Brauch, einen wohlhabenden Ehemann verpaßt. "Schadchen" nennt man das. Ihre Bedenken äußerten die Cohens sehr offen.

Evas Vorgesetzte, Lily Beyrack und ihr oberster Chef Bernhard Cherrick, später Vizekanzler der Hebräischen Universität in Jerusalem und für ihre Fonds ein "König der Schnorrer", waren überzeugt, daß jemand ohne "festen Job" nicht der Richtige sei. Miß Beyrack verabredete mit mir einen Spaziergang und war diplomatischer als die Cohens. Ich müßte doch einsehen, beschwor sie mich, daß Eva für eine Heirat noch nicht reif genug sei, und ich solle die feste Bindung etwas hinauszögern. Auch Eva wurde "bearbeitet". Aber wir blieben fest. Die Frage einer möblierten Wohnung führte zu Meinungsverschiedenheiten. Sie wollte eine ziemlich billige, ich eine teurere, verhältnismäßig elegante, in die man für uns wichtige Leute ohne Bedenken einladen könnte. Ungern gab Eva schließlich nach. Wir ließen uns in Hampstead nieder, wo die meisten "Refugees" lebten. Ich möchte aber betonen, daß sich unsere sozialen Kontakte keineswegs nur auf Emigranten beschränkten.

Schon der 28. März, der Tag nach unserer Heirat, brachte eine Überraschung. Ich dachte mir, alles Gute kann der Mensch nicht haben, sie wird schlecht kochen. Genau das Gegenteil war der Fall. Meine Frau ist eben Wienerin. Leider konnte sie mich mit ihren gastronomischen Künsten nicht lange verwöhnen. Die Vermieterin Mrs. Springford, hatte verboten, daß man auf dem Gasring des Zimmers außer Tee, Kaffee und Eiern etwas kochte und hatte herumgeschnüffelt. In ihrer eigenen Küche bereitete sie unsere Fleischration in Form einer Scheibe zähen Leders einmal wöchentlich zu. Meine Sympathien für die Briten waren und sind sehr groß, ausgenommen allerdings die "Landladies" und "Landlords". Sie kujonierten jeden Mieter, ganz besonders aber die "bloody refugees".

Nachdem Lily Beyrack die Ehe nicht hatte verhindern können, versuchte sie nun, Eva auf andere Art zu beeinflussen. Was sei schon ein freier Journalist? Ich solle mich um eine feste Stellung bemühen, welcher Art und mit welchem Lohn auch immer. Leider war Eva ungeduldig und wollte wohl, daß die gebratenen Tauben gleich vom Himmel fielen. Ja, wenn ich in die britische Presse hineinkäme und nicht nur in "Die Zeitung", "Free Europe" und die von der belgischen Exilregierung veröffentlichten Monatsblätter "Message" und "Marine", dann wäre es schon etwas ganz anderes ...

Mit den verwöhnten Londoner Tageszeitungen und Wochenblättern wollte ich nicht beginnen. Aber ich schickte Manuskripte - Eva tippte bis zu zehn Durchschläge - an die Provinzpresse. Alle kamen prompt zurück. Wer kannte schon meinen Namen? Dem Eheglück bekam das schlecht, bis zum ersten Mal kein dicker Brief mit dem retournierten Artikel eintraf, sondern zu ihrer großen Verwunderung ein dünner. Er enthielt einen Honorarscheck von vier Pfund. Absender: "Bristol Evening Post". Niemals hat dieses Blatt nachher noch irgendetwas von mir gebracht. Aber Eva war bereits halb bekehrt. Und andere Annahmen folgten.

Meine Vorladung zum "German and Austrian Labour Office" beunruhigte mich. Auch Erich Fried saß im Wartezimmer. Leiter war der österreichische Graf Einsiedel. "Ich müßte Ihnen", so begann er unser Gespräch, "von Amts wegen raten, in einer Munitionsfabrik Arbeit zu suchen. Aber ich habe ein paar Ihrer Artikel in der 'Zeitung' und anderen

Eva und Joachim Fischer,
London 1943

Blättern gelesen. Meiner Meinung nach könnten Sie als Journalist mehr für den Kriegsfortschritt leisten als in der Rüstungsindustrie. Damit Sie aber unser Amt nicht mehr aufruft und bedrängt, ist ein 'Freelance-Permit' notwendig. Sie könnten es selbst beantragen, dann kommt aber nach spätestens sechs Wochen die Ablehnung. Beantragt das aber eine Redaktion, so stehen Ihre Chancen wahrscheinlich besser."

"Pan" Smogorszewski formulierte diesen Antrag im Namen von "Free Europe". Das Schreiben des Innenministeriums an mich war so abgefaßt, daß wir uns zuerst entsetzt anblickten: "The Home Secretary does not desire to raise objection" - "Dem Innenminister beliebt es nicht" - uns blieb die Luft weg - "Einspruch zu erheben". Ich hatte gewonnen.

Dr. Duchacek, der das Interview mit Beneš vermittelt hatte, war jetzt Chefredakteur des "Central European Observer", eines Wochenblattes der tschechoslowakischen Exilregierung. Er akzeptierte ein, zwei Beiträge von mir. Dann wurde ihm ein anderes Amt anvertraut, und der Nachfolger war Dr. Josef Kodicek. Seine Frau verdiente ihren Lebensunterhalt durch Herstellung von Korsetts für die haute volée, darunter Frau Beneš. An ihm schätzte ich eine Eigenschaft. Er arbeitete nicht gern. Und da ich sehr viele Länder und Menschen kannte, überließ er das Schreiben mir. Ich veröffentlichte in dem Blatt unter meinem eigenen Namen und folgenden Pseudonymen: Ahmet Izzet Feridun, Balcanicus, Scandinavicus, Spectator und Observer.

Etwas schwejkisch war Kodicek's letzte Tat als Journalist. Jeden Artikel mußte der Botschafter gegenzeichnen, bevor er in Druck ging. 1948 kam es in Prag zum kommunistischen Staatsstreich. Kodicek legte seinem Chef ein lobhudelndes Manuskript vor. Zur Druckerei aber schickte er die denkbar schlimmste Verurteilung dieser Machtergreifung. Die fristlose Kündigung überraschte ihn nicht.

Ermutigt durch Erfolge in britischen Regional- und Provinzblättern wagte ich mich in das Allerheiligste, die ziemlich zerbombte Fleet Street. Ich hatte Glück. Ein paar der großen

Londoner Tageszeitungen waren an meiner freien Mitarbeit interessiert. Allerdings stellten sie höhere Ansprüche, auch informationsmäßig, so daß neue Kontakte geknüpft werden mußten: Der schwedische Presseattaché Hamerling wußte sehr genau Bescheid darüber, was sich in Deutschland, seinen Satellitenstaaten und den von der Hitlerarmee besetzten Gebieten ereignete. Nur einmal hatte er sich täuschen lassen - von einem Bericht des Roten Kreuzes über das Getto Theresienstadt, wo man den Besuchern ein "Potemkinsches Dorf" aufgebaut hatte. Professor Friedmann war ein Gelehrter finnischer Staatsbürgerschaft und schwedischer Muttersprache. Durch welche Verbindungen auch immer, er wußte genau, was sich in seinem Land abspielte. Mit dem Nach-Hitler-Deutschland hielt der finnische Professor engsten Kontakt und war an der Wiederbegründung des deutschen PEN-Clubs führend beteiligt. Außerordentliche Bedeutung hatten für uns Mitglieder des britischen Geheimdienstes. Da besuchten uns regelmäßig ein Bulgare, ein Jugoslawe, ein Rumäne, ein Albaner und eine Bulgarin. Die Taktik blieb immer gleich. Eva und ich plauderten so lange über belanglose Dinge, bis die Gesprächspartner wohl gekränkt meinten: ja, glauben denn die, daß wir überhaupt nichts Wichtiges wissen - und ihr Füllhorn ausschütteten.

Im British Museum hatte das "Office of Information" einen Lesesaal eingerichtet. Dort konnte ich so ziemlich alle Zeitungen aus den neutralen Ländern und sogar aus dem Machtbereich der "Achse" studieren und auswerten. Oft waren die Lokalblätter mit ihren Notizen, Verlustanzeigen, Inseraten und Berichten über alliierte Bombardements besonders ergiebig. Die Großstadt-Presse wurde wohl genauer kontrolliert. Ich las manche schleimige Lobeshymne z.B. zum Geburtstag des "Führers", verfaßt von Journalisten, die später seelenruhig behaupteten, sie seien eigentlich immer dagegen gewesen und hätten sich nachträglich für nichts zu schämen.

Die Eskalation der Kriegsereignisse wirkte sich auch auf unsere Arbeit aus. Meine Frau war nicht mehr im Keren Kajemet tätig, denn ich brauchte jetzt eine Ganztagskraft. Einfache Artikel schrieben wir selbst auf Englisch. Nun waren erfreulicherweise auch solche Blätter wie der "Manchester Guardian","Daily Telegraph", Anthony Eden's "Yorkshire Post", "New Statesman and Nation" und die "Contemporary Review" hinzugekommen. Für diese stilistisch vorbildlichen Publikationen bescherte uns die zufällige Bekanntschaft mit Mr. Hobson, der eine Lokalzeitung in Windsor herausgab, einen erstklassigen und dazu noch ehrenhalber arbeitenden Übersetzer. Jedoch behinderte das unvermeidliche Hin und Her die Aktualität. Marianne Katzenstein, eine gebürtige Bielefelderin, sprang ein. Sie war eine Freundin Evas und galt mit Recht als Sprachgenie. Unsere Methode war nicht ganz einfach. Da sie eine Acht-Stunden-Anstellung hatte, wurde die Nacht zum Tage gemacht. Zuerst diktierte ich Eva den Originaltext auf deutsch. Dann übersetzte Marianne ins Englische und meine Frau tippte das endgültige Manuskript. Durch deutsche Luftbombardements, die allerdings seltener wurden, ließen wir uns nicht stören.

Eigentlich glaubten wir, daß der Krieg schon kurz vor dem Ende stünde. Die Wochenschauen brachten fast nur noch Bilder vom Rückzug deutscher Truppen. Am 6. Juni 1944 wurde die ersehnte Zweite Front in der Normandie eröffnet. Aber Hitler setzte gleichzeitig auf Anraten Albert Speers seine "Wunderwaffen" ein. Halbwegs erträglich fanden wir noch die "V1". Sie explodierte und man wußte, es hatte einen nicht getroffen. Viel nervöser machte mich die "V2". Sie summte wohl so etwa eine halbe Minute lang, und erst dann knallte es. Zielgerecht wurde nicht getroffen. Aber das Bush House, in dem sich viele Redaktionen des Britischen Rundfunks befanden, erlitt beträchtlichen Schaden.

Während des "Blitz" von 1940/41 befand ich mich ja auf dem australischen Kontinent. Jetzt aber konnte ich die über eiserne Nerven verfügenden Briten beobachten. Viele, die nach der Entwarnung den Schutzraum verließen und ihr Haus oder ihre Wohnung nur noch zertrümmert vorfanden, sagten höchstens "Oh". Dann überzeugte man sich, ob noch etwas zu retten war. Ohne Wehklagen zogen die Geschädigten erstmal zu irgendwelchen Verwandten oder Freunden. Es ist ja auch typisch für dieses Volk, daß es in Großbritannien praktisch keinen Schwarzen Markt gab.

Eines Tages rief mich H.K. Lehmkuhl, der Pressechef der norwegischen Exilregierung an, für dessen Zeitschrift "The Norseman" ich auch gelegentlich arbeitete. Justizminister Terje Wold sei gerade als erstes Mitglied der Exilregierung aus der befreiten Finnmark zurückgekehrt, ob ich an einem Interview interessiert sei. Natürlich war ich das!

Wold hatte die nördlichste Provinz Norwegens nach dem Rückzug der deutschen Besatzer besichtigt. Als Resultat ihrer "Taktik der verbrannten Erde" waren fast keine Häuser stehengeblieben - in Hammerfest gerade noch drei -, und das in einem waldlosen Gebiet, also ohne Bauholz. Wold sprach auch von einem psychischen Schock. Man hatte sich in dieser Einsamkeit darüber gefreut, daß die deutschen Militärärzte auch norwegische Zivilisten behandelten, denn es mangelte an eigenen Medizinern. Mit "Fritz" und "Franz" stand man oft gar nicht so schlecht. Beim Rückzug aber waren die Deutschen in die abgelegensten Siedlungen vorgedrungen, um alles in die Luft zu sprengen oder anzuzünden. Das verursachte abgrundtiefen Haß. Die große Londoner Tageszeitung "Daily Telegraph" veröffentlichte das Interview mit Terje Wold, ohne auch nur eine Kürzung. Ich sollte die Verwüstungen später noch mit eigenen Augen sehen.

Nachdem sich die Türkei geschickt von allen Fronten ferngehalten hatte, erklärte sie im Februar 1945 Deutschland den Krieg, um an der Konferenz von San Francisco teilnehmen zu können. Ein Redakteur des "Çumhuriyet" rief an und wollte erfahren, wie das britische Echo sei. Eva, die den Zeitpunkt mehr als opportunistisch fand, antwortete: "Man tanzt bereits auf den Straßen." Nun tun das die Briten höchst selten. Aber am "V-Day" (Tag des Sieges) geschah es doch. Hitler hatte Selbstmord begangen, und die deutsche Kapitulation war unterzeichnet worden. Aber noch eindrucksvoller als die Tänze war eine endlose Militärparade.

Die "Schweizer Illustrierte Zeitung" wollte einen Augenzeugenbericht. So telefonierten wir von einer Zelle am Trafalgar Square aus etwa jede halbe Stunde und schilderten den Ablauf der großen nationalen Feier. Merkwürdigerweise kam man mühelos durch. Wir waren froh, daß der Krieg dann auch im Fernen Osten zu Ende ging, aber das letzte Kampfmittel, die Atombombe, erschreckte uns doch. Clement Attlees Wahlsieg war eine Überraschung. Nach der großen Popularität, die Churchill während des Krieges genoß, meinten wir, er würde das Rennen mühelos machen.

Aus Norwegen kam der Führer der zivilen Widerstandsbewegung, Pål Berg. Lehmkuhl vermittelte wieder ein Interview, diesmal für die "Neue Zürcher Zeitung". Berg war pensionierter Höchster Richter seines Landes. Er sah so distinguiert aus, daß ihn niemand verdächtigte. Der mutige alte Herr hatte unkontrolliert Nachrichten und Befehle an die einzelnen örtlichen Widerstandsbewegungen weitergeben können.

Uns bedrückten nun persönliche Ängste. Sieht man von der letzten Kriegsphase ab, hatten die Alliierten nichts getan, um den Juden zu helfen. Weder die Vernichtungslager noch die Gleise, die zu ihnen führten, wurden angegriffen. Auch wir hatten uns an Demonstrationen gegen die strikten britischen Einwanderungsbeschränkungen von Juden nach Palästina beteiligt - ohne greifbaren Erfolg. Kein Suchdienst an den wir uns bei genauer Angabe der Namen, Personalien und letzten Wohnadressen verschollener Angehöriger nicht wandten. Doch jedesmal traf derselbe Bescheid ein: "Soweit wir es nach gewissenhafter Überprüfung feststellen können, hat .... nicht überlebt." Vom Schmerz geplagt, mußten wir uns zusammenreißen, um nicht die Hände untätig in den Schoß zu legen.

Wir beschlossen aber, zunächst in London zu bleiben. 1947 empfing mich der Mathematiker und Kulturphilosoph Bertrand Russell (Literaturnobelpreisträger von 1950). Während die meisten Briten dem besiegten Deutschland noch sehr reserviert gegenüberstanden, begegnete mir in ihm ein Vorkämpfer für eine Versöhnung ohne Vergessen. Hinzufügen möchte ich, daß der erste Aufruf für eine Hilfe an die hungernden Deutschen vom jüdischen Londoner Verleger Victor Gollancz stammte.

Am 9. April 1947 begann in Oxford die Liberale Weltkonferenz. Alle auswärtigen Teilnehmer, auch wir - man hatte uns für Schweizer Blätter eingeladen - wurden in den Colleges untergebracht, was wegen der Osterferien ohne Probleme möglich war. Aus Deutschland kamen drei Delegierte. Einer war der thüringische LDP-Justizminister Helmut Külz, vor 1933 Mitglied der Dresdener Staatsbürgerlichen Jugend. In dem mir gewährten Interview wurde die Sowjetzone nicht völlig unkritisch, jedoch positiv dargestellt. Wenige Monate später setzte er sich nach Westberlin ab und brachte es dort bis zum Vizepräsidenten des Bundesverwaltungsgerichts. Persönlich berührte mich die Wiederbegegnung mit Theodor Heuss weit mehr. Noch sah er rank und schlank aus. Beim Eröffnungsbankett war meine Frau seine Tischdame. Am nächsten Nachmittag trafen wir ihn in einer Lyons Teestube.

Schon damals war sein Tenor: Keine deutsche Kollektivschuld, aber eine deutsche Kollektivscham. Von den Amerikanern war der Professor 1945 sofort reaktiviert worden. Sie konnten sich keinen besseren Kultusminister der württembergischen Landesregierung denken. So fielen ihm die schwierigen Pionierarbeiten zu. Nur ein Jahr später forderte die CDU seinen Posten, sonst wäre die Koalition unter Reinhold Maier nicht zustandegekommen. Heuss trat zurück, blieb aber sehr rühriges Mitglied des Landtags. Seine größte Sorge war die Zukunft der so lange mißbrauchten und irregeführten deutschen Jugend.

Zum erstenmal nach dem Krieg besuchte Thomas Mann London. Am 23. Mai 1947 gab er uns eine "Audienz" im Savoy Hotel. Diese Bezeichnung ist schon richtig, denn Mann wirkte recht majestätisch. Freilich war er äußerst höflich und mitteilsam. Es ging aber von ihm eine spürbare Kühle aus. Im Gegensatz zu Russell und Heuss bejahte Thomas Mann nicht nur eine deutsche Kriegs-, sondern auch die Kollektivschuld. Zu viele Bürger seien, zumindest während der ersten Jahre, den Barbaren allzu willig gefolgt. Jetzt seien sie verwirrt, und eine erfolgreiche Umerziehung dürfte sehr schwierig sein. Nach Deutschland wollte Mann nie mehr zurückkehren. Er sei jetzt amerikanischer Staatsbürger und wolle in Amerika leben (während der McCarthy-Ära zog sich die Familie Mann dann in ihr zweites Asyl, die Schweiz, zurück).

Der Autor des Essays "Betrachtungen eines Unpolitischen" war recht politisch geworden. Nein, er sei kein Kommunist, wünsche jedoch von ganzem Herzen ein gutes Verhältnis zwischen der Sowjetunion und den Westmächten, denn beide Teile brauchten nichts nötiger als die Erhaltung des so mühsam erkämpften Weltfriedens. Bei dieser Gelegenheit sprach Thomas Mann von seiner Sympathie für die Juden, unter denen er sehr viele Freunde hätte. In seinen von Peter de Mendelssohn herausgegebenen Tagebüchern las man es stellenweise enttäuschend anders. Zu Füßen des "Zauberers" saß seine Tochter Erika als "politische Beraterin". Gelegentlich unterbrach sie ihn: "Papa, du meintest doch wohl ..."

Mit der britischen Provinzpresse lief die Zusammenarbeit nun schlechter. Politik interessierte diese Blätter nicht mehr so sehr, man war wieder mehr zur Rubrik "Rund um den Kirchturm" zurückgekehrt. Aber es ließ sich immer noch ganz gut leben. Dennoch stieg bei mir das Fernweh fieberhaft an. Als ich meine Frau bat, sich nach dem Preis einer Flugkarte London-Helsinki zu erkundigen, kaufte sie gleich zwei. Motto: Ein reisender Mann ist besser als ein verrückter. Beim Einsteigen in die Propellermaschine am 8. Juli 1947 - Zwischenlandungen in Göteborg und Stockholm - dachte ich plötzlich daran, wie wenig wir doch durch den schwierigen Aufbau unserer Existenz vom kulturellen Leben der britischen Metropole mitbekommen hatten.

Unterwegs als reisender Korrespondent Wiedersehen mit Skandinavien und Deutschland

Die gemeinsame Reisetätigkeit, die nun begann, hat bisher immerhin 55 Länder umfaßt, in einigen waren wir nicht nur einmal. Ganz so einfach ist eine "Ehe aus dem Koffer", also ohne feste Wohnung, nicht. Arbeitsmaterial, Schreibmaschine, Kamera und ab 1954 Magnetophon und Tonbänder waren unverzichtbar. So mußten wir alles übrige Gepäck nach Möglichkeit reduzieren. Unsere Garderobe beschränkte sich auf das Notwendigste. Einziger Luxus für offizielle Anlässe: mein Smoking und für meine Frau ein Abendkleid. Eisenbahn, Busse, Schiffe und Flugzeuge, auch einmotorige - von Lofoteninsel zu Lofoteninsel - waren unsere Transportmittel. Streckenweise benutzten wir in Grönland aber auch Hundeschlitten, Motor- und Ruderboote und zwischen abgelegenen Lappensiedlungen im Winter Rentierschlitten. Nicht zu vergessen die Hubschrauber. In New York war der höchst komfortable "Helicopter" ein reines Vergnügen. Ganz anders in Südvietnam, wo der Krieg bereits begonnen hatte. Der Hubschrauberflug von Saigon nach Danang fand in einer militärisch bewachten Maschine statt, die die Amerikaner ihren Alliierten geschenkt hatten - eigentlich ein Museumsstück. Hinterher stundenlang halbtaub, fiel es schwer, Antworten auf unsere Fragen einigermaßen zu verstehen. Die Jeep-Convois schlugen wiederum ein Tempo ein, als handle es sich um ein Rennen. Man wußte ja nie so genau, welche Ortschaften noch von der Armee oder bereits vom Vietkong kontrolliert wurden.

Bei diesen vielen Reisen muß man auch Glück haben. Im Libanon hatten wir 1959 alle Interviews unter Dach und Fach. Nur General Schehab, der damalige Staatspräsident, wollte keines gewähren. Also besorgten wir uns Flugkarten nach Kabul. Aus welchem Grunde auch immer, der Präsident entschloß sich plötzlich, uns doch zu empfangen. Schon um den Diplomaten, der sich für die Begegnung eingesetzt hatte, nicht zu kompromittieren, verschoben wir den Flug nach Afghanistan um eine Woche. Schehab war charmant, aber übervorsichtig. Den nächsten Morgen berichteten die Schlagzeilen der Presse, daß "unser" Flugzeug abgestürzt sei und niemand überlebt habe. Wir denken also an Schehab dankbar zurück, obgleich das Interview wahrlich nicht ergiebig war. Die Erlebnisse und Begegnungen in 55 Ländern kann ich natürlich nur in kleinen Ausschnitten schildern. Dazu kommt: vieles, was für uns damals ein wirkliches Abenteuer war, muß dem Leser in der heutigen Zeit des Massentourismus fast "normal" vorkommen.

Warum hatten wir unsere Odyssee gerade mit Finnland begonnen? Die Anhänglichkeit meiner "alten" Redakteure rührte uns. Kaum war die Postverbindung zwischen London und Helsinki wieder hergestellt, erhielt ich sogar von "Elokuva Aitta" ein Telegramm: "Send little articles". Es gab dort auch viele persönliche Freunde. Finnland hatte sich im Krieg tapfer geschlagen und teilte nicht das traurige Schicksal der baltischen Staaten. Allerdings war äußerste Vorsicht dem großen Nachbarn Sowjetunion gegenüber geboten. Ganz simpel lagen die Dinge nicht. Große Teile des fruchtbaren Karelien und die einträglichen Nickelgruben bei Petsamo mußten an die Sowjetunion abgetreten werden. Fast die gesamte Bevölkerung verließ diese Gebiete. Selbst die Kommunisten zogen das demokratisch regierte Finnland vor. So mußten 450.000 Menschen integriert werden. Jeder zehnte Finne war ein Neubürger. Und das in einem Land, das durch die beiden Kriege finanziell ausgeblutet war. Wir bewunderten die hervorragende Organisation und Solidarität. Mehrheitlich waren die Karelier in der Land- und Forstwirtschaft tätig gewesen. Durch eine Bodenreform und Parzellierung von Staatsgütern gab man ihnen Land und Arbeit.

Wie vorbildlich und ohne Murren man sich mit den Gegebenheiten abfand, mag auch an der fröhlichen Gemütsart der Karelier liegen. Einer ihrer großen Förderer war Urho Kaleva Kekkonen, Vorsitzender der in "Zentrum" umbenannten Agrarpartei und nach vielen anderen hohen Ämtern schließlich finnischer Staatspräsident. Als aktiver Sportsmann hatte er es früher sogar zum finnischen Meister im Hochsprung gebracht.

Der elegante, schlanke Politiker regierte auch in der parlamentarischen Demokratie wie ein Großfürst. Er konnte mit den Sowjets gut umgehen, besaß viel Humor und erzählte uns von dem Aufsatz einer Schülerin aus der Industriestadt Tampere über das Thema "Meine Heimat". Darin hieß es: "Finnland ist eine parlamentarisch regierte Republik, und der Präsident heißt immer Kekkonen." Tatsächlich bekleidete er dieses Amt 25 Jahre, dann mußte er 1981 aus Gesundheitsgründen ungern weichen und starb fünf Jahre später.

Im Gegensatz zur norwegischen Finnmark war das ebenfalls von den Deutschen zerstörte finnische Lappland leichter aufzubauen, weil kein Mangel an Holz herrschte. Aber ein anderes schwieriges Problem mußte bewältigt werden. Im Waffenstillstandsabkommen vom September 1944 forderte die Sowjetunion alles zurückgebliebene deutsche Eigentum und 500 Millionen Dollar an Reparationen (ein Teil wurde später erlassen). Verlangt wurde die Verrechnung in Industriegütern, die das Land aber noch nicht produzierte. Es mußten also völlig neue Fabriken errichtet werden, die dann so modern und leistungsfähig waren, daß sich den Finnen neue Märkte eröffneten, westlich wie östliche. Wir sahen ganze Gruppen finnischer Ingenieure, Techniker und sonstiger Facharbeiter über die neue sowjetische Grenze fahren. Dort errichteten sie Elektrizitätswerke, Fabriken und andere Projekte. Ihre Erfolge rentierten sich. Finnlands Wirtschaft gesundete eher, als seine Freunde es für möglich gehalten hätten.

Neben Kekkonen hatte mich in Skandinavien ein weiteres Staatsoberhaupt empfangen - König Håkon VII.. Erfreulicherweise war ihm mein Name durch die Mitarbeit am norwegischen Exilblatt "The Norseman" bekannt. Auf der

Treppe schüttelt uns der als großer Sportsmann bekannte Kronprinz Olav - seit 1957 Monarch und 1991 verstorben - die Hand. "Mein Vater erwartet sie schon." Håkon VII. war ein hochgewachsener Mann, ganz unmajestätisch gekleidet. Den Schuhen sah man an, daß sie ihm schon etliche Jahre gedient haben mußten.

Geboren wurde er als dänischer Prinz Carl. Nachdem sich Norwegen 1905 aus der Personalunion mit Schweden gelöst hatte, berief es ihn zum König, und er nahm den historisch bedeutungsvollen norwegischen Namen Haakon an. Aber wie er uns erzählte, war für ihn ein vorheriges Plebiszit mit positivem Ausgang die unbedingte Voraussetzung. Fridtjof Nansen meinte, diese Prozedur sei unnötig und zählte illustre Namen auf, die genau wie er dem Prinzen die norwegische Krone antragen wollten.

Jedoch war dessen Antwort unmißverständlich: "Ja, das sagen Sie jetzt. Aber in zwanzig Jahren wird Björnstjerne Björnson tot sein, vielleicht wird Christian Michelsen tot sein und Sie vielleicht auch. Dann werden die Norweger kommen und mich fragen 'Was zum Teufel tun Sie eigentlich hier?" Das Plebiszit fand statt und trug ihm eine überwältigende Mehrheit ein.

Auf seinem Schreibtisch lag die neueste Ausgabe des Zentralorgans der Arbeiterpartei "Arbeiderbladet" und, was ebenso ungewöhnlich schien, ein großes Stück von einem Schrapnell. König Haakon bemerkte meine Neugier: "Das ist ein Gruß von Herrn Hitler." Die Deutschen hatten herausgefunden, wo sich sein Notquartier im Dorf Nybergsund befand. Aber der kaltblütige Mordversuch eines 75minütigen Bombardements mißglückte. Kein Mitglied der königlichen Familie wurde getroffen.

Sicherlich ist die am 9. April 1940 begonnene Invasion heute kein Tagesgespräch mehr. Aber 1954 war noch alles sehr frisch. Wir sollten ein Feature über Hammerfest, die zehn Jahre zuvor durch Hitlers Soldaten total vernichtete und inzwischen ganz modern wieder aufgebaute nördlichste Stadt Europas machen. Zunächst mochte sich aber niemand beteiligen: "Leider sprechen wir kein Deutsch". Als man mich jedoch ausfragte und erfuhr, daß ich Jude bin und Großbritannien mir, genau wie ihrem König, während des Krieges Asyl gewährt hatte, schlug die Stimmung um. Halb Hammerfest sprach plötzlich Deutsch, und niemand war mehr mikrophonscheu. Es wurde eine unserer lebendigsten und aufschlußreichsten Sendungen.

Nie hätten wir geglaubt, daß der für uns interessanteste Mann in Kopenhagen ein Deutscher sein würde. Dänemarks immer gut gelaunter sozialdemokratischer Ministerpräsident Hans Hedtoft gab mir am 11. Dezember 1947 ein Interview, vor allem über die Schleswigfrage. Als Pragmatiker wollte er deutsche Südschleswiger nicht in "Butter- und Speckdänen" verwandelt sehen. Beim Abschied stellte Hedtoft eine unerwartete Frage: "Möchten Sie jenen Deutschen kennenlernen, dem die Juden Dänemarks ihr Leben verdanken und der mir den Glauben an Deutschland und seine Zukunft wiedergegeben hat?"

Zwei Tage später saßen wir Georg Ferdinand Duckwitz gegenüber. Sein Büro war so klein, daß der große, kraftstrotzende Mann es beinahe allein ausfüllte. Da er gegen den Rat seiner Ärzte das Kettenrauchen nie aufgab, war die Luft zum Schneiden dick. Ich begann das Gespräch mit der höflichen Versicherung, wie ich mich freute, einem so verdienstvollen Anti-Nazi zu begegnen, und wurde gleich unterbrochen: "Um Legenden vorzubeugen, ich war es nicht immer. In Kopenhagen vertrat ich die Bremer Kaffeefirma Roselius, erlernte Dänisch sehr rasch und hatte bald viele Freunde. Damals befürchtete man ein zu starkes Anwachsen der KPD. Von Gregor Strasser beeinflußt, trat ich der NSDAP bei. Ja, ich wurde sogar wirtschaftlich-politischer Leiter der Partei für ganz Dänemark. Und es kam noch 'dicker'. Alfred Rosenberg verpflichtete mich als Mitarbeiter im von ihm geleiteten Außenpolitischen Amt der Nazipartei."

Duckwitz bemerkte wohl unser Entsetzen und fuhr fort, ohne eine Frage abzuwarten: "Dann aber öffnete mir die Bartholomäusnacht des 30. Juni 1934 die Augen. Auf Befehl

Hitlers wurde ja auch sein Rivale Gregor Strasser, der die Silben 'sozialistisch' im Parteinamen ernstnahm, ermordet. Taktische Gründe waren es, weshalb ich die Parteimitgliedschaft nicht löschen ließ, ich kündigte aber bei Rosenberg." Kündigen klingt einfach. In seiner Position hätte es aber gefährlich werden können. Wie Duckwitz die Klippen umschiffte, ist eine zu lange Geschichte. Jedenfalls gelang es ihm, von der HAPAG angestellt zu werden. Bald brachte er es bis zum Prokuristen.

Als 1939 einigen deutschen diplomatischen Vertretungen Schiffahrtssachverständige zugeordnet wurden, erreichte Duckwitz diese Position in dem von ihm geliebten Kopenhagen. Ganz unkompliziert dürfte das nicht gewesen sein, da ihm die Trennung von Rosenberg noch anlastete. Die Invasion Dänemarks vom 9. April 1940 unter Mißachtung der Neutralität erfüllte ihn mit tiefer Scham. "Ich wollte", erinnerte er sich, "wenigstens tun, was in meinen schwachen Kräften stand." Dabei kam ihm der Zufall zu Hilfe. 1942 wurde Dr. Werner Best zum Gesandten und Reichsbevollmächtigten in Dänemark ernannt. Der Verfasser der Naziterrorfibel "Boxheimer Dokumente" und Liquidator von 11.000 polnischen Intellektuellen war gleichzeitig ein Romantiker. Ihm schwebte ein Großgermanisches Nachkriegsreich vor mit einem integrierten Dänemark. Da kam Duckwitz, der so viele dänische Freunde besaß und die Sprache beherrschte, als idealer Berater in Frage.

Behandelte man Dänemark anfangs im Vergleich zu Norwegen noch mit Glacéhandschuhen, so verhärtete sich bald die Situation. Schließlich wurde von Berlin aus auch die "Endlösung" der dänischen Juden geplant. Was konnte ein Mann wie Duckwitz - er besaß ja keinen gehobenen diplomatischen Status - dagegen tun? Er machte verschiedene Versuche, die ihn Kopf und Kragen hätten kosten können. "Ein bißchen riskant war es schon", gab er uns gegenüber zu, "aber sonst wäre ich nie mehr glücklich gewesen."

Erfolgreich verlief der von Best erlaubte Besuch in Stockholm. Als Resultat einer dreistündigen Audienz beim sozialdemokratischen Ministerpräsidenten Per Albin Hansson erreichte er die feste Zusage, jeder in sein Land Gerettete würde willkommen sein. Am 28. September 1943 rief Best Duckwitz zu sich und informierte ihn: "Mit unwiderruflichem Führerbefehl wird in der Nacht vom 1. zum 2. Oktober die Deportation der Juden auf dem Dampfer 'Wartheland' erfolgen." Nun war kein Augenblick mehr zu verlieren. Duckwitz hetzte ins Alte Arbeiterversammlungshaus, Römergade 22, wo eine Vorstandssitzung stattfand. Er ließ seine Freunde Hedtoft und Hans Christian Hansen herausrufen, um ihnen die Schreckensnachricht zu überbringen. "Sie glaubten mir sofort. C.B. Henriques, der Vorsitzende der Jüdischen Gemeinde, war viel schwerer zu überzeugen."

Am nächsten Morgen verkündete der Rabbiner und spätere Oberrabbiner Markus Melchior - seine frühere Gemeinde war das oberschlesische Gleiwitz - die Warnung von der Synagogenkanzel. Dänen, Freunde und völlig Unbekannte, verbargen die Juden. Während der nächsten Wochen wurden sie auf Booten über den Öresund nach Schweden gerettet. Duckwitz unterrichtete auch den Hafenkommandanten Camman, einen alten Freund von der HAPAG her. Er zog einen großen Teil der Patrouillenboote "zwecks Überholung" aus dem Verkehr. Unter Dänemarks 7000 Juden, darunter 1351 deutsche Emigranten, entkamen alle bis auf ungefähr 500, die nach Theresienstadt deportiert wurden. Niemand endete in einem Vernichtungslager. Auch die 1376 "Halbarier" gelangten nach Schweden, als prominentester der Nobelpreisträger Niels Bohr.

Die Rettungsaktion entwickelte sich zur Generalprobe für die sehr erfolgreiche dänische Widerstandsbewegung. Bei immer schlechter werdender Kriegslage für Deutschland ließ Duckwitz seinen Einfluß auf den Reichsbevollmächtigten nicht ungenutzt. Er verhinderte Härten und die Vollstreckung vieler Todesurteile. Duckwitz wies warnend auf die Best'schen Kinder hin - und es gab deren sieben.

Knapp vor Kriegsende ergriff Duckwitz nochmals die Initiative und reiste erneut nach Stockholm. Seine Bemühungen trugen - gegen den Widerstand gewisser Armee- und Militärcliquen - zur rechtzeitigen Kapitulation der Wehrmacht in Dänemark und Norddeutschland bei. Seine Frau Annemarie war mit ihrem Mann durch Dick und Dünn gegangen. Dabei hätte sie als gebürtige Schweizerin jederzeit in ihre Heimat zurückkehren können. Nach dem Kriege wurde Duckwitz als einzigem Deutschen die dänische Staatsbürgerschaft angetragen. Aber er lehnte ab: für sein Vaterland gäbe es noch mancherlei zu tun - was auch der Fall war.

Wie human die Dänen waren, davon konnten wir uns selber überzeugen. Eben waren sie die deutschen Besatzungstruppen losgeworden, da trafen ganze Schiffsladungen mit insgesamt ca. 200.000 Flüchtlingen aus Ostdeutschland ein. Vor der Roten Armee hatten sie noch rechtzeitig über die Ostsee entweichen können. Auf Bitten der Briten richtete ihnen die dänische Regierung mehrere Lager ein. Oksbøl, eines der größten, leitete der deutsche Sozialdemokrat Roloff. Die Insassen wurden ausreichend verpflegt. Man hatte ihnen Schulen gebaut, unterstützte kulturelle Aktivitäten aller Art, und im Krankenhaus arbeiteten deutsche und dänische Ärzte. In den Lagern waren Frauen und Kinder in der Überzahl. Etliche der wenigen Männer wollten einfach nicht kapieren, daß der Krieg endgültig verloren war und faselten von einem baldigen neuen gegen die verhaßte Sowjetunion.

Es war mir nicht schwer gefallen, schon 1946 wieder für deutsche Blätter aus London zu schreiben, darunter an erster Stelle "Die Zeit" in Hamburg und den "Tagesspiegel" in Berlin. Ein Wiedersehen mit Deutschland zögerte ich aber längere Zeit hinaus. Es lag zu viel dazwischen, seit ich Berlin verlassen mußte. Auch war die Erde für mich mit Blut getränkt. Mit Ausnahme meines aus Shanghai nach Berlin zurückgekehrten Halbbruders und der Kousine in London sind ja die ganze Familie und viele Freunde dem Holocaust zum Opfer gefallen. Dann drängten jedoch die Redakteure, und ich gestehe auch eine gewisse Neugier ein. Eva kannte Deutschland überhaupt noch nicht.

Am 1. März 1948 überschritten wir die dänisch-deutsche Grenze. Nicht ohne Neid betrachtete der Zollbeamte die von uns mitgenommenen Lebensmittel. Wir wollten sie an die Menschen, die mir nahestanden, verteilen. Schauerlich mitanzusehen, wie Deutschland teilweise nur noch aus Trümmern bestand. Aber durch die Zerstörungen des "Blitz", der "V1" und "V2" in London und den Anblick des beinahe vollkommen vernichteten Coventry sowie der norwegischen Finnmark und Finnisch-Lapplands waren wir etwas abgehärtet. Auch meinte ich, daß man einen fürchterlichen Krieg nicht vom Zaun brechen könne, um dann mit heiler Haut davonzukommen. Schon in Flensburg traf ich den ersten alten Bekannten wieder. Jakob Kronika war dort Chefredakteur von "Flensborg Avis". Daß er mir 1933 die dänische Eisenbahnfreikarte beschafft hatte, erleichterte damals den Start in Skandinavien. Merkwürdigerweise erinnerte er sich noch an die "Diskussionsgemeinschaft Politisch Andersdenkender" und die leider vergeblichen Hoffnungen, die wir an sie knüpften.

Auslandskorrespondenten in deutschen Großstädten waren auf "Pressecamps" angewiesen. Es gab nämlich zu wenig unzerstörte und von den Alliierten nicht requirierte Hotels. Es kostete einige Mühe, für Käthe, die wir nach Hamburg eingeladen hatten, ein halbwegs ordentliches möbliertes Zimmer aufzutreiben. Erfreulich war die Wiederbegegnung aber nicht, denn sie berichtete mir Näheres über die letzte Lebensspanne meiner Mutter, was mir nächtelang den Schlaf raubte.

In der "Zeit" hatte die gesamte Redaktion, einschließlich Marion Gräfin Dönhoff, an einem langen Tisch Platz genommen. Wir waren die Ehrengäste. An den Fragen der Journalisten bemerkte ich, daß vieles, was ich als bekannt vorausgesetzt hatte, noch nicht einmal bis zu diesen wißbegierigen, hochintellektuellen Menschen vorgedrungen war.

Im britischen Militärzug fuhren wir neun Stunden lang von Hamburg nach Berlin. Unser erster Weg führte mich zu meinem Halbbruder Wolfgang - wir hatten uns ja seit 1933 nicht mehr gesehen. Ich wollte genau wissen, wie sein Leben ab März 1939 im Shanghaier Getto Hongkew verlaufen war. Als phantasievoller Mensch hatte er dort das Blatt "Shanghai-Woche" begründet und leitete es auch als Chefredakteur. Immerhin herrschte bei rund 20.000 jüdischen Emigranten aus dem Tausendjährigen Reich kein Mangel an Lesern, und Restaurants, Cafés, Geschäfte, Friseure, Rechtsanwälte, Ärzte und Zahnärzte inserierten ständig.

Wolfgang erzählte uns von Goja, der sich "König der Juden" nannte, einem berüchtigten Spezialbeamten der japanischen Polizei. Er stellte die "Sonderpassierscheine" aus, mit denen man das Getto verlassen durfte, nur zu einem festgelegten Zweck, mit Abzeichen - allerdings kein gelber Stern - und zeitlich genau befristet. Als Goja Wolfgangs Prothese sah und erfuhr, daß er im Ersten Weltkrieg den rechten Arm verloren hatte, machte er eine tiefe Verbeugung. Der kleingewachsene Mann haßte großgewachsene Antragsteller. Er sprang dann auf den Schreibtisch, fuchtelte mit der Pistole herum und versetzte ihnen eine Ohrfeige.

Bis zur Kapitulation Japans herrschte die Angst, es könne auch in Hongkew zur "Endlösung" kommen. Erst im Sommer 1947 konnte Wolfgang Shanghai verlassen und nach einer abenteuerlichen Reise nach Berlin zurückkehren. Ich veranlaßte ihn, für die "Wiener Library" in London, die auf das Schicksal der deutschen Juden spezialisiert ist, eine Dokumentation über Hongkew zu schreiben. Im Eigenverlag gab er dann eine recht populär gehaltene Filmzeitschrift heraus. Er starb 1975 und liegt auf dem Berliner Jüdischen Friedhof, Heerstraße, begraben.

Aber zurück ins Jahr 1948. Ganztägig mietete ich mir bei unseren britischen Gönnern ein Auto, das noch Seltenheitswert hatte, und entdeckte ein mir fremdes Berlin. Das "Romanische Café", das "Café Filmeck", das "Haus Vaterland" und das "Restaurant Kempinski" in der Leipziger Straße sowie all die Kaufhäuser dort waren dem Erdboden gleichgemacht. Vom Nobelhotel "Adlon" blieb immerhin ein Flügel übrig, wo man mit Lebensmittelkarten sehr schlecht essen konnte. Die paar Promenadencafés servierten scheußlich schmeckende Heiß- und Kaltgetränke. Aber das Kulturleben verdiente Bewunderung. Im "Deutschen Theater" sahen wir eine Aufführung von "Nathan der Weise" mit Paul Wegener und Eduard von Winterstein, unter Regie von Fritz Wisten, die wohl sogar den Beifall Max Reinhardts und Alfred Kerrs gefunden hätte. Kabaretts konnten sich wieder jede Pointe leisten, und Werner Finck wie auch Willy Schäffer machten reichlich Gebrauch davon. In den Filmateliers herrschte wieder Hochbetrieb.

Merkwürdigerweise standen das Haus der Großeltern und der Schwester noch, sowie alle anderen, in denen ich bis 1933 gelebt hatte. Hoffmann und meine Ex-Sekretärin Lisa hatten über den "Tagesspiegel" meine Londoner Adresse erfahren und sich gemeldet. Also konnte ich sie mühelos finden. Abwechslungshalber war Hoffmann jetzt der SED beigetreten und versuchte mir einzureden, daß es sich nicht um eine kommunistische Partei handelte. Mit ihrer Mutter und den zwei Kindern - das dritte, ein Säugling, starb auf der Flucht - war Lisa von Schlesien nach Berlin gelangt und fand bei einem Onkel Unterkunft.

Ernst Lemmer, der CDU-Parteichef im Osten Berlins, schwankte noch, aber nicht mehr lange, ob er sein geliebtes Haus in Klein-Machnow aufgeben sollte. Er war recht korpulent geworden und begründete das mit den "verfluchten Mollen". Im Roten Rathaus hielt Ernst Reuter eine Pressekonferenz ab, für mich auch ein rhetorischer Genuß. Sein Deutsch war von den mir fremden Formulierungen, die sich im Dritten Reich eingeschlichen hatten, gänzlich unberührt. Wie in alten Zeiten leitete er das Berliner Verkehrswesen und auch die Gas-, Wasser- und Elektrizitätswerke, bedenkt man die zu überwindenden Mängel, mit sehr großem Erfolg! Man hatte ihn 1947 zum Oberbürgermeister gewählt, aber auf das sowjetische Veto hin mußte Louise Schroeder dieses Amt in der immer noch größten deutschen Stadt ausüben. Nach der Pressekonferenz unterhielten wir uns lange, und ich spürte, obgleich er sich hier wieder zuhause fühlte, eine wehmütige

Erinnerung an die Türkei. Als ich ihn das nächstemal sah und interviewte, war die administrative Spaltung Berlins vollzogen, und der Mann mit der Baskenmütze und dem für diese Zeit typischen Pathos sehr populärer Regierender Bürgermeister des westlichen Teils. Sein Tip: "Die Parteizeitung leitet Willy Brandt. Sehen Sie sich den jungen Mann mal an. Aus dem wird noch was." Am 19. April 1948 um elf Uhr besuchte ich den "jungen Mann" in der Trabenerstraße 74. Brandt hatte das seltene Kunststück fertiggebracht, zugleich mit Kurt Schumacher und Ernst Reuter gutzustehen. Dieser ersten Begegnung sollten dann in späteren Jahren noch viele folgen.

Im "Tagesspiegel" empfingen mich die Gründer des Blattes, Erik Reger und Walther Karsch, nicht weniger freundlich und wißbegierig als zuvor die Redaktionsrunde der "Zeit". Noch war man ja den Journalisten, die vom Ausland ohne Scheu sogleich wieder mitgearbeitet hatten, dankbar. Öfters kam das wohl jüngste Redaktionsmitglied Klaus Bölling zu mir ins "Hotel am Zoo" und überbrachte ein gerade fälliges Honorar, damit es bis zum Abend nicht noch mehr an Kaufkraft verlor.

Ein kurzer Abstecher in die damalige Ostzone war erst nach langem Kampf mit hohen Sowjetoffizieren erreichbar. Unsere wichtigsten Informanten waren die Vorsitzenden der jüdischen Gemeinden. Was sie damals erzählten wiederzugeben, wäre sinnlos. Jederlei Antisemitismus wurde abgestritten und die Situation rosig geschildert. Als dann aber die Schauprozesse gegen Rajk, Slansky etc. begannen, blieb keiner der "Prominenten" im Machtbereich des Genossen Walter Ulbricht. Bei Nacht und Nebel verschwanden sie westwärts. Die befürchtete Verfolgung der zurückgebliebenen Juden fand glücklicherweise nicht statt.

Wenige Tage nach der Währungsreform landeten wir in München, das lange nicht so unter Kriegsschäden gelitten hatte wie Berlin. Eigentlich wollten wir dort nur das Theaterleben genießen und ein paar Filmreportagen machen. Dann aber vermittelte Ernst Landau, ein alter Jugendbund-

Auf dem Kurfürstendamm, Berlin, 1958

freund meiner Frau, Auschwitz-Überlebender und Journalist, zwei wichtige Verbindungen.

Da war einmal Mr. Shechter, amerikanischer Kontrolleur des Bayerischen Rundfunks. Er brachte mich zu Dr. Herbert Hupka, dem damaligen Redakteur der Sendereihe "Das offene Fenster", für die ich dann zahlreiche Länderfeatures produzierte. Als nächstes führte uns Landau in die Schellingstraße 39 - ein Haus, das ich früher bestimmt nicht betreten hätte. Dort wurde nämlich der "Völkische Beobachter" verlegt und gedruckt.

1948 beherbergte es "Die Neue Zeitung". Die amerikanische Militärregierung, die es herausgab, wollte den deutschen Lesern das Beste vom Besten bieten. Erster Feuilletonredakteur war kein geringerer als Erich Kästner, Londoner Korrespondent Peter de Mendelssohn. Aus Berlin schrieb Friedrich Luft Theaterkritiken und Kulturbeiträge. Ohne Umschweife wurde mir die freie Mitarbeit angeboten. Der in Berlin geborene, nun amerikanische Major Hans Wallenberg hatte die Chefredaktion des Blattes übernommen.Wallenberg war der Motor der "Neuen Zeitung" und seine witzigen und geistvollen Redaktionskonferenzen eröffneten jungen deutschen Journalisten die Tore zur Welt. Er beteiligte sich an vielen Organisationen, die die Kunst, Musik und Literatur förderten und die "Versöhnung" zwischen Deutschen und Juden anstrebten. Stellvertretender Chefredakteur war Ernst Cramer, ein gebürtiger Augsburger und heute Herausgeber der "Welt am Sonntag". Ihm verdankten wir manchen Vorschuß, den er gegen die strikten Regeln der Militärregierung genehmigte und und dadurch große Auslandsreisen mitermöglichte. Obgleich politisch in manchem verschiedener Meinung, blieb unsere Freundschaft erhalten. Während der Münchener Monate wohnten wir im amerikanischen Pressecamp. Es soll das Haus der Hitler-Geliebten Eva Braun gewesen sein. Mein Lieblingscafé war das "Luitpold". Dort interviewte ich Kästner, der sich aus der Redaktion bald wieder zurückgezogen hatte, und Fritz Kortner. Er spielte die Hauptrolle im Film "Der Ruf", der von dem tragischen

Schicksal eines nach Deutschland zurückgekehrten Emigrantenprofessors handelte.

Noch hatte "Die Neue Zeitung" keinen festen Korrespondenten in Wien. Die Redaktion war aber an Österreich sehr interessiert - also fuhren wir hin. Als gebürtige Wienerin war für meine Frau das Wiedersehen mit der im Vergleich zu Berlin weniger zerstörten Donaumetropole ein aufwühlendes Erlebnis. Zuerst besichtigte sie das Gebäude ihrer einstigen Schwarzwaldschule sowie die unversehrt gebliebenen Häuser der Eltern und der ausnahmslos dem Holocaust zum Opfer gefallenen Verwandtschaft. Nicht alle ihrer Bekannten, die wir im Laufe der Zeit, oft zufällig, trafen, machten einen beglückten Eindruck. Bei vielen wirkte wohl der tief verwurzelte Antisemitismus und das schlechte Gewissen nach. Aber es gab Ausnahmen. Ohne besonders sentimental zu sein, rührte mich die jubelnde Begrüßung des einstigen Hausmädchens Dolfi Lichnowsky und deren Mann Josef. Beide hatten Evas Eltern bis zur Deportation unter großem persönlichem Risiko die Treue gehalten.

Unsere erste Wiener Interviewpartnerin war die berühmte Theater- und Filmschauspielerin Käthe Dorsch. Ihr war es geglückt, viele Kollegen und Freunde vor der "Endlösung" zu bewahren. Geschickt benutzte sie Hermann Göring und sogar den verbissenen Antisemiten Joseph Goebbels, der sie letzten Endes doch immer aufforderte: "Nun holen Sie schon Ihre Liste hervor."

Als Chef des österreichischen Bundespressedienstes fungierte Dr. Fritz Meznik. Ursprünglich Sportjournalist, leitete er während des Krieges von Paris aus den illegalen Sender "Freies Österreich". Innerhalb weniger Tage vermittelte er mir viele wichtige Interviews. Nach einer Wanderung durch den hügeligen Wienerwald fanden wir ein Telegramm der "Neuen Zeitung" vor: "Erbitten Interview Renner". Man führte uns durch die Gemächer des Leopoldinischen Trakts der Hofburg, die der Repräsentation des Staatsoberhauptes dienen. Alles war gediegen und stilvoll, nicht zuletzt der große Spiegelsaal. In ihm hielten bereits die Habsburger

Monarchen Generationen hindurch Audienz. Der schon 78jährige Renner amtierte im ehemaligen Schlafzimmer der Kaiserin Maria Theresia.

Bereits am 27. April 1945 hatte Renner eine Koalitionsregierung proklamiert, der alle Parteien, kurzfristig auch die kommunistische, angehörten. Möglicherweise wurde durch dieses rasche fait accompli eine Teilung Österreichs vermieden. Wir sprachen über die Geschichte des Austro-Sozialismus. Sein Land bezeichnete er nicht als Mitträger, sondern als "mitgeschleppten Gefolgsmann des Wahnsinnskrieges von Hitler". Über den enthusiastischen Empfang des "Führers" auf den Heldenplatz ging Renner diskret hinweg. Eine meiner vielen Fragen lautete: "Sehen Sie Europas Zukunft am besten durch gleichberechtigte Eingliederung aller Staaten in die UNO oder durch regionale Bündnisse, wie etwa die Westeuropäische Union, gesichert?"

Ohne lange nachzudenken, antwortete der Bundespräsident u.a.: "Für uns ist die unmittelbare Verbindung zur UNO ideal. Wir selbst wären außerstande, Zwischenverbindungen anzuregen oder uns von vorneherein von ihnen auszuschließen ... Sollte die verhängnisvolle Spaltung Europas so weit führen, daß eine Westeuropäische Union gegenüber der Sowjetunion und ihren Gefolgsstaaten unvermeidlich erscheint, so wird natürlich auch für Österreich die Stunde der Entscheidung schlagen. Daß unser Volk entsprechend seiner Vergangenheit und seiner Lebensart sich dem Westen zugehörig fühlt, läßt sich nicht leugnen."

Nachdem das mitstenographierte Interview abgetippt war, kamen mir doch Bedenken. Schließlich hielt die Rote Armee Niederösterreich, das Burgenland und einen großen Teil Wiens besetzt. Ich wußte, wie überempfindlich die Sowjets reagierten. Auch bildeten sie sich viel darauf ein, die erste provisorische Nachkriegs-Regierung Österreichs schon anerkannt zu haben, als die westlichen Siegermächte noch zögerten. Jedenfalls wollte ich dem alten Herrn die Chance eines Überdenkens dieser Äußerung bieten. Von ihm unterzeichnet, kam das Manuskript ohne Korrektur zurück.

Dann aber brach ein heftiger Sturm los. Fast zwei Wochen hindurch veröffentlichten die kommunistische "Volksstimme" und die "Österreichische Zeitung", das offizielle Organ der sowjetischen Besatzungsbehörden, polemische Artikel gegen die gerade zitierte Interviewstelle. Es gab Pressekonferenzen der Sowjets, der KPÖ und des Präsidialamts. Meznik meinte scherzhaft: "Sie haben ja eine Präsidialkrise heraufbeschworen." Die "Krise" blieb für Renner aber ohne Folgen.

Ich fand in Wien für "Die Neue Zeitung" noch einen festen Korrespondenten und kehrte für eine Weile nach Deutschland zurück, wo sich allerhand Interessantes zu regen begann. Wäre in Deutschland so viel gewettet worden wie in Großbritannien, dann hätte nach den ersten Bundestagswahlen vom 14. August 1949 der Favorit für das Staatsoberhaupt gleich Theodor Heuss geheißen. Wir versuchten Kontakt aufzunehmen. Aber das Ehepaar Heuss befand sich in wohlverdienten Ferien, und die Sekretärin rückte mit der Adresse nicht heraus. Nach langen vergeblichen Bemühungen erfuhr ich sie schließlich von Thomas Dehler: Kurhaus Bühlerhöhe. Mein Anruf hatte Erfolg.Am 3. September sollten wir uns um 10 Uhr morgens einfinden. "Die Neue Zeitung" wünschte ein Lebensbild.

Nach herzlicher Begrüßung merkten wir sehr bald, daß für ihn immer noch der alte Scherz galt, er verkaufe sein Vaterland für eine Pointe. Ob sich Heuss nun primär als Wissenschaftler oder Buchautor fühle, fragte ich - "Weder noch", betonte er, "an erster Stelle war und bin ich Journalist."

Wenn auch im Dritten Reich die Lehrtätigkeit wegfiel, so nagte man immerhin nicht am Hungertuch. Seine Frau Elly Heuss-Knapp, Verfasserin des vielgelesenen Buches "Ausblick vom Münsterturm", die er im Naumann'schen Kreis kennenlernte, steuerte entscheidend zum Lebensunterhalt bei.

Heuss hatte mit der "Frankfurter Zeitung" einen Vertrag als ständiger Mitarbeiter abgeschlossen. In Anlehnung an seinen Geburtsort Brackenheim wählte er das Pseudonym Thomas Brackheim. Von ihm erschienen auch einige Kulturbeiträge in der Zeitschrift "Das Reich", die Joseph Goebbels herausgab. Zu seinem Leidwesen wurde die "Frankfurter Zeitung" am 31. August 1944 eingestellt. Schließlich, als auch das Leben von Heuss bedroht war, tauchte er bei seiner Schwägerin in Heidelberg unter. Eine ganze Weile hatte man ihm erlaubt, die einstige Naumann'sche Zeitschrift "Die Hilfe" als Chefredakteur weiterzuführen. Da wagte er sogar den Antisemitismus zu attackieren. Unter Anlehnung an Theodor Fontanes Ausspruch über die Briten: "Sie sagen Gott und meinen Khartoum" schrieb Heuss: "Sie sagen Rasse und meinen Kasse." Vermutlich lag es an der kleinen Auflage der sehr intellektuellen Zeitschrift, daß nichts passierte.

Von der Erwähnung des Ermächtigungsgesetzes nahm ich Abstand. Seine damalige Zustimmung war sowieso in vieler Munde und hätte ihm fast die Kandidatur verdorben. Heuss brachte mich dann zu seiner Frau, die an Herzschwäche litt und liegen mußte. Sie setzte mir damals schon ihre Idee des Müttergenesungswerkes auseinander. Heuss bezeichnete sie gern als "Gärtnerin meines Lebens".

Mein nächstes großes Interview mit dem inzwischen hoheitsvoller wirkenden Heuss wurde zu seinem vierjährigen Amtsjubiläum in der letzten westdeutschen Ausgabe der "Neuen Zeitung" am 12. September 1953 - die Berliner erschien noch ein Jahr länger - veröffentlicht. Heuss war sehr korpulent geworden. Nach dem Tode seiner Frau wagte es niemand mehr, ihm die abendliche zweite Flasche Rotwein vorzuenthalten. Über Adenauer äußerte er sich freundlich zurückhaltend, Betonung auf zurückhaltend.

1949 schien das Verhältnis zwischen den beiden Männern völlig ungetrübt. So verdankte ich Heuss die Vermittlung meines Interviews mit dem drei Tage vorher gewählten Bundeskanzler. Es war gar nicht einfach, zu ihm zu gelangen. Meine Frau und ich mußten von Königswinter über den Drachenfelsen nach Rhöndorf kommen, weil die Uferstraße noch gesperrt war. Wir mieteten zwei Esel - das einzige Mal, daß wir je auf solchen Tieren geritten sind -, vorbildlich zahme übrigens. Glücklicherweise war der "Alte", wie er allgemein genannt wurde, nicht in Sicht. Wahrscheinlich hätte es ihn köstlich amüsiert, ein Journalistenehepaar auf Eseln anreiten zu sehen.

Im Wohnzimmer mit dem großen Flügel erwartete uns der Kanzler. Damals lag ihm viel an den nichtdeutschen Blättern, die ich vertrat. Entsprechend meisterhaft war alles inszeniert, und die Unterhaltung zog sich etwas über drei Stunden hin. Stolz zeigte mir Dr. Adenauer seine Madonnensammlung, wohl die größte in deutschem Privatbesitz. Er sammelte auch Gemälde - als überzeugter, aber nicht bigotter Katholik vor allem religiöse Motive. Darunter befanden sich sehr wertvolle Stücke, (der Kölner Oberbürgermeister verdiente zur Zeit der Weimarer Republik etwa 100.000 Mark jährlich - damals eine horrende Summe). Im Dritten Reich mußte manches Bild verkauft werden,denn da war er wahrlich kein Großverdiener mehr. Lange hatte sich der antinazistische Adenauer in kirchlichen Institutionen verborgen halten müssen. Die Gestapo bedrohte seine Frau, entweder seinen Aufenthaltsort preiszugeben, oder sie würden die 14- und 17jährigen Töchter mitnehmen. Schließlich gab sie nach schweren Seelenkämpfen an, wo sich Adenauer befand.

Ziemlich spät waren wir bei der Politik angelangt. Sozusagen für alle Zeiten lehnte der Kanzler eine Koalition mit der SPD ab. "Es kann nur entweder Planwirtschaft oder die Frankfurter Marktwirtschaft geben - und kein Gemisch." Dabei blieb er während seiner vierzehnjährigen Regierungszeit. Jedoch hatte uns Adenauer schon 1949 versichert, daß er die Opposition sehr ernst nähme. Ich wollte wissen, welche Politik seine Regierung den Alliierten gegenüber verfolgen würde und erwähnte auch die Saarfrage und die Ostgrenzen. Bedächtig entgegnete er: "In großen politischen Fragen darf man nicht in kleinen Zeiträumen rechnen, sondern muß Geduld haben. Ich glaube, Geduld ist die stärkste Waffe eines Besiegten, und ich habe sehr viel Geduld. Ich kann warten."

Wie er uns auseinandersetzte, hätte Frankreich berechtigte Interessen an der Saar, aber Deutschland noch größere.

Nie dürfe die deutsche Regierung auf den Osten verzichten, die Lösung läge jedoch in Washington und Moskau. Geduldig betrieb er später die Rückgabe des Saargebietes, die Souveränität der Bundesrepublik, den festen Anschluß an Europa, die immer engere Freundschaft mit Frankreich und vieles mehr.

Beredt, allzu beredt, versuchte Adenauer, mir einzureden, daß die Entscheidung über die provisorische Hauptstadt von ihm kaum beeinflußt worden sei. Danach führte er aber mindestens ein dutzend Gründe an, weshalb Frankfurt nicht geeignet sei. Und Berlin? Sollte es so bald wie möglich wieder Hauptstadt sein? Nun wand er sich ein wenig: "Das kommt darauf an, wo die Ostgrenze gezogen wird, d.h. ob sie weit genug von Berlin entfernt ist." Trotz aller Lippenbekenntnisse lag seinem Herzen das überwiegend katholische, rheinländische Bonn näher. Nach dem Bau der Mauer mußte Berlin lange auf seinen Besuch warten ... Am 6. August 1950 veröffentlichten die "Sunday Times" und die "Welt am Sonntag" meine Umfrage unter deutschen Politikern zu dem Thema: "Soll wieder aufgerüstet werden?"Adenauer äußerte sich schärfer dagegen als alle anderen, darunter Schumacher und Reuter. Insgeheim verhandelte er bereits über einen deutschen Wehrbeitrag. Sein "Nein" vom 6. August 1950 wurde ihm mit wörtlichem Zitat mehrfach im Bundestag vorgehalten. Aber er hatte eine dicke Haut.

Dr. Heinrich von Brentano sollte als erster deutscher Außenminister das skandinavische Nachbarland offiziell besuchen. Duckwitz, inzwischen Botschafter in Dänemark, vermittelte für den dänischen Rundfunk ein Interview mit ihm und ein weiteres mit Adenauer, das am 25. Mai 1956 stattfand. Die Vorbesprechung mußte mit Staatssekretär Hans Globke erfolgen. Der Kommentator der "Nürnberger Gesetze", nach allgemeiner Ansicht damals zweitmächtigster Mann der Bundesrepublik, sprach aber kaum über das Kanzlerinterview und die hohe Politik. Er redete in der bekannt apologetischen Form endlos über den "Fall Globke". Natürlich wollte er nur "Schlimmeres" verhindern.

Adenauer begrüßte uns im Teesalon des Palais Schaumburg mit den Worten: "Sie waren ja schon einmal bei mir." Auf Manuskriptbögen hatte man ihm die Antworten auf meine schriftlich eingereichten Fragen vorbereitet. So lange es die Beziehungen zu Skandinavien betraf, las er gehorsam ab. Dann aber kamen wir zum Punkt "Sowjetunion". Auf unserem Tonband hört man noch das Knittern des Bogens, den er in den Papierkorb warf. Quintessenz: Es könne keine normalen Wirtschafts- und Kulturabkommen, wie sie andere westliche Staaten schon abgeschlossen hatten, mit einem Land geben, das so große Territorien Deutschlands besetzt hielt. Auch die freundlichen Äußerungen über Frankreich und die etwas eigenwillige Analyse der berühmten Aachener Rede Churchills wurden frei gesprochen. Der anwesende Chef des Presseamtes wand sich ein wenig.

Einer der wichtigsten Baumeister der Bundesrepublik war Dr. Kurt Schumacher. Im Frühling 1949 besuchten wir Rosenheim, weil dort der recht kontrovers diskutierende SPD-Kongreß stattfand. Ein Interview mit Schumacher kam nicht zustande. Schließlich klagte ich Professor Carlo Schmid mein Leid. "Sie sollten doch wissen" - belehrte er mich - "daß ohne Annemarie Renger nichts geht." Im Münchener "Hotel Schottenhammel" arrangierte Frau Renger wenig später das Interview mit Schumacher, der sich gerade auf Wahlreise befand. Als die beiden den Raum betraten, erschraken wir zunächst. Im Ersten Weltkrieg hatte Schumacher den rechten Arm verloren. Außerdem wirkten die über neun Jahre Haft nach. Als man ihn am 20. September 1944 aus Neuengamme entließ, wog der 1,80 Meter große Mann ganze 42 Kilo. Und schließlich mußte Schumachers linkes Bein wegen einer arteriellen Thrombose amputiert werden, so daß er sich aus gesundheitlichen Gründen aus der Politik zurückziehen wollte. Aber die Genossen überzeugten ihn von seiner Unentbehrlichkeit.

Als der SPD-Parteichef, auf die Schulter Frau Rengers gestützt, hereinkam, nahm ich mir vor, keine harten Fragen zu stellen. Aber es ging eine merkwürdige Faszination und Willenskraft von ihm aus. Man vergaß schnell seinen körperlichen Zustand und fragte darauf los, als säße da ein kerngesunder Mann.

Bald fand ich heraus, daß es zwei Schumacher gab. Als Parteiredner wirkte er oft sehr demagogisch, bis zu einem gewissen Grade sogar nationalistisch. Noch erinnerte er sich zu deutlich daran, daß man die SPD einst als "Erfüllungs-" bzw. "Versailler Schandpartei" diffamiert hatte. Aber im Gespräch war seine Stimme frei von jeder Schärfe, und man konnte offen diskutieren. Als ich das Thema "Koalitionsmöglichkeiten" (noch vor den Wahlen) anschnitt, erfolgte keine prinzipielle Ablehnung: "Warum denn nicht? Wenn es um die Politik geht, muß man sich ja manchmal mit Leuten ins Bett legen, vor denen einem graut."

Gewiß hat sich auch die Union nicht an alle Punkte gehalten, mit denen bei den ersten Wahlen Anhänger gewonnen werden sollten und auch gewonnen wurden. Aber mein Interview mit Schumacher gibt doch eine gewisse Vorstellung davon, wie die Politik unter seiner Kanzlerschaft verlaufen wäre. In der strikt antisowjetischen und antikommunistischen Linie konnte ich keine Unterschiede zwischen beiden Parteien sehen. Er und Reuter hatten ja viel dazu beigetragen, daß die SED in Westdeutschland und Westberlin nicht Fuß fassen konnte und die SPD die große Mehrheit der demokratisch orientierten Linken erfaßte. Sein Mißtrauen galt aber auch den westlichen Siegermächten. Uns gegenüber sprach er "von der abstoßenden Kraft der alliierten Fehler". Später brachte ihm sein an Adenauer gerichteter Zwischenruf "Kanzler der Alliierten" den Ausschluß von mehreren Bundestagssitzungen ein.

Was - wollten wir wissen - hätte er bei der Einordnung der Flüchtlinge anders gemacht als bisher geschehen? "Ich hätte die aus ihrer Heimat Vertriebenen mehr in die Industriegebiete gebracht.", betonte Schumacher, "und eine echte Bodenreform durchgesetzt." Er meinte, es solle keinen Grundbesitz von mehr als hundert Hektar geben. Daß die von Schumacher abgelehnte soziale Marktwirtschaft die bessere Lösung für Deutschland sein würde, dessen war ich mir 1949 übrigens auch noch nicht sicher. Zum Abschluß interessierte uns, ob er möglicherweise als Bundespräsident kandidieren wolle. Energisch schüttelte er den Kopf: "Unter gar keinen Umständen." Wenige Tage vor dieser Wahl saßen meine Frau und ich im Restaurant des Bundeshauses. Frau Renger winkte uns heran: "Schumacher möchte gern mit Ihnen sprechen." Fast entschuldigend sagte er: "Als wir uns das letzte Mal sahen, konnte ich es noch nicht wissen. Ich werde nun doch kandidieren, nicht um gewählt, sondern um nicht gewählt zu werden."

Für Schumacher war der Ausgang der ersten Bundestagswahl eine bittere Enttäuschung. Hinzu kam der Gesundheitszustand, der ihn immer öfter in der täglichen Arbeit behinderte. Verständlicherweise war er leicht verletzbar, was sich auch im oft angespannten Verhältnis zu Reuter äußerte. Ich hatte mit Schumacher auch über die Judenfrage gesprochen. Das deutsche Volk, überlegte er, sei noch nicht reif, die ganze Tragik zu erfassen. Dann aber, in einer der allerersten Sitzungen des Bundestages, schnitt er die Frage der notwendigen Wiedergutmachung positiv an. Ohne Adenauers große Verdienste dabei schmälern zu wollen, sollte man doch nicht vergessen, daß Schumacher den ersten Schritt tat. Am 20 August 1952 starb der Oppositionsführer. Hunderttausende säumten die Landstraßen, als man seinen Sarg von Bonn nach Hannover überführte. Adenauer nahm an der Beerdigung nicht teil. Bundespräsident Heuss hielt die Grabrede und nannte Schumacher "einen Tragisch-Unvollkommenen, der nie die Gelegenheit hatte, sich als konstruktiver Staatsmann zu beweisen."

Ludwig Erhard, der sich als ein sehr umgänglicher Gesprächspartner erwies, hatte sich von mir seit 1948 mehrfach interviewen lassen. 1972, sechs Jahre nach seinem unfreiwilligen Rücktritt, feierte die CDU mit viel Pomp und großem Trara Erhards 75. Geburtstag. Er galt plötzlich wieder als Wahllokomotive. Kurz darauf schickte mich der "Sender Freies Berlin" zu ihm. Als Bundeskanzler hatte er uns gegenüber den beinahe permanenten Konflikt mit seinem Vorgänger heruntergespielt. Bekanntlich wollte ihn Adenauer ja nicht als Nachfolger vorschlagen. Obgleich das alles nun schon sehr lange zurücklag, brach plötzlich die aufgestaute Bitterkeit durch: "Wäre ich ein Minister gewesen, so nach 0815, wäre ich wahrscheinlich wohlgelitten gewesen, und Adenauer hätte durchaus anerkannt, daß das, was ich geleistet habe, auch für ihn ganz gut gewesen ist. Aber er konnte es nicht ertragen, daß im Laufe der Jahre neben dem Namen Adenauer immer öfter der Name Erhard fiel. Und ich habe ihm einmal gesagt, in einem persönlichen Gespräch: 'Wissen Sie, Herr Adenauer, niemand zweifelt daran, daß Sie ein guter und frommer katholischer Christ sind. Aber im Grunde genommen, huldigen Sie einer alttestamentarischen Auffassung: Ich bin der Herr, Dein Gott. Du sollst keine anderen Götter haben außer mir.' Es ist nicht in seine Begriffswelt eingegangen, daß neben ihm auch ein anderer Geltung erlangen sollte, während ich die Leistungen Adenauers voll anerkannt habe. Ich wollte ihn auch nicht stürzen. Von mir aus hätte er noch in alle Ewigkeit Bundeskanzler bleiben können. Ich war in keine Intrige mitverwickelt, in meinem Leben nicht, und auch nicht gegen Adenauer. Wenn er nur zehn Prozent der Anerkennung, die ich ihm gezollt habe, mir gegenüber gezeigt hätte, hätten wir uns besser vertragen."

Immer wieder Israel
Grosse Fische

Mehrfach besuchten wir in der Nachkriegszeit Israel; es gab viele Bekannte, die inzwischen dort lebten, und natürlich ist Israel für jeden Juden, auch wenn er mit der Politik der jeweiligen Regierung nicht immer übereinstimmt, ein besonderes Land. Auch hier muß ich mich auf die wichtigsten Begegnungen und Ereignisse beschränken.

1952 beantragte ich bei dem aus Dresden stammenden Innenminister Dr. Josef Burg ein Interview. Es sollte in deutscher Sprache stattfinden, was damals noch tabu war. Nach einigen Tagen rief mich Burg an: "Ein Wunder ist geschehen. Das Außenministerium gibt grünes Licht. Das Interview für 'Die Neue Zeitung' ist nicht nur erlaubt, es ist sogar erwünscht!" Wir zerbrachen uns den Kopf über den Grund dieser Wandlung. Aber es sollte noch besser kommen.

Außenminister Sharett, den ich 1936 noch als "Shertok" kennengelernt hatte, ließ mich wissen, er stünde eine ganze Stunde zur Verfügung. Er sprach über die Bundesrepublik mit freundlicheren Worten, als wir sie damals noch zu hören gewohnt waren. Israel, versicherte er, würde aber keinesfalls auf eine zusätzliche Restitution von der DDR verzichten (bis zu ihrem bitteren Ende ist sie jedoch nicht erfolgt, stattdessen gab es eine permanente antiisraelische Propaganda).

In Nazareth, wo ich eine Reportage über arabische Mädchenschulen machte, erfolgte der übliche Höflichkeitsbesuch beim israelischen Militärgouverneur. Zwei miteinander sprechende Besucher im Wartezimmer ahnten nicht, wie gut meine Frau Hebräisch verstand. Als die beiden zum Militärgouverneur vorgelassen wurden, verriet sie mir die sensationelle Neuigkeit: Sharett fliege morgen nach Luxemburg und werde mit keinem geringeren als Adenauer das Restitutionsabkommen unterzeichnen. Über diese Neuigkeit durfte zunächst wegen möglicher negativer Reaktionen im israelischen Parlament kein Wort nach außen dringen. Was tun? Ich schickte ein Telegramm an Wallenberg: "Artikel morgen bringen!" Er verstand und gab das Manuskript umgehend in die Setzerei. So erschien mein Interview am 9. September 1952 auf der Titelseite. Sharett hatte da gerade die Zwischenstation Frankfurt erreicht, um weiter nach Luxemburg zu fliegen. Zum ersten Mal brachte eine in Deutschland erscheinende Zeitung ein Originalinterview mit dem israelischen Außenminister.

Noch bedeutungsvoller war das Interview mit David Ben Gurion. 1952 wurde ein verabredeter Termin wegen der Beerdigung eines plötzlich verstorbenen Kabinettskollegen rückgängig gemacht, und ich konnte wegen fester Verpflichtungen auf Zypern keinen neuen abwarten. Fünf Jahre später, bei meinem nächsten Besuch, war B.G., wie er allgemein genannt wurde, nur noch sehr selten bereit, Interviews zu gewähren, wegen seiner ziemlich hohen Stimme schon gar nicht für den Rundfunk. Dr. Ilsar, der Leiter der deutschen Abteilung im israelischen Außenministerium, ließ ihm aber keine Ruhe. Am 28. Juni 1957 schob er uns in das puritanisch eingerichtete Arbeitszimmer des Ministerpräsidenten und Vorsitzenden der Arbeiterpartei. Daß wir einen Tonbandapparat mit uns führen würden, hatte er wohlweislich verschwiegen. Hemdsärmelig und ohne Schlips saß der kleine Mann an seinem Schreibtisch und studierte ein Schriftstück. Über der hohen Stirn war die Löwenmähne noch kaum gelichtet.

Der Ministerpräsident blickte auf, machte ein grimmiges Gesicht und eine abwehrende Handbewegung: "Für die Presse werde ich drei, vier Fragen beantworten, für den Rundfunk keine!" Ob ihn nun eine Litanei Ilsars oder die flehenden Blicke meiner Frau umstimmten, jedenfalls sprach er ins Mikrophon, und wir atmeten auf.

B.G. bestätigte, daß die deutschen Restitutionszahlungen pünktlich eintrafen. Damit wollte ich mich nicht zufrieden geben und fragte, wie er die Beziehungen zwischen der Bundesrepublik und dem jüdischen Staat beurteile. Die Antwort fiel sensationell aus: "Bisher haben wir nur wirtschaftliche und finanzielle Beziehungen. Ich würde gern normale diplomatische Beziehungen zwischen diesen beiden Staaten hergestellt sehen."

War die öffentliche Meinung in Israel auf diesen Schritt vorbereitet? Da äußerte sich B.G. vorsichtig: "Ich kann mir durchaus vorstellen, daß viele Leute aus verständlichen, gefühlsmäßigen Gründen dagegen sein dürften. Während ich ihre Emotion teile, teile ich nicht ihre Ansicht. Meiner Überzeugung nach ist es für eine glückliche Entwicklung der Welt schlecht, wenn man Vergangenes nicht vergangen sein läßt. Ich glaube nicht, daß die Männer, die die deutsche Bundesrepublik heute regieren, für das verantwortlich zu machen sind, was in Deutschland geschah, und was dort geschah, kann in Worten tatsächlich nicht ausgedrückt werden. Soweit das möglich ist, wollen sie - davon bin ich überzeugt - wiedergutmachen. Persönlich glaube ich, daß die Herstellung normaler Beziehungen zwischen diesen beiden Ländern nur zum Besten der Welt sein kann."

Da ich, durch welchen Zufall auch immer, der erste Publizist war, dem gegenüber der Ministerpräsident Ben Gurion diese Aussage gemacht hatte, wurde das Interview rund um den Globus gesendet und gedruckt. Die Herstellung diplomatischer Beziehungen zwischen Israel und der Bundesrepublik kam leider erst am 12. Mai 1965 zustande. So lange nahm Bonn Rücksicht auf die Reaktion der Araber.

Ben Gurions vielsprachige Bibliothek zählte 20.000 Bände, darunter eine der größten Platosammlungen überhaupt. Er konnte ihn auf altgriechisch mühelos lesen. Unter den von B.G. verfaßten Publikationen und Büchern haben die 1969 erschienenen "Briefe an meine Frau" beträchtlichen autobiographischen und kulturgeschichtlichen Wert.

Ben Gurion, der eigentliche Schöpfer des jüdischen Staates - er verlas ja auch die Gründungsproklamation am 14. Mai 1948 - schloß sich nach seinem ersten und zweiten Rücktritt (1953 und 1963) dem Negev-Schafzüchterkibbuz

Interview mit Golda Meir,
26. Juni 1957

Sde Boker an, wo er 87jährig, am 1. Dezember 1973 starb. Sein Grab dort gilt als eine Art nationales Symbol und wird auch von vielen ausländischen Verehrern besucht.

Israels mit Abstand interessanteste und international angesehenste Frau war Golda Meir. Ich hatte das seltene Glück, sie dreimal interviewen zu dürfen: 1952 als Arbeits- und Wohnbauministerin, 1957 als Außenministerin und 1973, knapp vor dem Oktoberkrieg, als Ministerpräsidentin.So merkwürdig es klingen mag, als Bürgermeisterin von Tel Aviv fiel diese verdiente Kandidatin bei der Wahl glatt durch. Vor allem die Stadtverordneten der religiösen Parteien wollten keine Frau in einer so hohen Position sehen.

Lachend erklärte sie uns: "Da war die Knesset historisch besser informiert. Eines ihrer Mitglieder erinnerte an die Richterin Debora, die sogar königliche Ehren genoß, und so wurde die große Mehrheit überzeugt, wie unrichtig die Ablehnung eines Regierungschefs wäre, nur weil er weiblichen Geschlechts ist." Golda - wenn die Israelis von ihr sprachen, vergaßen sie meist den Familiennamen - hatte in Kiew das Licht der Welt erblickt. Nach der ersten Auswanderung studierte sie im amerikanischen Milwaukee, um dann als Lehrerin tätig zu sein. Seit 1921 lebte sie in Palästina und war dort grundsätzlich mit den schwierigsten Aufgaben betraut.

In unserem ersten Interview nannte ich als Höhepunkt ihrer heiklen Missionen die abenteuerliche Fahrt zu König Abdullah von Transjordanien. Wäre die wahre Identität der als Beduinin verkleideten Jüdin entdeckt worden, hätte es sie unweigerlich das Leben gekostet. Energisch schüttelte Golda den Kopf: "Es ist doch nichts dabei herausgekommen. Abdullahs Jordanien nahm ja trotz meiner Beschwörungen am Krieg von 1948 - wir nennen ihn Unabhängigkeitskrieg - gegen Israel teil. Wenn schon, betrachte ich etwas anderes als viel wichtiger. Im kritischen Sommer 1946 befand sich Ben Gurion außerhalb des Landes. Alle anderen männlichen Mitglieder der 'Jewish Agency'-Exekutive waren von den Engländern verhaftet und hinter Stacheldraht verbannt worden. Wohl oder übel lag die gesamte Verantwortung auf meinen Schultern. Ich mußte die 'Jewish Agency' hinüberretten, ohne deren Fortexistenz die 1948 erfolgte Gründung des jüdischen Staates gefährdet gewesen wäre. Die Verhandlungen mit den britischen Mandatsverantwortlichen waren wahrlich kein Vergnügen. Was mußte man um der Sache willen nicht alles herunterschlucken und dann, wenn gar kein Ausweg übrigblieb, auftrumpfen und Zähne zeigen."

Goldas Energie war bekannt. Man nannte die Kettenraucherin sogar "den einzigen Mann in der Regierung Eschkol". Zu den schwierigen Posten gehörte auch der der ersten israelischen Gesandtin in Moskau. Die Zeit dort muß ein Martyrium gewesen sein. Jedenfalls bat Frau Meir: "Sie können mich nach allem fragen, nur nicht nach den Monaten in Moskau."

Sie hatte dort die Jubelkundgebungen der Juden für die erste Repräsentantin Israels erlebt. Wer danach noch Kontakt mit ihr oder einem anderen Mitglied der Gesandtschaft suchte, setzte sich und seine Familie schlimmsten Repressalien aus. Ivy, die jüdische Frau Molotows, führte auf einem Empfang ein freundschaftliches Gespräch mit Golda und ihrer Tochter Sarah; sofort wurde sie für lange Zeit "aus dem Verkehr gezogen". Man munkelte, Frau Molotow sei eingesperrt oder gar nach Sibirien verbannt worden.

Immer hatte Golda betont, daß es mehr jüdische Flüchtlinge aus arabischen Ländern gab als arabische aus Israel. 1952 nannte uns die damalige Ministerin für Arbeit und Wohnbau eine atemberaubende Ziffer. Israels Bevölkerung hatte sich durch diese Flüchtlinge und andere Einwanderer innerhalb von vier Jahren um 800.000 bzw. 120 Prozent vermehrt. Sie mußte Wohnungen herbeizaubern und dabei sogar auf Wellblechhütten zurückgreifen. Die Beschaffung von Arbeitsplätzen bereitete ihr ebenfalls große Sorgen. Kapitalkräftige jüdische Investoren aus dem Ausland kamen erst im Zuge des wirtschaftlichen Aufschwungs.

Am 26. Juni 1957 war meine Interviewpartnerin schon seit einem Jahr Außenministerin. Ich wollte wissen, welche Eigenschaften eine Frau besitzen müsse, um diesen schwierigen Posten zu übernehmen. Lachend antwortete sie: "Nur eine einzige. Sie muß zu schwach sein, um Nein zu sagen, wenn er ihr angeboten wird." Ganz ehrlich war das allerdings nicht. Golda hatte durchaus politischen Ehrgeiz.

Als wir sie, nun als Ministerpräsidentin, am 1. August 1973 zuletzt sahen, äußerte sie sich begeistert über die wachsende Einwanderungswelle aus der Sowjetunion: "Es grenzt an ein Wunder. Viele erfuhren erst vor sehr kurzer Zeit, daß sie Juden sind, weil ihre Großeltern und Eltern es ihnen nicht zu sagen wagten. Einer der Einwanderer erklärte mir 'Wir kamen nicht von einem Land zum anderen, wir kamen von einer Welt zur anderen'. Es dauert eine Weile, bis wir miteinander auch nur reden können. Gestern sprach ich zu einer Versammlung russischer Juden auf Hebräisch. Vielleicht die Hälfte verstand mich nicht. Die meisten von ihnen sprechen auch kein Jiddisch mehr und ich kein Russisch."

Unser längster Aufenthalt in Israel dauerte vom Februar 1973 bis zum April 1974. Eigentlich wollten wir schon Mitte Oktober weiterfliegen. Die letzten Tage sollten dem Wiedersehen mit meinem alten Berliner Freund Gerd Neumann gelten. Von Haifa war er nach Safed gezogen, weil seine an Asthma leidende Frau, auch eine Wienerin, das Klima besser vertrug. Safed hat einige der ältesten und pittoreskesten Synagogen. Wie immer begann Jom Kippur am Vorabend dieses höchsten jüdischen Feiertages. Wir machten einen Rundgang, was durch den unterschiedlichen Ritus der Synagogen recht abwechslungsreich war. Man fastet, und wer sehr religiös ist, betet sogar die ganze Nacht hindurch.

Am nächsten Mittag saßen wir im Hotelgarten. Plötzlich ertönte lautes Motorengeräusch von Jeeps, Lastwagen, Tanks und Flugzeugen. Normalerweise herrscht am Jom Kippur Grabesstille, nur höchst selten durch eine Ambulanz unterbrochen. Was war geschehen? Andere Hotelgäste sagten uns: "Im Rundfunk wurde gerade gemeldet, daß der Krieg mit Ägypten und Syrien begonnen hat." Aus den Synagogen strömten die sofort einberufenen wehrfähigen Männer. Die Hotelgäste packten ihre Koffer und traten den Heimweg an.

Sicherlich war Safed kein idyllischer Ort mehr, denn er lag unmittelbar an der syrischen Front. Aber für einen Journalisten ist das eher ein Grund zum Bleiben. Wir waren die letzten Gäste und - wurden verwöhnt wie noch nie. Die Vorschrift lautete nämlich: sobald das Hotel leer ist, wird es geschlossen, und das wollte niemand, vom Direktor bis zum Küchenjungen.

Nach wenigen Tagen hörte die Einsamkeit auf. Jüdische Ärzte aus den Vereinigten Staaten kamen als Freiwillige angeflogen und wohnten in unserem Hotel, das als einziges noch offen war. Zu ihrer Überraschung erwartete sie ein eben eingeweihtes, hypermodernes Krankenhaus, vor dem in aller Eile ein Hubschrauberlandeplatz betoniert wurde. Verwundete gab es in großer Zahl.

Eines Tages erschien die gebürtige Königsbergerin Lotte Eisenberg. Berühmt geworden war sie durch das von ihr begründete Hotel "Galei Kinereth" in Tiberias am See Genezareth. 1948 verteidigte es Lotte, mit einem Gewehr bewaffnet, vom Dach aus. In diesem Hotel machten Weizmanns und Ben Gurions ihre Ferien. Mit Frau Eisenberg, die inzwischen eine ganze Kette erstklassiger Hotels, auch das in Safed, lenkte, stiegen wir in eine Taxe und fuhren nach Tel Aviv zurück. Wir fanden eine veränderte Atmosphäre vor. In den unzähligen Tel Aviver Promenadencafés herrschte eine gedämpfte Stimmung. Der von Gamal Abdel Nasser begonnene Krieg - die Syrer waren seine Verbündeten, die Jordanier hielten sich diesmal heraus - ging nicht so schnell zu Ende wie der von 1967. Die Ägypter errichteten sogar einen Brückenkopf auf dem israelisch kontrollierten Ufer des Suezkanals. Der mir sonst als rechtsradikaler Fanatiker wenig sympathische Arie Sharon rettete die Situation. Nach seinem überraschenden Plan landeten die israelischen Streitkräfte auf der anderen Seite des Kanals. In Israel atmete man auf.

Lotte Eisenberg wollte, nachdem die Zeiten wieder friedlicher geworden waren, nach Europa reisen, um Touristen zu werben. Während dieser Monate bot sie uns ihre luxuriöse Wohnung an, die mit Originalen von Max Liebermann,

Marc Chagall, Eugen Spiro, Lesser Ury und anderen weltberühmten Malern gespickt war. In den offen einsehbaren Schreibtischfächern lagen Schmuck, Schecks und Geldscheine in beachtlicher Höhe. Nach ihrer Rückkehr fragen wir: "Sie hatten uns, einschließlich der Taxifahrt, dreimal gesehen. Wenn wir nun mit einigen Schätzen und Barmitteln spurlos verschwunden wären?" Mitleidig sah sie uns an: "Ein Hotelier muß schon im ersten Augenblick wissen, mit wem er es zu tun hat."

Im Laufe meiner journalistischen Arbeit habe ich in den verschiedenen Ländern sehr viele Persönlichkeiten, vor allem Politikerinnen und Politiker kennengelernt. Sie alle aufzuzählen, würde ein weiteres Buch füllen. Aber auf einige wichtige Begegnungen möchte ich hier noch eingehen.

In Rom machten wir die Bekanntschaft von Marija Vilfan, die an einem internationalen Frauenkongreß teilnahm. Sie leitete die Presseabteilung der jugoslawischen Regierung. Nach dem Beruf ihres Mannes befragt, antwortete sie "José ist Beamter im Außenministerium". Tatsächlich war der spätere slowenische Präsident damals stellvertretender Außenminister und ein enger Vertrauter des Partisanenhelden und Marschalls Josip Broz Tito.

Belgrad machte 1951 einen weltstädtischeren Eindruck als vor dem Krieg. Vilfans, fließend deutsch sprechende Slowenen, und wir freundeten uns an. Das von ihnen vermittelte Interview mit Tito fand in der Jagdhütte Brdo bei Krajn statt. Einst war sie Besitz eines österreichischen Grafen, dann des Prinzregenten Paul. Ein Buick holte uns ab, und das letzte Stück wurde im Schrittempo zurückgelegt - wir durften um keine Minute zu früh oder zu spät kommen.

Tito strömte massiven Charme aus. Zu seinen Füßen saß ein Schäferhund namens "Tass", der seinen Herrn, einen deutschen Oberst, überlebt hatte. Als ich bemerkte, er sei hoffentlich zuverlässiger als die sowjetische Nachrichtenagentur gleichen Namens, lachte der Marschall herzlich. Ich lobte sein gutes Deutsch. "Aber ich muß doch gut deutsch sprechen", erwiderte er, "schließlich bin ich ja Schlosser in Wiener Neustadt gewesen." (Was man seinen gepflegten Händen nicht mehr ansah.)

Meine jugoslawischen Freunde hatten mich davor gewarnt, ihn danach zu fragen, ob er rückblickend seine Politik seit Kriegsende bis 1948 für historisch richtig halte. Ich tat es aber doch. Sehr ernst ging er darauf ein: "Wenn wir heute wieder anfangen könnten, so würden wir viel vorsichtiger sein als damals. Unsere Politik der zu engen Anlehnung an Rußland war zweifellos ein Fehler. Dabei hätten wir schon im Krieg erkennen müssen, daß nicht alles mit rechten Dingen zuging. Ich erinnere nur an Stalins Einverständnis, Jugoslawien in zwei Einflußsphären zu spalten. Ja, es hat uns sehr geschadet, daß wir nicht kritisch genug auf die russische Außenpolitik blickten. Und es war ein ebenso großer Fehler, auch im Inneren die sowjetischen Methoden zu kopieren. Diese Feststellung gilt für unsere gesamte ökonomische Entwicklung. Um es nochmals zu sagen - es wurden große Fehler gemacht." Er erwähnte auch, daß die Waffenhilfe während des Partisanenkampfes nicht von der Sowjetunion kam, die nur Schwierigkeiten gemacht hätte, sondern von Großbritannien. Er lobte die damals bedingungslos gewährte amerikanische Hilfe und wünschte den Vereinten Nationen mehr internationale Autorität.

Das zweite Interview, wieder von Vilfan eingefädelt, fand 1953 im Belgrader ehemaligen Königsschloß statt, wo er - inzwischen auch "Präsident" - amtierte. Stalin war kurz zuvor gestorben. Unmißverständlich warnte Tito vor dessen Nachfolgern, die auch nicht besser sein würden als der rote Zar. Dann aber kam es doch zu einer halbherzigen Aussöhnung, nachdem Nikita Chruschtschow den Canossagang nach Belgrad angetreten hatte.

Unter Journalisten spricht man von "großen Fischen". Einer meiner größten war Jawaharlal Pandit Nehru, Jurist, Revolutionär, Staatsmann, Philosoph und Autor. Mahatma Gandhi und er hatten das Gesicht Asiens gewandelt und das Ende des Kolonialzeitalters eingeleitet. Kein Wunder also, daß ich Nehru unter allen Umständen interviewen wollte. In

INTERVIEW MIT TITO,
23. SEPTEMBER 1951

New Delhi fand ich (es war Anfang 1960) einen Verbindungsmann, der die nötigen Beziehungen zu haben schien; er entpuppte sich aber als "Angeber". Eva war verzweifelt. Mit Recht befürchtete sie, der Ehemann würde Indien nie verlassen, bevor er Nehru nicht interviewt hätte, und sie wollte dort nicht bis in alle Ewigkeit verweilen.

Zum Erfolg gehört an ersten Stelle Glück. Der bundesdeutsche Außenminister war während seiner Asienreise gerade in Indien eingetroffen. Auf einer Pressekonferenz in der deutschen Botschaft klopfte uns unser alter Freund Duckwitz - wir wußten gar nicht, daß er zu den Begleitern Brentanos gehörte - überraschend auf die Schulter.

Und mein Freund Duckwitz half! Vor der Weiterreise in andere asiatische Länder nahm er sich den deutschen Presseattaché Ritter vor: "Sie haben doch beste Kontakte, und müssen Herrn Fischer ein Interview mit Nehru beschaffen. Bestimmt wird er auch Fragen stellen, die für die deutsche Öffentlichkeit interessant sind." Früher, als wir zu hoffen gewagt hatten, wurde uns mitgeteilt, daß mich Ministerpräsident Nehru in der Lok Sabah (Parlament) empfangen würde.

Dort, im "Haus des Volkes", befand sich eines seiner Büros. Das Wartezimmer war überfüllt. Indische Politiker pflegten nämlich ihre Wähler auch dadurch zu gewinnen, daß sie ihre Wünsche oder Klagen persönlich vortragen dürfen. Plötzlich ging der Innenminister, den ich vom Bild her kannte, durch den Raum. Nachträglich erfuhr ich, daß er Nehru über einen der schlimmsten Korruptionsfälle weitere Details mitteilen wollte. Bereits am Morgen hatte dieser Skandal in der Lok Sabah zu regelrechten Krawallen geführt. Kurz, mein Interviewpartner war in schlechtester Stimmung, was wir aber nicht vorausahnen konnten. Nach einer sehr höflichen Begrüßung meditierte der Ministerpräsident aber nur noch und ignorierte meine verzweifelten Bemühungen, ein Gespräch in Gang zu bringen. So etwas dauert Minuten, erscheint einem aber wie eine Ewigkeit.

Schließlich blickte Nehru auf: "Warum sind Sie eigentlich gekommen?" - "Wegen des Interviews." - "Aber ich erteile doch schon lange keine mehr, sondern gebe nur noch Pressekonferenzen." Ich wollte so schnell nicht aufgeben und versuchte es mit einem Lockmittel: "Kürzlich interviewte ich Ayub Khan. Unser Hauptthema war das indisch-pakistanische Verhältnis. Sicherlich würden meine Leser und Hörer auch gern wissen, was die andere Seite darüber denkt." "Nun gut", schien er einzulenken, "aber nur zehn Minuten." Statt sich jedoch dem Mikrophon zuzuwenden, meditierte Nehru unbeirrt weiter. Was blieb mir übrig, wollte ich nicht - in Asien eine Todsünde - völlig das Gesicht verlieren. Ich stand auf und verabschiedete mich, bat aber um einen neuen Termin," sobald der Herr Ministerpräsident nicht ganz so abgespannt sein würde."

Für den vergötterten Nehru schien das eine ganz neue Situation zu sein, auf die er mit dem Versprechen reagierte: "Das Interview findet bestimmt noch statt." Schon am nächsten Morgen bot uns Nehrus Sekretär Shiniwas einen neuen Termin an. Nehru hatte uns diesmal in sein Haus eingeladen.Er bewohnte die von einem Park umgebene Residenz des letzten britischen Commanders-in-Chief. An der Wand seines Arbeitszimmers hing ein überlebensgroßes Bild von Mahatma Gandhi mit dem noch jugendlichen Nehru, der sich als sein Schüler und Bewunderer, aber nicht als sein Jünger verstand. Auf dem Schreibtisch standen Fotografien guter Freunde, darunter die Titos und Gamal Abdel Nassers.

Der Besuch des chinesischen Ministerpräsidenten Tschou En-lai stand knapp bevor. Maos Volksrepublik hatte 18.000 Quadratkilometer im indischen Ladakh besetzt. So wollte ich wissen, ob Indien auch nach diesem Schock weiterhin für die Mitgliedschaft der Volksrepublik in den Vereinten Nationen anstelle des nationalchinesischen Taiwan stimmen würde. Nehru überlegte keinen Augenblick: "Oh ja. Tatsächlich habe ich auch nach unserem Konflikt mit Peking im letzten Jahr erneut vorgeschlagen, daß China Mitglied der Vereinten Nationen werden soll. Das ist ein Prinzip. Ich glaube, daß die Vereinten Nationen unvollständig seien, wenn ein so großes Land nicht dazugehört. Man kann sonst die wichtigsten Probleme nicht lösen. Schon gar nicht das der Aufrüstung, falls alle Länder abrüsten und China aufrüstet. Infolgedessen glauben wir, daß es ein Mitglied der Vereinten Nationen werden sollte, wie auch immer unsere bilateralen Beziehungen sein mögen."

Als ich die leidige Kaschmirfrage anschnitt, preßte sich dieser Sproß einer alten kaschmirischen Familie gerade einen Satz heraus: "Da hat sich nichts geändert, und ich sehe derzeit keine gemeinsame Plattform."

Nehru hatte den größeren Teil Kaschmirs besetzen lassen und Indien einverleibt. Der fast ausschließlich islamischen Bevölkerung versprach er mehrmals ein Plebiszit über ihre endgültige staatliche Zugehörigkeit. Doch wurde nie eines abgehalten. 1961 invadierten die Inder die portugiesische Kolonie Goa, aus der antiimperialistischen Perspektive verständlich, aber im Widerspruch zu Nehrus vielbeschworenen pazifistischen Prinzipien. Als Atheist bekämpfte er die Unterdrückung der "niederen" Kasten, nicht zuletzt der "Unberührbaren", leidenschaftlich. Seine 1960 von ihm geäußerten Hoffnungen auf eine Besserung blieben jedoch bis heute unerfüllt.

Am Schluß fragte ich ihn, wann er ein neues Buch zu schreiben gedenke. "Sobald mich wieder eine Regierung ins Gefängnis steckt", meinte er lächelnd (während der britischen Herrschaft saß Nehru insgesamt zwölf Jahre hinter Gittern).

Jahre nach dem Interview las ich das Buch "Briefe an Indira". Bereits am 31. Juli 1933 beschrieb Nehru, der sehr gute Informationsquellen gehabt haben muß, seiner Tochter alle Schändlichkeiten des Naziregimes, den mörderischen Terror und die Bücherverbrennungen. Immerhin neun Jahre vor der Wannseekonferenz folgte die düstere Prophezeiung: "Über die Juden wurde in Bausch und Bogen das Todesurteil gesprochen." Selbst die jüdische Welt war damals nicht so pessimistisch!

Unser Freund Duckwitz war 1961 Botschafter in Indien geworden und gesundheitlich angeschlagen zurückgekehrt

("Man wandelt nicht ungestraft unter Palmen"). Er ließ sich vorzeitig pensionieren. Dann aber wurde Willy Brandts Staatssekretär Klaus Schütz zum Regierenden Bürgermeister von Berlin gewählt und Duckwitz auf Drängen des Außenminister Brandt dessen Nachfolger. Ihm fielen die schwierigen Verhandlungen mit Polen zu, die Paul Frank beendete.

1970 schlug ich den Retter der dänischen Juden Heinz Galinski, dem Vorsitzenden der Jüdischen Gemeinde in Berlin, als "Stahlpreisträger" vor (Heinrich Stahl war nach 1933 der letzte Berliner jüdische Gemeindevorsitzende und wurde am 12. Juni 1942 nach Theresienstadt deportiert. Im November des gleichen Jahres raffte ihn dort eine Lungenentzündung dahin.) Zur Verleihung kam auch Brandt aus Bonn angereist.

Danach erhielt ich eine Anfrage des "Yad Vashem"-Komitees aus Jerusalem, die mehrere meiner Artikel über Duckwitz in israelischen Zeitungen gelesen hatten und weitere Informationen wünschten. Yad Vashem ist die Gedenkstätte für die jüdischen Opfer der nationalsozialistischen Vernichtung. Man hat dort eine "Allee der Gerechten" eingerichtet. Auch Duckwitz durfte einen Baum pflanzen. Er trägt sein Namensschild.

Am 8. Februar 1973 schrieb er mir, daß ein Krankenhausaufenthalt für ihn unvermeidbar sei, um die Folgen der Kreislaufstörungen gründlich behandeln zu lassen: "Nur wird die Korrespondenz darunter leiden, aber ich hoffe, daß Sie großzügig sind und diesen Fehler nachsehen." Acht Tage später starb Duckwitz. Den Morgen danach flogen wir nach Israel, wohin die Besuche schon fast Routine geworden waren. Da ich also dem Begräbnis nicht bewohnen konnte, gingen wir zu seinem Baum in der "Allee der Gerechten" - ein stilles Gedenken.

Kaum einen Politiker habe ich so oft interviewt wie Bruno Kreisky, was natürlich auch an seiner langen Amtszeit lag. Er war in seinen Äußerungen keineswegs zimperlich, auch wenn es - zu Anfang seiner Karriere - um seine direkten Vorgesetzten ging. Merkwürdig war seine hohe Popularität trotz jüdischer Abstammung. Ich traf antisemitische Tiroler, die sonst alle Juden beschimpften, sich aber keinen anderen Bundeskanzler als Kreisky wünschten. Lange wollte er an seine Vorfahren nicht erinnert werden. In seinem Memoirenbuch "Zwischen den Zeiten" beklagt er: "Ich hatte einmal grob geschätzt, daß von unserer Familie aus Trebitsch über zwanzig der nächsten Angehörigen von den Nazis ermordet worden sind. Als ich jedoch die Namen durchging, stellte sich heraus, daß es viel mehr gewesen sind. Aber ich habe nicht mehr die Kraft, diese Statistik des Grauens zu vervollständigen."

1954, bei unserem ersten Treffen, befragte ich ihn nach seiner Jugend. Kreisky erzählte, die Vorfahren seien teils Großindustrielle und teils Lehrer und Ärzte gewesen - die ersteren sehr reich, letztere weit weniger. Trotz anderer Traditionen - der Großonkel Josef Neuwirth war sogar liberaler Reichstagsabgeordneter - wandte sich Kreisky bereits früh dem Sozialismus zu. Zwischen 1934 und 1938 kostete ihn das insgesamt achtzehn Monate Haft. Nach dem "Anschluß" brachte nur die bewußt unrichtige Behauptung eines österreichischen Polizeiinspektors, in seinem Gefängnis befände sich niemand namens Kreisky, die dankbar anerkannte Rettung. Wie er betonte, hätte eine nicht zerschlagene Sozialdemokratie 1938 ebenso gekämpft wie sie es 1934 tat.

Vor einem neuen Haftbefehl entkam er nach Schweden, wo auch die enge Freundschaft mit Willy Brandt begann. Neben den verschiedensten Aktivitäten als Emigrant glückte es ihm, aus der Wehrmacht geflüchteten Österreichern durch gute Beziehungen Asylrecht zu beschaffen. Schon in Schweden gehörte er bald nach Kriegsende dem österreichischen diplomatischen Dienst an. Erst 1950 erfüllte sich seine Sehnsucht: die Rückkehr nach Wien, zusammen mit seiner schwedischen Frau und zwei Kindern.

Als Senkrechtstarter wurde er bald Staatssekretär im Ministerium des Äußeren. In dieser Funktion war er auch an der Berliner Konferenz von 1954 beteiligt, auf der der Staatsvertrag vorbereitet werden sollte. Kreisky erinnerte sich genau: "Ja, das war eine sehr merkwürdige Situation. Allein die Tatsache, daß man die österreichische Frage auf die Tagesordnung der Außenministerkonferenz setzte, schien doch irgendwie Anlaß, einen gewissen Optimismus zu rechtfertigen. Wir mußten aber bald erkennen, daß die Voraussetzungen für einen Abschluß an Bedingungen geknüpft waren, denen wir einfach nicht zustimmen konnten. Beispielsweise sollte Österreich als unabdingbare Voraussetzung eine begrenzte Beibehaltung von militärischen Stützpunkten akzeptieren. Was wäre die Folge gewesen? In unserem Lande hätte jede der Besatzungsmächte weiter über militärische Basen verfügt. Endtermin einer solchen Molotowschen Lösung, eine Gibraltarisierung Österreichs, wie ich sie nannte, sollte der Abschluß eines Friedensvertrages mit Deutschland sein. Das erschien uns ein etwas unsicherer Zeitpunkt. So wollten wir einen Staatsvertrag nur unter der Voraussetzung des vollkommeen Abzugs aller fremden Truppen zustimmen. Und das war noch nicht zu erreichen ... Erst Monate später hat das Politbüro der Kommunistischen Partei seinen Beschluß gefaßt, den Staatsvertrag mit Österreich zu befürworten und den Abzug aller Truppen zu akzeptieren."

Schließlich wurde eine österreichische Delegation nach Moskau eingeladen und flog am Ostersonntag 1955 ab. Ich wollte wissen, ob Kreisky als einer der vier Teilnehmer mit Optimismus hinreiste oder immer noch befürchtete, daß etwas im letzten Augenblick schief gehen könnte. "Nun, ich muß eigentlich sagen, ganz sicher waren wir nicht. Niemand wußte genau, was unserer in Moskau harrte. Als wir landeten und sahen, daß das ganze diplomatische Korps aufgeboten worden war, daß das Moskauer Gardebataillon salutierte und daß die österreichische Nationalhymne gespielt wurde, da habe ich meinem verehrten Freund Schärf zugeflüstert, es wäre wohl schwer, uns nach einem Empfang mit so viel Glanz und Gloria dann sang- und klanglos wieder abziehen zu lassen. Ja, in dem Augenblick glaubte ich an einen guten Ausgang." Kreisky betonte die Liebenswürdigkeit der Gesprächspartner, ausgenommen Nikita Chruschtschow, der entschieden lieber ein kommunistisches Österreich gesehen hätte.

Den Freunden Israels bereitete es kein Vergnügen, daß er den PLO-Führer Arafat salonfähig gemacht hatte und dafür auch Willy Brandt einspannte. Ich notierte seine Bemerkung, er habe mit dem Wüstenstreifen (d.h. Israel), wo sein Bruder überleben konnte, nichts gemein. Man darf allerdings nicht vergessen, daß Österreich unter der Kanzlerschaft Kreiskys ausgewanderten russischen Juden auf ihrem Weg nach Israel demonstrativ Hilfe bot. Bei aller Souveränität, die Kreisky ausstrahlte, haftete seiner Nahost-Politik eine irritierende Widersprüchlichkeit an, die vermutlich nur aus der - oft verdrängten - Familiengeschichte dieses Mannes erklärbar ist.

Seit 1959 haben wir eine Wohnung in Berlin, die - mit langen Unterbrechungen - die erste ständige Bleibe nach dem Krieg wurde. Oft werde ich gefragt, wie ich als Jude und bewußtes Mitglied der jüdischen Schicksalsgemeinschaft, nach allem, was geschehen ist, noch einen großen Teil des Jahres in Deutschland verbringen kann. Ganz einfach ist das nicht.

Freilich bin ich in der deutschen Sprache verwurzelt, schätze die deutsche Kultur und liebe, genau wie meine Frau, deutsches Theater. Aber es wäre gelogen, wenn ich mich als unbefangen darstellen wollte. So fahre ich aus der Haut, wenn Deutsche wissen wollen, ob ich vergeben kann. Für mich, bis zu einem gewissen Grad. Sonst würde ich es hier ja nicht aushalten. Jedoch habe ich nicht einmal das Recht zur Vergebung für diejenigen - und dabei denke ich auch an nicht-jüdische Märtyrer -, die dem Naziterror zum Opfer gefallen sind. Natürlich ist das Mißtrauen gegenüber der älteren Generation größer. Wenn mir da jemand weismachen will, er habe nichts gewußt, und doch mindestens bemerkt haben muß, daß seine jüdischen Nachbarn spurlos verschwunden sind, bin ich das letzte Mal mit ihm zusammengewesen. Wer Angst und Feigheit eingesteht und bereut, ist uns weit sympathischer. Ich weiß ja nicht, wie ich selbst, wäre ich Nichtjude, reagiert hätte.

Selbstredend ist sachliche Kritik Israel gegenüber legitim. Ich bin wahrlich auch kein Freund der Fundamentalisten, ob sie sich nun als Juden, Moslems oder etwas anderes verstehen. Aber wenn einem der Kapitän nicht paßt, will man doch um Himmelswillen nicht gleich das ganze Schiff versenken. Israel ist immer noch das offene Tor für verfolgte Juden oder solche, die in die Heimat der Urväter einwandern wollen.

Deswegen bleibt es so wichtig und muß verteidigt werden. Dabei denke ich auch an die Asylunwilligkeit der meisten Länder. Selbst durch die tragischen Erfahrungen seit 1933 sind sie kaum großzügiger geworden.

Überall gibt es Friedhofschändungen. Sobald ich jedoch auf dem Grabstein Bert Brechts in knallroter Schrift lese "Juden raus, Saujud", ist die Erinnerung an schlimmste Naziparolen unvermeidbar. Für die Ignoranz der Rowdies spricht eines: Bert Brecht war kein Jude. Der benachbarte Grabstein Anna Seghers' blieb unbeschmiert. Sie stammte aus einer Mainzer jüdischen Familie und schrieb 1924 ihre Doktorarbeit über das Thema "Juden und Judentum im Werk Rembrandts". Mir bereitet es Kummer, wie stark der Antisemitismus in der ehemaligen DDR emporwuchert, seit er die Maske der "Nur"-Israelfeindschaft ablegen kann. Ähnlich steht es mit anderen Staaten im Osten, in Polen vor allem und der Sowjetunion.

Ich sehe aber auch eine andere Seite. 1939 lebten in Deutschland noch 215.000 Juden. Gerettet als Untergetauchte wurden ungefähr 5.000, in Berlin allein etwa 2000. Gewiß ist diese Zahl nicht imponierend. Wenn man aber die damit verbundenen Risiken für jeden Retter und seine Familie bedenkt, verdienen die "unbesungenen Helden" (Kurt Grossmann) eine vielfache Hochachtung. Meine Mutter hatte ja auch ihre Käthe.

Bei der jungen Generation in Deutschland beobachtete ich teilweise eine beängstigende Ignoranz. So wie mein Großvater gesagt hatte: "Alfred - kümmere dich ja nicht um die Politik ...". Was nach dem Krieg im Geschichtsunterricht versäumt wurde, ist von Großeltern und Eltern oft mit eigenem Schweigen begleitet worden. Aber hier beginnt seit einiger Zeit eine zunehmende Neugier. Viele Pädagogen machen das große Schweigen nicht mehr mit. Ich selbst werde weit öfter als früher und sehr ernsthaft von Jugendlichen über das Vergangene ausgefragt. Nicht zu vergessen das Berufliche (ich bin ja immer noch ein begeisterter Publizist). Es gibt viele Redaktionen, die u.a. an meinen Erlebnissen in der

Emigrationszeit interessiert sind, so "Der Tagesspiegel" und der "RIAS". Einige andere kamen hinzu, auch Schweizer Zeitungen, für die ich schon früher viel gearbeitet habe, wie "Vaterland" (Luzern).

Was mir hier das Dasein angenehm macht, ist ein großer Bekanntenkreis. Die meisten könnten unsere Kinder oder Enkel sein. Natürlich legen wir nicht nur auf Menschen wert, die unsere eigenen Ansichten teilen, denn die kennen wir ja.Für einen Mann mit chronischem Fernweh ist der Wunsch selbstverständlich, noch möglichst viel reisen zu können. Ich halte mich da an den Grundsatz Hans Christian Andersens: "Reisen heißt Leben" - es muß ja nicht gleich der Südpol sein. Einmal reizen die Länder, in denen sich gerade etwas Neues ereignet. Zum anderen locken mich die Engadiner Sommerferien. So kindisch es auch klingen mag, ich bin, wenn wir noch ein vierstündige Wanderung schaffen und mir Höhen von 2500 Metern nichts ausmachen, genauso erfreut wie über einen geglückten Artikel. Sollte ich aber einmal nicht mehr ganz so beweglich sein, werden unsere aberhundert Tonbänder noch Stoff für manches lohnende Thema hergeben. Ein geruhsames Schaukelstuhldasein wäre nicht nach meinem Geschmack.

Für die Zukunft habe ich einige Wünsche: Die Naziblätter mit ihren erstaunlich hohen Auflagen mögen verschwinden. Gleiches gilt für jene Gruppen der ewig Gestrigen, die sogar bereit wären, gegen Israel zu kämpfen. Noch sind sie zahlenmäßig gering. Aber auch die Hitlerpartei und ihre Stoßtrupps hatten sehr klein angefangen.

Nicht zuletzt möchte ich, daß es keiner geldgierigen und gewissenlosen deutschen Firma mehr gelingen soll, den Feinden Israels Gas und andere gräßliche Massenvernichtungswaffen zu liefern. Schließlich würde ich glücklich sein, wenn Deutschland gefährdeten Juden aus der Sowjetunion eine menschenwürdige neue Heimat bietet und den jüdischen Staat, sobald er in tödliche Bedrängnis gerät, nach bester Möglichkeit unterstützt.